畜禽养殖业"十三五"规划战略研究报告

陈伟生　　主编

中国农业出版社

图书在版编目（CIP）数据

畜禽养殖业"十三五"规划战略研究报告 / 陈伟生
主编 . —北京：中国农业出版社，2017.6
ISBN 978-7-109-22825-2

Ⅰ.①畜…　Ⅱ.①陈…　Ⅲ.①畜禽－养殖业－经济发
展－五年计划－研究报告－中国－2016－2020　Ⅳ.
①F326.33

中国版本图书馆 CIP 数据核字（2017）第 063557 号

中国农业出版社出版
（北京市朝阳区麦子店街 18 号楼）
（邮政编码 100125）
责任编辑　郭永立　周晓艳

———————————————————

北京万友印刷有限公司印刷　　新华书店北京发行所发行
2017 年 6 月第 1 版　　2017 年 6 月北京第 1 次印刷

———————————————————

开本：700mm×1000mm　1/16　印张：14.25
字数：230 千字
定价：72.00 元
（凡本版图书出现印刷、装订错误，请向出版社发行部调换）

编　委　会

目　　录

畜禽养殖业"十三五"规划战略研究总报告 ················ 1

一、新形势新问题 ······················· 3

二、我国畜禽养殖业可持续发展的战略构想 ········· 11

三、推进我国养殖业可持续发展的重大项目建议 ········ 15

畜禽养殖业"十三五"规划战略研究分报告 ··········· 19

肉类产业"十三五"规划战略研究报告 ············· 21

一、"十二五"以来肉类产业取得的重大成效 ········ 21

二、国内外畜禽养殖业发展的新特征 ············ 24

三、当前我国肉类产业面临的挑战和机遇 ·········· 31

四、加快肉类产业发展亟须建立的新理念 ·········· 36

五、"十三五"肉类产业发展的总体框架 ·········· 38

六、"十三五"畜禽养殖业规划的重大建议 ········· 39

禽蛋业"十三五"规划战略研究报告 ············· 43

一、"十一五"以来禽蛋业取得的重大成就 ········· 43

二、国内外禽蛋业发展的新特征 ·············· 45

三、当前我国禽蛋业面临的挑战和机遇 ··········· 50

四、"十三五"禽蛋业发展的总体框架 ··········· 56

五、"十三五"蛋禽养殖业规划的重大建议 ········· 62

奶业"十三五"规划战略研究报告 ·············· 67

一、"十二五"以来奶业取得的重大成效 ·········· 67

二、国内外奶业发展的新特征 ·································· 74

三、当前我国奶业面临的挑战和机遇 ····················· 79

四、加快奶业发展亟须建立的新理念 ····················· 84

五、"十三五"奶业发展的总体框架 ····················· 85

六、"十三五"奶业规划的重大建议 ····················· 93

饲料业"十三五"规划战略研究报告 ·················· 97

一、"十二五"以来饲料业取得的重大成绩 ············· 97

二、国内外饲料工业发展的新特征 ······················· 100

三、当前我国饲料业面临的挑战和机遇 ················· 105

四、加快饲料业发展亟须建立的新理念 ················· 107

五、"十三五"饲料业发展的总体框架 ················· 109

六、"十三五"饲料业规划的重大建议 ················· 113

毛绒羊产业"十三五"规划研究报告 ·················· 116

一、"十一五"以来毛绒羊产业取得的重大成效 ······· 117

二、国内外毛绒羊产业发展的新特征 ···················· 118

三、当前我国毛绒羊产业面临的挑战和机遇 ··········· 124

四、加快毛绒羊产业发展亟须建立新理念 ·············· 129

五、"十三五"毛绒羊产业发展的总体框架 ············ 132

六、"十三五"毛绒羊产业规划的重大建议 ············ 136

畜禽种业"十三五"规划战略研究报告 ··············· 141

一、"十一五"以来畜禽种业取得的重大成效 ·········· 141

二、国内外畜禽种业发展模式比较 ······················· 146

三、当前我国畜禽种业面临的挑战和机遇 ·············· 156

四、加快种业发展亟须建立的新理念 ···················· 159

五、"十三五"畜禽种业发展的重点任务 ·············· 160

六、"十三五"畜禽种业规划的重大建议 ·············· 170

草原畜牧业"十三五"规划战略研究报告 ……………………… 173

一、"十二五"以来草原畜牧业取得的重大成效 ………… 173

二、国内外草原畜牧业发展的新特征 ………………… 176

三、当前我国草原畜牧业面临的挑战和机遇 ………… 181

四、加快草原畜牧业发展亟须建立的新理念 ………… 186

五、"十三五"草原畜牧业发展的总体框架 …………… 187

六、"十三五"草原畜牧业规划的重大建议 ………… 190

马业"十三五"规划战略研究报告 ……………………… 195

一、"十二五"以来马业取得的重大成效 ………… 195

二、国内外马业发展的新特征 ………………… 198

三、当前我国马业面临的挑战和机遇 ………… 206

四、加快马业可持续发展新理念 ………………… 210

五、"十三五"马业发展的总体框架 …………… 212

六、"十三五"马业规划的重大建议 ………… 216

畜禽养殖业"十三五"规划战略研究

总 报 告

畜禽养殖业是现代农业产业体系的重要组成部分,大力发展现代畜禽养殖业,对促进农业产业结构优化升级,增加农民收入,改善人们的膳食结构,提高国民体质具有重要意义。经过三十多年的持续发展,畜禽养殖业已经进入了转型升级的关键期,同时也是矛盾暴发的阵痛期,可以说机遇与挑战并存。推进畜禽养殖业健康可持续发展,事关畜产品有效供给、食品质量安全和生态文明建设,任何方面出了问题,都可能影响经济社会全局。为促进"十三五"期间畜禽养殖业持续健康发展,需要对畜禽养殖业发展的内外部环境进行全面深入研究,从发展战略的高度认清形势、找准定位、合理规划、科学发展。

一、新形势新问题

(一)"十二五"以来畜禽养殖业取得的重大成效

1. 生产取得长足进步

一是综合生产能力明显增强。2013 年,全国肉类、禽蛋总产量为 8 535万吨和 2 876 万吨,比 2010 年的 7 926 万吨和 2 763 万吨分别增长 7.7%和 4.1%,再创历史新高,稳居世界第一位,年均增长率分别达到 1.9%和 1.0%;其中,猪肉和禽肉增长更快,年均增长率分别达到 2.0% 和 2.1%。受一系列不利事件的影响,2013 年全国奶类总产量 3 650 万吨,虽然比 2010 年的 3 748 万吨下降 2.6%,但仍稳居世界第三位。

二是产业素质稳步提升。畜禽标准化规模养殖加快推进,2013 年生猪、蛋鸡、肉鸡和奶牛规模养殖比例分别为 40.5%、68.3%、71.9%和 41.1%[①]。生鲜乳机械化挤奶率达到 90%,前 50 家饲料企业集团的饲料产量占比达 56%。总的看,畜禽养殖业的产业素质得到进一步提升。

三是畜禽良种繁育体系逐步健全。经过多年的发展,目前已经初步建成了以原种场和资源场为核心,扩繁场和改良站为主体,种畜禽质量检测中心为保障的畜禽良种繁育体系。同时,政府扶持强度不断增强,种畜禽

---

① 这里的规模化标准是指,生猪年出栏 500 头以上,蛋鸡存栏 2 000 只以上,肉鸡年出栏 10 000 只以上,奶牛存栏 100 头以上。

产业发展的政策环境不断优化，畜禽良种繁育体系创新能力进一步增强，逐步形成主体多元化、民营化和产业化发展的新格局。2013 年末，全国有种畜禽场 1.4 万多个，其中种猪场 7 642 个，种禽场 3 944 个，种羊场 1 456 个，种牛场 542 个。

2. 产业地位继续巩固

2013 年，全国畜禽养殖业总产值 2.84 万亿元，比"十一五"末期的 2010 年增加 0.76 万亿元，增幅达 26.8%。畜禽产品成为城乡居民日常生活消费的必需品，对上下游产业的带动作用更加明显，产业化组织程度在农业中继续发挥引领作用。畜牧业国家级农业产业化龙头企业占比 47%。2013 年肉蛋奶人均占有量分别达到 62.7 千克、21.1 千克和 26.8 千克，城乡居民"菜篮子"产品消费需求得以保障，居民膳食结构和营养水平得到显著改善，有力保障了国家食物安全。

3. 扶持政策持续完善

在畜牧生产方面，实施生猪和牛羊调出大县奖励、畜牧良种补贴、畜禽标准化养殖场扶持、生猪和奶牛政策性保险等政策。在饲料工业方面，对单一大宗饲料、添加剂预混料、配合饲料等试行免征增值税等政策，对部分饲料产品实行进口环节税收政策优惠。在草原保护建设方面，实施了草原生态保护补助奖励机制，推行禁牧休牧轮牧和草畜平衡制度，实施退牧还草等重大工程。在市场调控方面，建立生猪价格预案调控机制，2012年，又修订发布了《缓解生猪市场价格周期性波动调控预案》，建立了部省市县 4 级畜牧业监测预警网络。

4. 成功经验奠定发展基础

党的十八届三中全会审议通过的《中共中央关于全面深化改革若干重大问题的决定》指出，"经济体制改革是全面深化改革的重点，核心问题是处理好政府和市场的关系，使市场在资源配置中起决定性作用和更好发挥政府作用"。鉴于此，畜牧业部门坚持政策扶持和发挥市场机制决定作用相结合，为资源在畜禽养殖业中的合理配置提供了良好的环境。同时，坚持以推进良种繁育体系建设和标准化规模养殖发展为抓手，力促畜禽养殖业的转型升级；坚持强化科技创新应用，增强支撑保障能力，提高畜禽养殖业科技进步贡献率；坚持生产生态有机结合、种植养殖农牧结合，促进可持续发展。

（二）国内外畜禽养殖业发展的新特征

1. 国外畜禽养殖业发展的新特征

一是畜禽产品结构不断优化。发达国家畜产品结构中，奶类产品比例近年来虽呈下降趋势，但其仍占绝对优势地位，如日本当前奶类产品占肉蛋奶总产量的近 90％。肉类产品比例在发达国家畜产品结构中呈上升趋势，但不同国家存在一定的差异。日本相对较低，当前约为 10％，德国约为 20％，澳大利亚约为 30％，而美国达到近 60％的水平。蛋类产品在发达国家畜产品结构中比重均在 1％～3％的水平，相对于奶类产品和肉类产品而言其比重极小。发达国家肉类产品结构中，牛、羊肉比例普遍下降，禽肉比例均呈上升趋势且速度较快。

二是畜禽产品质量安全关注度越来越高。畜牧业发达国家都有完善的畜产品安全管理体系来保证产品质量安全。以美国乳制品为例，已建立了包括生产、加工、运输、贮存等环节在内的全程控制的食品质量安全控制体系，严密的乳制品质量安全管理组织体系，强化生产源头控制和进出口检疫。欧洲主要发达国家也通过畜产品质量安全认证工作来保证质量安全，当前认证体系发展完善，已经成为保障畜产品安全、促进畜牧业发展的重要手段。例如，荷兰畜产品质量管理体系认证，德国的质量与安全体系等，通过对养殖、饲料、屠宰、包装、运输等涉及畜产品安全的各个环节的全面控制，保证畜产品质量安全。

三是高度重视畜禽养殖科技进步。畜牧业先进生产技术的研究与推广是发展畜牧业的强大动力。就育种而言，根据美国和英国等畜牧业发达国家和联合国粮农组织预测，21 世纪全球商品化生产的畜禽品种都将通过分子育种技术进行选育，而品种对整个畜牧业的贡献率将超过 50％。目前，国外大型育种公司已经使用分子标记辅助选择技术开展动物遗传改良，加大研究投入力度，研发具有独立知识产权的基因应用于育种实践，这已成为当前发达国家动物育种工作的主流方向。

四是高度关注环境保护和动物福利。环境保护方面，为防止环境污染，发达国家实行了严格的污染控制措施。美国的清洁水法规定，将工厂化养殖与工业和城市设施一样视为点源性污染，排放必须达到国家污染减排许可要求，鼓励通过农牧结合化解畜牧业环境污染，养殖场的动物粪便通过输送管道归还农田或直接干燥固化成有机肥归还农田。欧盟主要采取农牧结合的方法解决畜牧业污染，明确规定养殖场的养殖规模必须与养殖场所拥有的土地规模配套。国际社会特别是欧洲在动物福利方面，有一套严格的规定，如规定生产者要在饲料和水的数量及质量上满足动物需求，使动物免受饥渴之苦；为动物提供舒适的生活环境，消除动物的痛苦、伤害与疾病的威胁，等等。

2. 国内畜禽养殖业发展的新特征

当前，我国畜禽养殖业规模不断扩大，现代化水平不断提升，呈现出一些阶段性、转折性、标志性的新特征。

一是畜产品供求从"**总体平衡、丰年有余**"向"**阶段性过剩、结构性偏紧**"转变，保障主要畜产品有效供给形势日趋复杂。进入 21 世纪以来，受农畜产品需求急剧增长的带动和政策的鼓励引导，我国畜产品产量保持高速增长。以肉类为例，2013 年，全国肉类总产量达 8 535 万吨，连续24 年稳居世界第一位，人均占有量超过 60 千克，高于世界平均水平。生猪和家禽行业近几年产能总体处于过剩状态，具体表现在价格周期波动加剧，市场力量对比以买方市场为主，消费一有风吹草动市场价格就会出现较大波动。特别是 2014 年上半年我国经济下行压力加大，畜产品消费需求持续下滑，导致生猪价格连续下跌，虽然在 5 月份生猪市场行情出现回暖，但仍未能弥补前期的损失。白羽肉鸡产能过剩情况较严重，即使在家禽行业因 H7N9 流感遭受重大损失的 2013 年，祖代种鸡进口数量仍比 2012 年增长 30 万套。与猪禽形成鲜明对比的是，牛羊等草食畜产品受生产周期长、比较效益低的影响，生产能力有所下滑，而消费需求却快速上升，导致市场供不应求，价格呈现持续快速上涨势头。总体看，我国主要畜产品供给已经由原来的"总量平衡、丰年有余"转变为目前的"阶段性过剩、结构性短缺"，而且这种局面在未来一个时期内将长期存在。

二是生产经营方式由"**小规模饲养、粗放型经营**"向"**规模化养殖、产业化经营**"转变，多元主体、企业主导的现代产业形态正逐步成熟。随着工业化和城镇化的快速发展，农村大量劳动力进城务工经商，既对传统畜禽养殖业的生产经营方式造成巨大冲击，又为提高畜禽养殖集中度提供了发展空间。此外，近年来中央和地方各级政府不断出台有关政策措施，积极引导标准化规模养殖，加之市场波动的轮番洗牌，导致小规模分散养殖户大量退出，标准化规模养殖快速发展，已逐渐成为我国畜禽养殖业的主要生产方式。从经营规模看，2013 年，全国年出栏 500 头以上生猪、存栏 2 000 只以上蛋鸡、出栏 10 000 只以上肉鸡、存栏 100 头以上奶牛的规模养殖比重较 2007 年分别提高 19、20、17 和 25 个百分点。从经营主体看，大型龙头企业数量快速增长，已成为未来现代畜禽养殖业发展的引领者和主导者；专业合作社、家庭农场等新型经营主体蓬勃发展，经营水平不断提高；小规模分散养殖在较长时间内还将具有一定规模，并逐步向龙头企业生产单元角色转化。总体看，我国畜禽养殖业多元主体、规模经营的产业结构已经初步形成，为下一步全面转型升级奠定了扎实基础。

三是畜禽养殖业投入与成本结构发生深刻变化，从"低投入、低成本"向"高投入、高成本"转变，畜禽规模养殖准入门槛已自然形成。近年来，随着土地租金不断上涨、劳动力成本大幅提高、饲料价格持续攀升，畜禽养殖业生产成本高企。"用工成本高、雇工难"逼迫养殖场（户）改进养殖技术和管理，提高精细化自动化生产管理水平，客观上形成了技术准入门槛。一些工商资本进入畜禽养殖业后，由于对市场和技术的认识不足，实际经营效益远远低于市场平均效益甚至亏损。除了日常运营成本，发展畜禽养殖业前期投入也越来越大，要建成一个万头猪场前期投入在 1 000 万元以上，建设年出栏 300～500 头育肥猪的适度规模养殖场，前期投入也在 50 万元以上。这种高投入、高产出的模式，决定了现在的畜禽养殖业再也不是原先的农村"副业"，而是要有一定资金实力和技术力量基础的专业化规模化产业，没钱没技术养不了猪，至少是养不好猪，在客观上形成了规模养殖的资金准入门槛。从未来发展趋势看，规模养殖对资金和技术的要求将越来越高。

四是畜禽养殖业生产主体对环境生态约束的认识发生深刻变化，从"被动适应、简单处理"向"主动创新、力求效益"转变，推进产业可持续发展已成行业共识。近年来，我国畜禽养殖业快速发展，有力保障了畜产品的有效供给，但全国每年产生 18.5 亿吨畜禽粪尿，大量畜禽排泄物的集中排放、随意排放对环境造成较大影响；退化、沙化、碱化草原面积近20亿亩*。畜禽排泄物本身是种植业生产的可利用资源,但受目前种养脱节、承载超量等原因影响,畜禽排泄物处理始终是个老大难问题,严重阻碍现代畜禽养殖业的健康发展。随着环境生态压力持续加大,众多大型养殖企业积极转变观念,纷纷采取各种方式推进畜禽排泄物无害化处理和资源化利用,草原畜牧业也必须遵守生态兼顾、生态优先的原则,尽量不欠新账、逐步偿还旧账。

(三)当前我国畜禽养殖业面临的挑战和机遇

1. 挑战

目前畜禽养殖业发展所存在的突出问题和挑战,概括起来可以称为"四难四高"。

所谓"四难",指的是用地难、用工难、融资难、粪污处理难。这四难,既是长期存在的老问题,当前又有了新的延伸。

用地难——受城镇化加快推进影响,土地使用优先满足城市建设需要,养殖用地需求得不到保证,规模养殖场大面积租赁土地的难度很大,租赁价格也节节攀升,导致不少地区畜禽养殖不得不向深山大沟发展,楼上养猪、地下养鸡等模式也屡见不鲜。

用工难——由于畜禽养殖又脏又累,从业人员地位不高,同等甚至更高工资条件下,年轻人愿意外出打工,劳动力缺乏可能会导致行业发展后劲不足。目前高水平的技术和管理人才极为紧缺,既懂市场经营又懂养殖技术的复合型人才,即便是高额年薪都招聘不到。

融资难——畜禽养殖用地、圈舍、活畜禽等无法抵押,向金融机构贷款难。虽然部分地区通过采取成立担保公司等手段来帮助解决贷款难的问题,但从总体上看远远不能满足需求,同时融资成本也有所提升。由于养殖用地不属于建设用地,地上建筑物没有永久性产权,无法质押贷款,目前融资贷款主要是通过将非农部门的资产作为抵押获得。同时畜禽养殖业融资成本也居高不下,融资利息成本超过20%。

粪污处理难——由于种养结构和区域布局不尽合理,通过大规模流转土地以农牧结合方式消纳畜禽粪污难以实现。而畜禽养殖粪污通过

工业化处理实现达标排放的成本偏高，还不具备大范围推广条件。周边没有配套土地消纳粪污的大规模养殖企业和高密度养殖区域，不得不采取一些工业化措施来开展粪污处理利用，这种前期投入和运行成本很高。

所谓"四高"，指的是风险高、成本高、质量要求高、舆论关注度高。

风险高——家财万贯，带毛的不算。畜禽养殖面临双重风险，一旦风险暴发就会给养殖场（户）带来巨大损失。一方面疫病风险影响巨大，2013 年 H7N9 禽流感使家禽行业遭受重大打击，损失过千亿元，众多养殖企业破产倒闭。2014 年以来小反刍兽疫在 20 多个省、自治区内发生，给肉羊生产造成极为不利影响，部分地区养殖场（户）损失较大。另一方面市场风险也不容小视，生猪价格波动频繁，规律难以把握，2013 年底以来的生猪价格持续走低，每头肥猪亏损 110 元，导致大量生猪养殖场（户）亏损严重甚至倒闭。

成本高——土地、劳动力等各种生产要素价格快速上涨，玉米、豆粕、苜蓿等饲料原料价格也水涨船高，导致畜禽养殖的饲养成本不断提升，极大地压缩了畜禽养殖赢利空间。据统计，2008 年年底至 2013 年年底，育肥猪、肉鸡、蛋鸡配合饲料价格分别上涨了 35.5％、28.4％和 31.2％；2010—2012 年，每出栏一头生猪总成本上涨 39.1％，其中人工成本上涨幅度约为 66％。

质量要求高——近年来，城乡居民对畜产品质量安全重视程度空前提高，质量安全只要一出问题都会对行业造成重大影响，婴幼儿奶粉事件对我国奶业的影响到现在都没有完全消除，"瘦肉精"监管也面临严峻形势，一旦放松就会有反弹的风险。由于消费者对国内乳制品尤其是婴幼儿奶粉的质量信心不足，造成近年来我国乳制品进口量持续增加，2008—2013 年乳制品进口数量由 35.1 万吨剧增到 159.2 万吨，增幅高达 353.6％。

舆论关注度高——肉蛋奶消费关系到广大群众的切身利益，各类媒体对畜产品信息高度关注，市场价格一有上涨就大肆宣扬，质量安全一有纰漏就密集报道，负面效应很容易被成倍放大。这几年，"火箭蛋""牛魔王""羊贵妃"等新有名词层出不穷，"皮革奶""速生鸡"等不实宣传报导也越来越多，给畜产品生产消费都带来不利影响。

2. 机遇

（1）四化同步的新要求为畜禽养殖业向现代化方向发展提供舞台　党的十八大提出"坚持走中国特色新型工业化、信息化、城镇化、农业现代化道路""促进工业化、信息化、城镇化、农业现代化同步发展"，为新时期经济社会发展和"三农"工作指明了方向。"四化同步"发展战略，再次突出"三农"的重中之重地位，强调加快农业现代化是"四化同步"发展的重要基础和必然要求，这符合国家经济社会发展实际，对加快推动畜禽养殖业现代化发展具有深远意义。为加快畜禽养殖业发展，实现真正意义上的"四化同步"，国家必将在财政扶持、金融支持等领域向畜禽养殖业倾斜，为畜禽养殖业的转型升级提供广阔的舞台。

（2）社会需求总体增长为畜禽养殖业稳步发展创造空间　尽管宏观经济发展速度有所下调，但从长期趋势来看，我国城乡居民畜禽产品消费仍处在增长阶段，社会需求仍有增加空间。主要原因在于，我国城乡居民畜产品消费水平差距还很大，农村居民人均肉蛋奶消费量与城镇居民消费量差距仍然不小。随着农村经济的发展和农民收入的不断提高，占总人口60％的农村居民畜禽产品消费必将进一步增加。随着我国工业化和城市化进程的加快，新增城市居民对畜禽产品的消费需求也将出现快速上升的趋势。因此，短期内我国畜禽产品消费仍有一定的增长潜力。

（3）产业持续改革发展为未来发展提速奠定基础　一是畜牧业法律法规体系逐步完善。《草原法》《中华人民共和国动物防疫法》《畜牧法》《饲料和饲料添加剂管理条例》《草原防火条例》《乳品质量安全监督管理条例》和《畜禽规模养殖污染防治条例》陆续发布。至2014年，农业部陆续制定了18个配套规章。二是畜牧业扶持政策框架体系基本建立。近十年来，中央财政扶持畜牧业资金累计达1 950亿元，基础设施条件大为改善。例如，从2007年开始，中央财政在全国范围内支持标准化规模养殖场建设，资金主要用于粪污处理、畜禽舍标准化改造，以及水、电、路、防疫等配套设施建设，扶持资金逐年增加。1998年中央财政开始支持畜禽良种工程项目建设，目前每年约2亿元。2005年启动良种补贴项目，2013年约12亿元。还有生猪调出大县奖励、畜禽养殖政策性保险等一系列扶持政策，逐步形成了相对成熟的框架体系。

二、我国畜禽养殖业可持续发展的战略构想

（一）指导思想

"十三五"畜禽养殖业的发展，要从 2020 年全面建成小康社会的大局出发，全面贯彻落实党的十八届三中全会关于全面深化农村改革、加快推进农业现代化的部署安排，顺应"四化同步"加快发展的大趋势，创新机制，突出重点，强化质量效益、市场经济和可持续发展的理念，完善扶持政策保障体系，统筹资源条件特点，推进产业布局调整，着力推进产业转型升级，稳定市场供给保障能力，促进养殖环境明显改善，力争在农业中率先实现现代化。

（二）基本原则

（1）坚持质量效益并重　一方面狠抓质量安全监管，另一方面向规模化、产业化、良种化、科学化要效益，把畜牧业发展推向提质增效的健康发展轨道。

（2）坚持宏观调控引导　充分发挥市场在资源配置中的决定性作用，有效利用市场杠杆，强化监测预警和信息引导，逐步加强产业宏观调控能力，促进畜牧业稳定发展。

（3）坚持布局结构优化　因地制宜优化产业区域布局，科学规划畜牧业的产品结构，完善畜产品供需平衡机制，实现畜牧业均衡发展。

（4）坚持扶持机制创新　切实理清政府与市场的关系，围绕基础性、公益性和全局性的重点工作及产业薄弱环节，加大财政资金扶持力度，针对产业发展融资和保障需求，创新贷款担保机制，稳步推进政策性保险和商业性保险，为畜牧业发展保驾护航。

（5）坚持生产生态协调　立足于草原生态功能，促进草原生态环境改善和草原牧区生产发展同步，立足于畜禽养殖环境友好，推动种养结合型资源循环利用的养殖业发展，促进畜牧业协调发展。

（三）战略目标

"十三五"时期，畜牧业生产结构和区域布局进一步优化，综合生产

能力显著增强，规模化、标准化、产业化程度进一步提高，畜牧业继续向资源节约型、技术密集型和环境友好型转变，畜产品有效供给和质量安全得到保障，草原生态持续恶化局面得到遏制，力争推动畜牧业在农业中率先实现现代化，建立以布局区域化、养殖规模化、生产标准化、经营产业化、服务社会化为基本特征的现代畜牧业生产体系。

（四）战略重点

"十三五"期间，我国畜牧业发展的重点任务是：加快推进产业结构战略性调整，全力构建质量安全监管体系，深入开展生态环境保护建设，探索推行金融保险扶持措施，进一步完善政策支持保护体系，全面推进现代畜牧业建设。

一是以提升标准化规模养殖水平、发展壮大现代畜禽种业体系、优化生产结构与区域布局、创新产业化经营模式、完善信息化监测预警调控机制等为重点，加快产业结构的战略性调整，形成现代化特征显著的现代畜牧业生产体系。

二是坚持规范生产经营者和健全政府监管体制机制同步推进，实施"产"和"管"两手硬的严格监管措施，构建行之有效的质量安全监管体系，完善事前、事中、事后有效衔接的监管制度，努力确保不出现重大质量安全事件。

三是深入实施草原生态保护与建设各项政策措施，推进基本草原保护和承包经营，大力发展农牧结合型资源循环利用的畜禽养殖业，加快转变草原畜牧业发展方式，逐步实现畜牧业生产与生态、生活的和谐发展。

四是强化金融保险等市场手段对畜牧业发展的支持，创新畜牧业发展贷款担保机制，拓宽畜牧业融资渠道，加快解决畜牧业发展融资难题，稳步推进畜牧业政策性保险，探索实施畜产品目标价格指数保险等措施，提高畜牧业抗风险能力和市场竞争力，促进畜牧业稳定有序发展。

五是继续以保障畜牧业基础生产能力和提升产业核心竞争力为重点，围绕畜禽良种繁育、现代饲料工业、畜禽标准化生产、畜产品质量安全、动物疫病防控、畜牧业社会化服务、畜牧业信息化管理、畜牧业生态环境保护等体系建设，加大产业保护扶持政策实施力度，促进畜牧业持续健康发展。

（五）重大政策

1. 完善财政投入稳定增长机制

立足畜牧业发展关键环节，聚焦市场薄弱节点，以提升畜牧业核心竞争力为取向，建立稳定增长的财政资金投入扶持机制。深入实施草原生态保护补助奖励政策，通过禁牧补助、草畜平衡奖励、生产性补贴和绩效考核奖励等方式，保护草原生态，推进草原畜牧业发展，促进牧民增收。继续实施畜禽良种补贴政策，加大补贴力度，扩大补贴范围，加快畜禽良种化进程。稳步增加标准化养殖扶持政策投入，推进标准化规模养殖。加大畜禽规模养殖排泄物综合治理和资源化利用扶持。加大对畜禽优势产区的支持力度，扩大生猪调出大县奖励资金规模和范围。围绕畜牧业质量安全监管、草原防灾减灾、畜牧业先进技术试验推广、信息监测预警等重点工作，予以稳定的财政资金保障，确保日常工作的有序开展。

2. 强化金融保险政策支持

加强政策引导，拓宽畜牧业融资渠道。利用财政贴息、政府担保等多种方式，引导各类金融机构增加对畜牧业生产、加工、流通的贷款规模和授信额度，鼓励有条件的地方和机构创新金融担保机制，为养殖、加工龙头企业、养殖场（户）融资提供服务。优化发展环境，鼓励民间资本以多种形式进入畜牧行业。稳步扩大政策性农业保险试点范围，探索建立适合我国国情的畜牧业政策性保险体系，提高畜牧业抗风险能力和市场竞争力。

3. 深化畜牧业监测预警与宏观调控

加大财政资金投入力度，完善信息发布服务和预警机制，引导养殖户合理安排生产，防范市场风险。建设国家级畜牧业公共信息监测预警平台和中央数据库系统，实施监测点数据采集终端更新升级；以能繁母猪、生鲜乳收购站等为切入口，探索运用物联网等先进技术的自动化监测方式。逐步扩大监测预警范围，探索建立有效顺畅的面向生产单位的信息交流机制和服务方式。通过必要的政策手段实施生产干预，积极应对市场周期性波动，更好地稳定畜禽生产和市场供应，保障农民的合理收益。

4. 引导产业化经营模式创新

充分发挥市场导向作用，由政府出台财税优惠政策和专项扶持资金，鼓励探索建立科学合理的全产业链利益联结机制，引导形成"龙头企业带动、合作社和养殖场（户）参与"的产业化经营模式，扶持一批畜牧龙头企业、农民合作社和规模养殖场进入健康发展的轨道，加快提升标准化规模养殖水平，既有效降低养殖者的市场风险，又大幅降低龙头企业的生产投入成本，推动畜牧养殖业逐步发展成集群优势明显的现代产业模式。

5. 加强畜禽规模养殖用地管理利用

在坚持耕地保护制度的基础上，认真贯彻落实国家关于规模化畜禽养殖的有关用地政策，将畜禽规模养殖用地纳入当地土地利用总体规划。合理安排畜禽养殖设施用地，坚持农地农用和集约节约的原则，加强设施农用地用途管制。合理开发利用土地资源，鼓励养殖场（户）在符合土地规划的前提下，积极利用荒山、荒地、丘陵、滩涂发展畜禽养殖。

（六）保障措施

1. 以科技进步为支撑

在畜禽种质资源与繁育、畜禽营养与饲料、畜禽疫病防控、草业科学与畜牧业经济等学科领域，紧密围绕产业链，紧密结合适度规模化养殖，部署畜牧科技创新链，切实推动科技成果转化应用，切实推动良种良法的普及推广，通过在基础研究、高新技术、应用基础、技术集成应用等的创新研究与示范推广，进一步提升科技进步对畜禽养殖业发展的贡献率，有力支撑我国畜禽养殖业的发展。

2. 以深化市场化改革为驱动

肉、蛋、奶等"菜篮子"产品是最早实行市场化改革的农产品，市场、价格和经营渠道的放开，使生产要素按市场经济规律流动和组合，极大地推动了畜牧业的发展。继续深化市场化改革，充分发挥市场在资源配置中的基础作用，为养殖业发展创造良好的体制环境，充分调动养殖业生产、加工、流通各环节的积极性，促进畜禽养殖业生产和流通的快速发展。

3. 以法制建设为保障

立足已颁布实施的《中华人民共和国畜牧法》《中华人民共和国动物防疫法》《中华人民共和国草原法》《中华人民共和国农产品质量安全法》等系列法律法规，紧密结合《饲料质量安全管理规范》《草种管理办法》《病死动物无害化处理技术规范》等细则规范，做到有法可依、有法必依、执法必严、违法必究，对于畜牧业管理、畜牧场与畜牧业企业、草原管理、兽医兽药、畜产品等进行规范，保障畜禽养殖业持续健康发展。

4. 以产业化经营为路径

持续关注国外畜牧业产业导向与经济发展趋势，结合全国区域发展布局和当地产业水平，稳步推进适度规模化养殖，建立多种形式的产销衔接和利益联结机制，通过建立股份制企业、龙头企业带动、引入重点扶持企业等方式，开展定向投入、统一服务、统一收购，通过集中采购、统一销售、自动化与机械化生产等方式方法，降低生产成本、提高产出标准、提升生产效率，提高畜禽养殖业的综合经济效益。

三、推进我国养殖业可持续发展的重大项目建议

（一）畜禽标准化规模养殖工程

加快推动分散养殖向规模化养殖转变，畜禽规模化养殖水平每年争取提高 2～3 个百分点。继续实施生猪、奶牛和肉牛肉羊标准化规模养殖场（小区）建设项目，力争扩大项目实施范围，对基础设施进行标准化建设。加快培育新型经营主体，在北方发展家庭牧场，在南方发展养殖大户。启动实施草原牧区畜牧业转型升级示范工程，提升草原畜牧业生产水平。通过项目实施，加快提升畜禽养殖标准化规模化水平，促进畜牧业发展方式转变，保障畜产品有效供给。

（二）畜禽良种工程

重点支持畜禽原种场、种公畜站、西部地区扩繁场和精液配送站建设，扶持畜禽遗传资源保护场、保护区和基因库的基础设施建设，支持畜禽新品种（系）选育，建设种畜禽生产性能测定中心和遗传评估中心，进一步增强良种供种能力，强化遗传资源保护利用，推进畜禽优良品种选育，保障我国畜禽良种数量和质量安全。通过项目实施，加快畜禽良种繁育推广，健全国家畜禽遗传资源保护体系，增强畜禽新品种选育培育能力，完善种畜禽生产信息和质量监测体系。

（三）饲料和畜禽产品质量安全保障工程

按照统一协调、突出重点、各有主攻、优势互补的原则，着力加强饲料质量安全保障能力建设，重点进行饲料安全评价基地、饲料安全检测和饲料安全监督执法等工程项目建设，建立安全评价、检验检测、监督执法三位一体、部省市县职能各有侧重的饲料安全保障体系，基本满足饲料管理部门依法履行饲料质量安全职责、保障动物性食品生产源头安全的需要。大力推进畜禽产品质量安全监管能力建设，重点实施质量安全追溯体系建设工程，对生产畜禽产品基地的养殖场、奶站/屠宰场和运输车进行联网监控，支持建设和完善畜禽识别信息采集平台、畜禽产品收购与运输关联识别采集系统、收购站视频监控系统、运输车GPS、流量/数量计、传输网络等设施设备，提高动物性产品质量安全监管能力，保障肉蛋奶质量安全。

（四）草原保护建设工程

按照统筹规划、分类指导、突出重点、分步实施的原则，从草原生态保护建设、防灾减灾及草地开发利用三个方面，重点实施退牧还草、京津风沙源治理（沙化草原治理工程）、西南岩溶地区草地治理工程、草业良种工程、草原防灾减灾工程、草原自然保护区建设工程、南方草地开发利用工程、农牧交错带已垦草原治理工程、草原畜牧业转型工程等九大工程，大力推进草原生态保护建设，恢复和改善草原生态环境，维护国家生态安全，草原综合植被覆盖度达到56％以上，促进草原地区经济社会持续健康发展。

（五）畜禽养殖废弃物综合利用工程

按照《关于打好农业面源污染防治攻坚战的实施意见》要求，以"一控两减三基本"中"实现畜禽粪便基本资源化利用"为目标，依据农牧结合、种养平衡的原则，继续扩大粪污资源化利用试点，加快完善粪污处理利用设施，推广清洁生产工艺和精准饲料配方技术，努力实现畜禽养殖与环境容量相匹配，坚持畜禽养殖科学布局，减禁相结合，紧密结合沼气工程，推广有机肥生产利用，解决畜禽粪污危及产业发展和产品安全的瓶颈问题。

（六）草牧业发展工程

按照《关于进一步调整优化农业结构的指导意见》《关于促进草食畜牧业发展的指导意见》要求，依据《全国牛羊肉生产发展规划》，继续实施牛羊大县奖励政策，在北方牧区、传统农区、南方草山草地和农牧交错带，分区域开展现代草食畜牧业发展试验示范。在保护草原生态的前提下，发挥天然牧草的经济优势，以草定畜，科学利用；建设标准化草种和牧草生产基地，推进人工种草，健全牧草良繁体系；提高秸秆饲料化利用效率，推广青贮、黄贮等利用方式，推进收贮运体系建设。

（七）种养一体化工程

开展种养结合和粮改饲模式试点，在部分中低产田，发展人工种草和草田轮作；在后备耕地资源丰富的地区和部分退耕还林还草地区，调整部分耕地种植专用青贮玉米和优质牧草，实行农牧结合、种养循环、草畜平衡；在北方干旱半干旱地区和农牧交错区，紧密结合种植业结构调整，继续开展粮改饲试点示范，以玉米为重点，在东北、黄淮海、西北半干旱地区，分别开展玉米大豆轮作、青贮玉米种植、玉米改饲草种植等试点，培育加工配送企业和专业服务组织。

畜禽养殖业"十三五"规划战略研究

分 报 告

肉类产业"十三五"规划战略研究报告

肉类产业是畜牧业的主要组成部分，肉类产品是城乡居民"菜篮子"中不可或缺的重要组成部分。经过三十多年的快速发展，我国肉类产业取得了巨大成就，肉类产业占畜牧业总产值的比例接近80％。肉类产业在保障和改善民生，促进农业结构优化，吸纳农村劳动力，增加农民收入，促进"三农"发展，维护社会稳定等方面做出了重要贡献。

当前，我国肉类产业已经进入了由传统向现代加速转型的关键时期。虽然迎来了良好的发展机遇，但是也面临着诸多挑战。为促进"十三五"期间我国肉类产业的持续健康发展，需要系统总结"十二五"以来我国肉类产业发展的成就与发展趋势、把握肉类产业面临的挑战与机遇、借鉴发达国家肉类产业发展新特征，从2020年全面建成小康社会的目标出发，全面贯彻落实党的十八届三中全会关于全面深化农村改革、加快推进农业现代化的部署安排，顺应"四化同步"加快发展的大趋势，创新机制、突出重点、协调破解肉类产业发展存在的难题，切实实现产业经济效益、社会效益和生态效益的平衡发展。

一、"十二五"以来肉类产业取得的重大成效

"十二五"以来，全国肉类产业取得显著发展成果。随着我国肉类产业规模的不断扩大，肉类产业素质进一步提升，国内市场上肉类产品总量供应充足，人均肉类消费量大幅增加，动物蛋白在居民蛋白摄取中的比重

明显提高，很大程度上改善了居民营养水平，提升了国民身体素质。同时，肉类生产优势区域布局基本形成，产业带动能力不断增强，生产方式正由传统散养向现代规模化养殖模式转变。

（一）生产能力和产品质量稳步提升

2013 年，全国肉类产量达到 8 535 万吨，比"十一五"末期的 2010 年增长 7.8%（2010 年肉类产量 7 926 万吨），连续 24 年稳居世界第一位，人均占有量超过 60 千克，高于世界平均水平。肉类生产能力不断增强，充分保障了城乡居民"菜篮子"产品供给，为提高人们的营养健康水平乃至生活幸福水平做出了贡献。同时，通过加强食品质量安全监管，肉类产品质量安全水平得到了稳步提升，肉类产品抽检合格率均达 99% 以上。

（二）良种繁育体系逐步完善

通过继续实施畜禽种质资源保护、畜禽良种工程等项目，不断加大基础设施投入和软件建设力度，进一步增强了良种供种能力，强化了遗传资源的保护利用，推进了优良品种选育，有效地提高了我国良种的数量。2011—2012 年全国新增 21 个国家级畜禽遗传资源保种场。同时，国家加大种畜禽质量监督工作，提高种畜禽质量安全水平。国家每年投入 350 万元实施种畜禽质量安全监督检验工作，每年完成 400 头种猪、4 个品种肉种鸡商品代的生产性能检测及 400 头种公猪和 500 头种公牛的精液质量检验。我国种畜禽质量总体水平不断提高。

（三）规模化水平进一步提高

"十二五"以来，中央和地方政府不断出台有关政策，积极引导和推动标准化规模养殖工作，全国标准化规模养殖快速发展，已逐渐成为我国畜禽养殖业的主要生产方式。到 2013 年，全国年出栏 500 头以上生猪、出栏 50 头以上肉牛、出栏 100 头以上肉羊、出栏 10 000 只以上肉鸡的规模养殖比重分别达到 40.8%、27.3%、31.1% 和 71.9%，比 2010 年分别提高了 6、4、8 和 3 个百分点（2010 年生猪、肉牛、肉羊和肉鸡的规模化养殖比重为 34.5%、23.2%、22.9% 和 67.9%）。

（四）肉类生产发展带动了农民就业和增收

养殖业属于劳动密集型产业，对农村剩余劳动力吸纳能力强，养殖收益也相对较高。据《全国农产品成本收益资料汇编》统计数据计算，2013年单位生猪（头）、肉牛（头）、肉羊（只）和肉鸡（百只）用工数量分别为 4.66 工日、13.31 工日、5.56 工日和 3.39 工日，根据全国猪肉、牛肉、羊肉、鸡肉总产量和单位畜禽产量数据，同时按一个劳动力一年工作270 天估算，全国生猪、肉牛、肉羊、肉鸡养殖环节分别吸纳劳动力 1 266 万人、144 万人、326 万人和 91 万人。可以说，肉类养殖业发展已经是吸纳农村劳动力就业、促进农村居民收入增长的重要渠道。此外，与肉类养殖相关的兽药部门、养殖设施部门、肉类加工部门，以及肉类产品的销售供应等部门也都吸纳了大量劳动力，这些从业人员大部分都是农村劳动力和从农村劳动力转移出来的。同时，在肉鸡产业发展过程中，从事肉类产业养殖的农户的收入大都有不同程度的增加，特别是一大批从事规模养殖的农户的收入水平有显著提高。据《全国农产品成本收益资料汇编》统计数据，2011—2013 年单位生猪（头）、肉牛（头）、肉羊（只）、肉鸡（百只）平均收益水平分别达到 155.57 元、2 282.96 元、181.64 元和 132.95 元。

（五）肉类产业已成为国民经济的重要支柱产业

"十二五"以来，肉类养殖业的产值稳步提高。至 2013 年，全国肉类养殖总产值达到 22 631 亿元，比 2010 年增长了 39.40％（2010 年产值为 16 235 亿元），2010—2013 年年均增长 8.66％。同时，2013 年肉类养殖业占畜牧业总产值的比例达到 79.59％（2010 年为 77.96％），肉类产业已经成为畜牧业的主要组成部分。肉类养殖业的持续发展，对饲料业、兽药业、加工业、销售业、物流业、供应服务等上下游产业带动作用更加明显，并对增加就业和增加劳动者收入做出了巨大贡献。肉类产业已经成为关乎国计民生的支柱产业。

二、国内外畜禽养殖业发展的新特征

（一）国外畜禽养殖业发展的新特征

1. 强化产品质量安全

在发展现代畜禽业的过程中，发达国家都十分重视畜禽产品质量安全。为保证畜禽产品质量安全，一些国家对畜禽产品质量安全管理与控制都制定有一套各具特色的管理系统。美国通过健全畜禽产品质量安全法律、法规、标准体系，对畜禽产品生产、加工、贮运、销售过程进行全程控制。其通过建立畜禽产品质量安全管理组织机构体系，强化生产源头控制和进出口检验检疫等，从而建立起了有效的畜禽产品安全综合管理机制。欧盟则通过完善质量控制管理机构，实施严格而统一的质量安全标准，建立食品信息的可追踪系统等，逐步起到了以统一标准为中心的畜禽产品质量安全配套管理体系。此外，除了管理层面的措施以外，技术上的变革也注重产品质量。例如，通过采用科学的动物福利措施或技术，既能减少动物疾病的发生，减少用药和兽药残留，降低病死动物发生率，也能保证宰后肉类的质量，如放血充分、避免动物重要部位如腿部瘀血、减少骨折、防止异质肉发生对颜色、嫩度、保水性等食用品质的不利影响等。宰后蒸烫系统比水烫系统、风冷系统比水冷系统都可大大减少有害微生物交叉感染，也使胴体或分割肉外观更美观。猪胴体二阶段风冷系统不仅使冷却速度加快，有效减少 PSE 猪肉的发生，还可在胴体水分损失最低的情况下达到正确的中心温度，同时完成成熟使得猪肉嫩度更好。此外，如荷兰马瑞奥施托克肉禽加工公司新应用的鸡肉自动 X 线检骨系统，可保证鸡肉消费的质量和安全。该系统可自动从鸡肉中发现骨头或其他外来杂物，通过高分辨率色彩显示出来并除去，对超过 2 毫米大小骨的检出率达到 99％。应用信息技术、超声波技术、计算机断层扫描技术等可控制或评价肉鸡畜禽加工各环节的质量，比如，由胴体的不同解剖部位可判断皮肤损伤、断翅或瘀血等次品，应用高光谱成像技术可分辨胴体表面污物等。美国佐治亚理工学院研究员发明了一种利用超声波协同二氧化氯和臭氧对畜禽胴体表面减菌的技术，解决了传统次氯酸钠减菌导致氯残留的问题。有机肉、散养畜禽肉、非笼养禽肉或非圈养畜肉也是未来高端肉类发展的方向。基于物联网技术衍生出来的"三维码",每件商品的商标上都安装有一个芯片,通过与卫星导航系统联网,只要一扫描即可立体地追踪到其流动轨迹,包括从哪个仓库运送到了哪个零售点,以及实时冷链温度等,真正实现整个肉类产业链全过程的电子记录追溯,保证其质量和安全。通过发展肉类产业链物流业,建立起物流辐射网络,以便最快速度将产品送到每一个顾客的餐桌。通过使用安装先进制冷设备的全自动控制冷藏车辆,可以根据产品所需温度先行设定,保障产品在途恒温运输;所有车辆安装温度跟踪仪,有效监督车辆送货途中冷链运行状况,通过温度跟踪仪反馈的数据,对产品在途温度控制进行全程监控;通过物流 ERP 系统、车辆 GPS 系统,做到冷链物流科学管理,冷藏车辆实时控制。

2. 注重环境保护

为了保护环境,实现畜禽业生产与环境保护的协调,发达国家相继出台了一系列法律法规,通过法制手段来规范生产经营者行为,保证畜禽产业的可持续发展。从技术层面来讲,对肉类产业而言,强化环境保护就是减少整个产业链中一切对环境不利的因素,例如,降低粪便、污物、下脚料等处理不当对环境的污染;对传统养殖模式或加工工艺中耗能、耗水环节进行改造,以减少能源或资源消耗。荷兰马瑞奥施托克肉禽加工公司新发明的肉鸡蒸汽烫毛系统,采用含有一定水分的热空气流代替传统的水浸烫方式进行脱毛,减少用水 75%,能量利用减少 50%。此外,为了减少对环境的污染,并提高综合利用程度,丹麦霍斯利工业公司专门就肉鸡屠宰副产物综合利用及废弃物无害化处理技术与装备进行了深入系统的研究和开发。屠宰加工过程中产生的鸡肠和内脏可收集起来,制成鱼、貂饲料。在熟食品加工过程中会产生大量油脂,若进入排水管道,不仅非常可惜,而且还污染了周围环境,霍斯利工业公司设法在企业内每一个车间生产排水口处建造多级梯次隔油池,将截留油脂交给有环保资质的油脂处理公司专门处理。屠宰企业每年产生大量鸡毛,过去这些鸡毛中除了少量成色好的被廉价处理掉外,其余大部分随污水排出,既造成浪费又污染环境。霍斯利工业公司通过建设羽毛加工厂,可生产成品羽毛蛋白粉,作为饲料营养添加剂重复利用。肉鸡宰杀过程中肠道中产生的大量鸡粪经过发酵,作为优质肥料返回到农田之中,可实现农牧业生产的良性循环,也可实现增值。

3. 对生产者实行补贴制度

为了调动生产者从事畜禽生产的积极性，保护和促进本国畜禽产业的发展，采取对畜禽产业生产者进行补贴的政策，已经成为发达国家建设现代畜禽业的通常做法，而且对畜禽养殖业的支持力度非常大，支持的目标非常明确，支持政策手段灵活多样，有可靠的法律保障。例如，澳大利亚政府对畜禽业的保护主要是畜禽产品补贴，有两种形式：直接价格补贴和间接价格补贴。由于直接价格补贴易受到国际社会的指责，因此，澳政府对畜禽产品直接价格补贴率较低，一般为 2%～6%；间接价格补贴则较高，一般为 4%～30%。后者可通过向消费者征税（如 2000 年 7 月 1 日实施的 GST 即消费税）建立产业基金来补贴出口商，这样就大大增加了澳大利亚畜禽产品的国际竞争力。欧盟国家也对畜禽业采取直接补贴政策，对畜禽业的支持主要集中在奶牛、肉牛上。丹麦对每头奶牛或后备母牛补贴 200 欧元，对肉牛补贴 150～300 欧元，肉牛屠宰补贴 50～80 欧元，其他动物屠宰补贴为 39 欧元。这些补贴政策大大推动了这些国家畜禽产业现代化的进程。

4. 充分发挥生产者组织的作用

在发展现代畜禽业过程中，发达国家十分注重发挥生产者组织的作用。实践证明，这些生产者组织在促进畜禽业产业化经营方面发挥着重要的作用。荷兰的农民合作组织体系十分发达和完备，主要可分为两类：一是各种各样为农场服务的合作社，主要包括信用合作社、供应合作社、农产品加工合作社、销售合作社、服务合作社等，目的是加强生产者的市场力量，减少市场风险，增强产品竞争力；二是"法定产业组织"，可分为"行业协会"和"商品协会"，目的是通过联合各分散的农场主，提高他们的政治和社会地位。行业协会是在一个产业链中以专门环节相联结的横向组织，包括活跃在该部门的所有公司；而商品协会是纵向组织，包括特定生产链中的所有公司，从原材料供应商到最终产品零售商都包括在该链条之中。完整的合作组织体系在维护生产者权益、引导生产方向、组织产品加工销售的过程中发挥着巨大的作用。日本畜牧业协会很多，仅九州地区就有多达 50 个以上的与畜禽业生产相关的协会，如畜产会、家畜登记会、家畜改良协会、养猪（牛、鸡等）协会、兽医协会、生乳检查协会、各种奶酪协会、畜产价格安定协会，等等。

5. 开展一体化经营

一体化经营是世界发达国家肉类产业发展的重要特征。目前，国际上肉类产业一体化经营模式主要有：一是一体化养殖模式，从种畜禽、商品畜禽、饲料、加工、出口形成了一条完整的产业链；二是协会带农户养殖模式，畜禽养殖大户自愿加入协会，做到统一畜禽价格、统一饲料来源、统一防疫治病等；三是合同生产一体化，即"公司＋农户"模式，就是公司和养殖户签订生产合同，公司负责提供仔畜禽、饲料、药品、疫苗和全程技术服务，养殖户提供土地、畜禽舍、设备和劳动等，从事饲养管理。生产的商品畜禽按合同价全部收回屠宰，按产品数量和质量支付养殖户饲养报酬。通过开展一体化经营，尽可能地延长产业链，吸纳劳动力，实现产业内价值的大幅度增值，也保证了肉类产品产加销各环节的协调。同时，产业链的整合与协调，减少或消除了生产、加工、销售各方利益冲突，可以提高整个肉类产业的效率和效益，增强其市场竞争力。

6. 强化动物福利

关注动物福利是国外诸多发达国家发展现代畜禽产业的重要特征。所谓动物福利就是使动物在无任何痛苦、无任何疾病、无行为异常、无心理紧张压抑的安适、康乐状态下生活和生长发育，保证动物享有免受饥渴、免受环境不适、免受痛苦、伤害，免受惊吓和恐惧，能够表现绝大多数正常行为的自由。多国政府都制定了一系列从饲养到屠宰过程中的动物福利标准，如欧盟制定的《关于保护鸡以保持鸡肉产量的最低福利标准的理事会指令》（2007 年）、《关于保护牛的最低标准的理事会指令》（2008 年）、《关于保护猪的最低标准的理事会指令》（2008 年）、《关于在宰杀时保护动物的法规》（2009 年）等。欧盟作为世界上动物福利的主要推动者，不仅有专门保护动物福利的法律法规，还活跃着一个会员众多的欧洲动物福利协会；其食品安全署还专门设有负责动物福利的部门。到 2013 年欧盟各成员国必须停止圈养式养猪而必须采取放养式养猪。2010 年，美国政府制定了一个非常全面的《动物福利法案》，该法案对人应该给动物一个什么样的生存环境做了非常具体的规定。韩国也开始实行动物福利认证，该认证制度的实施范围还将陆续扩大至猪肉（2013 年）、鸡肉（2014 年）。屠宰前处理和致晕措施非常重要。猪、鸡出栏时，要采取正确的赶猪或抓鸡方法，运输途中要注意运输距离、方式、密度、温度等，宰前禁食和休息方式要恰当，环境要适宜，装卸操作要轻拿轻放等，采取人道屠宰，包括通过一定光线的照明通道、正确的致昏和沥血方式等。这些都是未来肉用动物屠宰加工时必须考虑的动物福利因素。到目前为止，已经有 100 多个国家建立了完善的动物福利法规，在饲养、运输、屠杀、加工等过程中善待动物。在国际贸易中，也有越来越多的发达国家要求供货方必须能提供畜禽或水产品的饲养、运输、宰杀过程中没有受到虐待的证明。

7. 注重品牌、资本、服务和产业链运营

国际肉类产业链各企业通过品牌、资本、服务和产业链运营，包括重组、兼并、收购、上市、国际化、多元化、以客户服务为中心、产业链整合等竞争优化方式，由制造业向生产性服务业（如产品设计、物流业、市场营销）转型，不断挖掘价值链各环节附加值，管理模式和产业、产品结构也正发生着巨大的变化。美国泰森食品公司目前是全球最大的鸡肉、牛肉、猪肉生产商及供应商，也是最大的牛皮和猪皮生产商，在美国和世界各地拥有 400 多个办公地点，雇员超过 10 万人，产品销售至 80 多个国家和地区，2012 年营业额达到 330 亿美元，是国际肉类产业产业化发展的典型代表。泰森通过收购和并购，巩固了在鸡肉领域的统治地位，使肉鸡行业的集中度大大提高，CR6 超过 60%，有效改变了肉鸡产业的结构。2008 年泰森旗下的科宝收购海波罗；2011 年科宝世界技术支持中心成立，科宝在全球肉鸡育种市场占据 40% 左右的份额。至此，泰森将肉鸡产业链条延伸到最前端——育种，构筑了最完整的肉鸡产业链。从肉类产业的发展来看，肉鸡产业的一体化程度最高。泰森还通过兼并跨界进入猪肉和牛肉业务，使产业规模不断扩大，2001 年斥资 46 亿美元现金和股票并购规模比自己大一倍的猪牛肉加工企业 IBP，成为最大的红肉（牛肉、猪肉）加工商；2002 年，泰森接管 IBP 15 亿美元国际业务。至此，公司重新定位为多元化肉类生产企业，认为取得成功的关键是"规模"二字，拥有足够的规模就可以有效地为客户服务。从 2001 年开始，泰森在上海成立办事处，在山东诸城建立鸡肉加工厂（山东泰森大龙食品），到 2012 年江苏泰森成立，其在中国的国际化业务拓展也突飞猛进。

（二）国内畜肉类产业发展的新特征

1. 消费水平明显提升，但消费需求仍处于被抑制状态

市场供应总体充足，但消费需求仍然受到抑制。经过改革开放以来30多年的发展，我国肉类产品摆脱了长期短缺的局面，实现了市场供应充足，供需总体平衡。但是，这种供应充足和总体平衡还是一种需求被抑制状态下的充足和平衡。首先从城乡差异来看，由于农村收入水平不高，农民的肉类消费需求仍然受到很大抑制，城乡居民在肉类消费方面仍然存在较大的差距，2012年城乡居民肉类消费的绝对差距达到14.86千克。其次，从不同收入组人均消费差距看，据《中国住户调查年鉴》收入五分组的统计数据显示，2012年高收入组人均肉类消费量达到33.63千克，比低收入组多50%。城乡和不同收入组之间这种较大的差距在短期内难以有明显的改变。

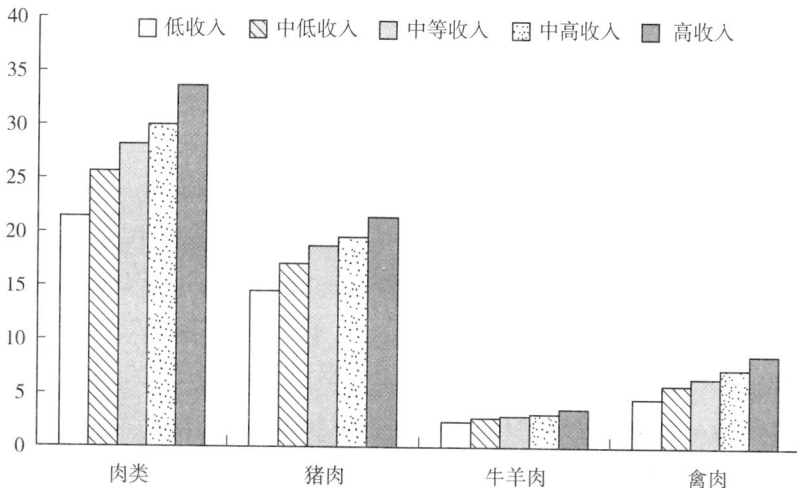

图1　2012年不同收入组居民全年人均动物源食品消费量（千克/人）

数据来源：《中国住户调查年鉴》（2013）

2. 供需关系阶段性过剩、结构性偏紧成为常态

随着城乡居民收入的增加和生产供应能力的大幅提高，我国肉类供需关系的平衡点明显上移，总体保持平衡。但由于近几年来生猪和肉鸡的生产能力增长相对过快，市场供需波动频繁，波动幅度加深，在供应高峰时

生猪和肉鸡产品会出现阶段性过剩；而牛羊肉供给因生产周期长、投入成本高一直处于相对不足状态，导致牛羊肉价格持续攀升。

3. 标准化规模养殖成为必由之路，但高投入成为重要制约因素

肉类养殖业必须走规模化标准化的路子，这已成为共识。但是标准化规模化肉类养殖前期投入越来越大，要建一个万头猪场，前期投入在1 000万元以上，建设年出栏300～500头育肥猪的适度规模养殖场前期投入在50万元以上，建设年出栏5万只肉鸡的标准化规模养殖场前期投入也需要200万元以上。而且近几年来，随着土地租金不断上涨，劳动力成本大幅提高，饲料价格持续攀升，肉类养殖业生产成本高涨。这种高投入、高成本的模式，在客观上形成了规模养殖的资金门槛。从未来发展趋势看，规模养殖对资金投入的要求将越来越高。

4. 社会需求多元化，质量安全受到高度关注

随着收入水平的分化，人们对肉类产品的需求也日益呈现多元化。一方面，高中低不同价位的产品都有巨大的消费群体，特别是近几年来，随着高收入群体的增加，高端肉类产品的市场迅速扩大；另一方面，随着人们健康观念的变化，肉类产品消费结构也悄然发生了变化，突出的是猪肉等红肉产品在肉类消费中的占比在逐步下降，而鸡肉等白肉产品在肉类消费中的占比在逐步上升。2012年，我国城乡居民人均猪肉消费量为17.99千克，其占人均肉类消费量的比重由1978年的86.57%下降到62.76%；同年，我国城乡居民人均禽肉消费量为12千克，其占人均肉类消费量的比重由1978年的4.97%上升到27.51%。在社会需求多元化的同时，肉类产品的质量安全也日益受到高度关注。越来越多的消费者将肉类产品质量安全放在了优先地位，一旦对哪类产品的质量安全产生怀疑，就会产生排斥心理，拒绝消费，特别是在信息化、网络化的催化下，人们的质量安全意识和安全要求都越来越高。

5. 可持续发展的压力越来越大，实现生产生态协调的任务越来越重

随着肉类养殖业特别是规模化养殖场的快速发展，粪便等废弃物大量增加，加上前些年缺乏严格的法律法规约束，环境治理明显滞后于环境污染，养殖污染已成为影响肉类养殖业可持续发展的突出问题，也成为影响新农村建设的重大社会问题。因此，要做到肉类养殖业特别是规模养殖业发展与环境治理同步，实现生产生态协调，才能保持肉类养殖业的可持续发展。但是肉类养殖业的污染治理需要巨大的资金投入和严格的执法保障，可以预见，肉类养殖业特别是规模养殖业的不断发展，实现生产生态协调的任务必然越来越重。

6. 效益的重要性日益凸显，风险防控体系建设空前紧迫

目前我国的肉类养殖业正由"小规模饲养、粗放型经营"向"规模化养殖、产业化经营"转变，但是由于规模化养殖投入巨大而且运营成本高，而畜禽产品市场价格又存在极大的不稳定性，规模化养殖业成为了高风险行业，一旦发生风险，保证不了基本的效益，就会对企业乃至整个行业产生不可估量的损失。建立与完善风险防控体系，已成为行业发展的迫切要求。

7. 养殖业市场化程度高，但确保市场稳步发展的机制尚不健全

经过三十多年的市场化改革和发展，我国肉类养殖业已经成为农业中市场化程度最高的行业，较为完善的市场机制引导了金融资本、企业资本、个体资本对养殖业的投入，并强有力地推动了养殖业的发展，推动了多种多样的发展模式，目前养殖业从传统的副业转变为主业。然而从调控来看，单凭市场这只无形的手难以保障养殖业持续发展。近10年来价格的波动，特别是2005年下半年以来，全国范围内多次生猪价格的剧烈波动，对我国生猪生产、农民收入和市场的肉食品供应造成了严重的影响，并成为带动我国CPI上涨的主要因素之一。尽管近几年来，国家逐步启动了一些宏观调控政策，但是，保证肉类养殖业持续稳定发展的宏观调控机制和支持保护体系尚不健全。肉类产业仍然处于不稳定发展之中。

三、当前我国肉类产业面临的挑战和机遇

（一）挑战

经过多年的发展，我国肉类产业，尤其是生猪、肉牛、肉羊、肉鸡等生产进入了一个新的阶段。肉类产业的发展一方面对现代农业建设、推动经济社会发展的贡献逐步加大，但另一方面仍面临一系列的矛盾和问题。

1. 资源相对短缺

一是饲料资源短缺。随着畜禽养殖数量的增长，我国饲料粮的需求呈

明显增长趋势，各类饲料原料供给压力将继续加大。①蛋白质饲料长期短缺。我国重要的动物蛋白饲料——鱼粉一直依靠进口，自给率不足50%；饲用大豆明显不足，每年用于加工饲料豆粕的大豆70%以上需要进口。②能量饲料需求压力增大。我国饲用玉米约占玉米总消费量的70%左右，随着我国肉类消费数量的增长，饲用玉米消费的绝对量呈刚性增长。此外，饲料添加剂的国内供应量严重不足，存在品种单一、企业规模小、工艺落后、产品生产成本偏高等问题，在质量和数量上与对饲料的需求都相差甚远。

二是土地资源紧缺。我国是世界人口大国，人均土地资源少，这是基本国情。可用耕地资源已经接近18亿亩的红线，随着人口的增长和城市化进程的加快，耕地面积将会越来越少。随着国家保护基本农田政策的不断深入，我国土地资源日益紧张，关于畜禽养殖用地的限制将更加严格，虽然最近也出台了相关扶持政策，但是，总体的紧张局面将越发明显。

三是良种繁育体系建设滞后。我国长期存在"重引种、轻选育"倾向，每年引进的种畜价值超过2 000万美元，生猪、快大型肉鸡等畜禽品种长期处于"引种—维持—退化—再引种"的恶性循环。虽然近年来国家增加了对畜禽育种的科技投入，但自主知识产权的高性能的优良品种还比较少，良种繁育体系不健全，优质种畜禽供应不足，供种能力不强。

四是草原资源退化严重。据农业部《2013年全国草原监测报告》，近年，一些典型草原地区退化趋势得到遏制，沙化草原面积不断减小，牲畜超载率有很大程度的降低。但是，2013年，全国重点天然草原的平均牲畜超载率仍达16.8%，全国268个牧区半牧区县（旗、市）天然草原的平均牲畜超载率仍达21.3%；而且，全国中度和重度退化草原面积仍占1/3以上，已恢复的草原生态很脆弱，全面恢复草原生态的任务依然十分艰巨。随着工业化、城镇化的发展，草原资源和环境承受的压力越来越大。

2. 养殖方式落后

我国畜牧业增长方式仍然停留在粗放模式的数量增长状态。饲养方式落后、个体生产能力低下、技术手段推广缓慢等仍存在于绝大多数畜禽养殖企业。我国是世界第二大肉鸡生产国，肉鸡生产在畜牧业中是规模化、集约化、产业化程度最高的产业，但2013年年出栏量1万只以下养殖场的肉鸡出栏数量占肉鸡总出栏量的比例仍有 28.1%；生猪生产中，年出栏生猪 50 头以下养殖场的出栏量仍占总出栏量的 48.4%；肉羊产业中，年出栏 30 只以下养殖场的出栏量占总出栏量的 42.7%。小规模场的养殖设备简陋，管理不规范，死淘率高，畜禽生产性能难以充分发挥。与发达国家相比，我国畜禽存栏虽然增长很快，个体生产能力却存在很大差距。从世界主要养殖大国来看，发达国家率先完成了猪、牛、鸡从传统农场小规模生产向大规模、超大规模工厂化、集约化和专业化生产方式的转变。

3. 产品质量安全不容忽视

肉类质量安全问题是一个综合问题，不仅仅局限于微生物污染、化学物质残留及物理危害，还包括如营养、食品质量、标签及安全教育等问题。总体来讲，目前我国肉类产品存在主要问题为：①产品质量标准体系不完善，部分标准可操作性不强，对已有标准执行不严格，质量检验检测体系不健全；②畜禽养殖业生产规模小、方式落后，生产者质量安全意识淡薄、规范化养殖知识缺乏；③产业链条长、环节多，监管成本高；④生产、加工、流通等环节仍存在监管部门职责不清、监管不力；⑤社会诚信体系不健全，部分企业和养殖户缺乏社会责任。

4. 动物疫病的威胁长期存在

动物疫病已成为制约全球畜禽养殖业发展的重大障碍。动物疫病病原数量逐渐增多、病毒变异速度逐步加快，动物疫病的发生、发展更趋复杂多变，动物疫病传播快、传播途径复杂，预防控制及扑灭难度加大，对境外动物疫病的防控难度也越来越大。20 世纪 70 年代以来，新增畜禽疫病近 40 种，特别是近几年发生的禽流感、口蹄疫、蓝耳病、猪链球菌病等，严重影响了我国畜禽养殖业的健康发展和国际竞争力的提高，养殖企业因此遭受巨大损失。

5. 生态环境约束越来越大

由于畜牧业生产的特殊性，生产中废弃物数量巨大。据测算，一个百头牛场年产粪便 684 吨，一个万只鸡场年产粪便约 360 吨，一个千头猪场年产粪便达 2 000 吨左右。随着肉类产业的发展，养殖场和养殖规模不断增加和扩大，我国畜禽养殖污染呈总量增加、程度加剧和范围扩大的趋势，生态环境面临极大挑战。由于部分畜禽养殖场和畜产品加工企业对环境污染治理力度不够，盲目扩大生产规模，忽视了对畜禽粪便、污水、病死畜禽等的无害化处理，特别是畜禽粪便和养殖污水随意排放，致使周边环境污染严重。2014年1月1日《畜禽规模养殖污染防治条例》正式实施，此项规定是在生态文明建设框架下国家对养殖业污染问题的重视和管制力度加大。肉类产业要实现可持续发展必须高度重视污染防治问题。

（二）机遇

我国城乡居民收入水平的增长、人口数量的增加、城镇化水平的提高、生活方式的改变，促进了改革开放以来我国肉类食品消费的迅速增长，并且这些积极因素在未来仍将拉动我国肉类食品消费的进一步增长。

1. "四化同步"新要求为肉类产业向现代化方向发展提供舞台

党的十八大提出"坚持走中国特色新型工业化、信息化、城镇化、农业现代化道路""促进工业化、信息化、城镇化、农业现代化同步发展"，为新时期经济社会发展和"三农"工作指明了方向。"四化同步"发展战略，再次突出"三农"的重中之重地位，强调加快农业现代化是"四化同步"发展的重要基础和必然要求，这符合国家经济社会发展实际，对加快推动肉类产业现代化发展具有深远意义。为加快肉类产业发展，实现真正意义上的"四化同步"，国家必将在财政扶持、金融支持等领域向畜禽养殖业倾斜，为畜禽养殖业的转型升级提供广阔的舞台。

2. 肉类需求持续增长为肉类产业持续发展创造空间

进入新常态下经济发展期，尽管宏观经济发展速度有所下降，但以下三方面的因素将进一步促进肉类消费的增长，这将为肉类产业持续发展提供很大的发展空间。

一是城乡居民收入不断增长将进一步拉动肉类消费增长。居民收入水平是影响肉类消费水平的重要因素。改革开放以来，我国城乡居民收入水平有了大幅度的提高，1978年人均收入为171.19元，2012年增长到16 668.52元，年均增长速度达到14.42%。随着收入水平的提高，城乡居民越来越关注食物营养，也因此拉动了富含蛋白质及多种营养的肉类产品的消费。未来，随着我国经济的持续发展，居民收入水平会进一步提高。2012年召开的中共十八大提出了2020年实现国内生产总值和城乡居民人均收入比2010年翻一番的收入倍增计划，这一计划的实现将继续拉动城乡居民肉类消费水平的增长。

　　二是人口总量的增加和结构的变动将带动肉类消费进一步增长。人口因素对肉类产品消费的影响主要体现在人口规模和人口结构两个方面。1978 年我国人口数量为 9.63 亿，2005 年达到 13 亿，之后每年以 600 万～1 000 万的数量增加，2012 年达到 13.54 亿人。人口数量决定了市场容量与规模。对于肉类消费来说，庞大的人口总量及其增长速度蕴藏着巨大的肉类消费市场，人均消费量的小幅增长将带来全国总量的大幅增长。未来，我国人口数量的增加仍然对肉类消费总量的增加有着明显的影响。同时，人口结构的变化也对肉类消费结构产生影响。改革开放以来，家庭规模的小型化成为我国城乡家庭结构变化的重要特征之一。从单个家庭来说，在人均收入等因素相同的情况下，人口多的家庭对主食消费比较多，谷物等主食的需求曲线将上升，肉类等副食的需求曲线将下移；反之，人口比较少的家庭，主食的需求曲线将下移，副食的需求曲线会上移。因此，家庭规模小型化会促进对肉类需求的增加。

　　三是城镇化水平的不断提高将持续推动肉类消费增长。我国城镇化水平在改革开放以来的三十多年中有了很大程度的提高，城镇人口所占比重从 1978 年的 17.92% 增长到 2012 年的 52.57%，这也在很大程度上带动了我国肉类消费的增长。一方面，城镇化提高了部分居民的收入水平，居民的食品消费结构也随之发生改变，对肉类食品的购买能力大大增强；另一方面，城镇化的发展也带来了更便捷的肉类食品销售市场，使得肉类食品的可获性增强。未来，我国城镇化水平将进一步提高。最新公布的《国家新型城镇规划（2014—2020）》提出，到 2020 年全国城镇化水平要达到 60% 左右，即每年新增加 1 个百分点。按此计算，全国每年将新增城镇人口 1 300 万人以上，这将继续促进我国未来肉类食品消费的增长。

3. 生态农业发展和环境政策促进废弃物资源化利用

　　随着生态农业的发展，农业生产中对有机肥料的需求越来越大，而作为主要有机肥料的肉类养殖业废弃物就成为有机农业肥料的主要供应品，受市场需求的推动，肉类养殖业废弃物的有机肥化利用就成为产业拓展的重点。肉类养殖业废弃物的能源化也在推动废弃物采取能源化的方式进行无害化利用。此外，清粪机等与废弃物处置相关的机械已经列入国家补贴范围，国家已经在设备上为养殖者提供了资金支持，激励养殖者无害化处置养殖废弃物，将极大地推动肉类养殖废弃物的无害化利用。

四、加快肉类产业发展亟须建立的新理念

面对新常态下的新形势、新挑战，我国肉类产业要继续保持健康发展的活力，梳理并强化"四个理念"，加快肉类产业建设步伐。

(一) 强化内涵增长理念

把肉类产业发展纳入提质增效的轨道，练内功、促增长。提质，主要是坚持"产"和"管"两手硬。一方面生产经营者要落实主体责任，推进标准化生产，规范投入品使用，健全生产全过程管理制度。另一方面管理部门要从严监管不放松，推动健全质量安全监管体系，着力构建事前、事中、事后有效衔接的监管制度和各级政府分工明确、各个部门密切协作的工作机制，努力确保不出现重大质量安全事件。增效，一是向规模化要效益，坚定不移地发展标准化规模养殖，要进一步发展壮大龙头企业，培育一批适度规模经营的养殖场（户），通过规模经营实现效益提升。二是向产业化要效益，坚定不移地推进全产业链建设，引导和鼓励产业链各环节有机融合，理顺利益分配关系，降低农户养殖风险。三是向良种化要效益，集中力量加快发展现代畜禽种业，组织实施好畜禽遗传改良计划，不断提升自主育种能力。四是向科学化要效益，加快肉类养殖业科学技术进步，加强重大关键技术攻关研究，大力推广饲料精细加工、精准配方和自动化饲喂等适用技术，强化养殖档案盒信息化管理，控制疫病传播，通过提高资源利用率和劳动生产率实现节本增效。

(二) 强化市场主导理念

充分发挥市场在资源配置中的决定性作用，有效利用市场杠杆，从单纯依靠政府支持向政策引导、金融扶持、预案调控等多策并举转变。更多运用市场手段，最大限度发挥财政资金的杠杆效应，为现代肉类养殖业发展提供强劲动力。在政策引导方面，更加注重基础性、公益性和针对性，适当调整普惠性补贴政策，强化标准化规模养殖、现代畜禽种业等打基础、管长远的政策，继续加强草原生态保护建设等公益性、全局性政策，有针对性地加大牛羊肉生产供应等薄弱环节的政策扶持力度。在预案调控

方面，协调执行好《缓解生猪市场价格周期性波动调控预案》，完善相应措施，强化响应机制，缓解生猪价格波动；不断强化监测预警，加强信息引导，促进产业平稳发展。在金融扶持方面，强化与金融机构的合作，创新畜禽养殖业发展贷款担保机制，大力探索各种形式的贷款支持有效方式，继续深化与保监会的合作，在主产区积极推进生猪、肉鸡和肉牛等政策性保险，积极探索目标价格和价格指数等保险形式，为现代畜禽养殖业发展保驾护航。

（三）强化可持续发展理念

推动肉类养殖业从以发展生产为主向生产生态协调发展转变，加快建设资源节约型、环境友好型肉类养殖业。一要着力优化产业布局。统筹考虑环境承载能力和污染防治要求，结合肉类养殖业发展实际和优势区域布局，合理布局肉类养殖生产，科学确定肉类养殖的品种、规模和总量。加强肉类养殖规划指导，调整优化养殖布局，进一步加大对环境承载能力较强的西北和东北地区肉类养殖业的支持力度，推动生猪等重点产业布局的战略性调整，有所为有所不为。二要积极推动生产与环境协调发展。以肉类养殖粪污资源化利用为核心，以农牧结合为基本思路，合理控制养殖密度，大力发展循环型肉类养殖业。积极贯彻落实《畜禽规模养殖污染防治条例》，加强养殖废弃物综合利用的指导和服务，因地制宜地推行高效、经济、适用的养殖粪污处理利用技术和农牧结合、种养结合的循环经济模式。三要加快引导产业化经营模式创新。充分发挥市场导向作用，认真总结经验，探索建立科学合理的全产业链利益联结机制，引导形成"龙头企业带动，合作社和养殖场户参与"的产业化经营主流模式，既有效降低养殖者的市场风险，又大幅降低龙头企业的生产投入成本，推动养殖业逐步发展成集群优势明显的现代化产业。

（四）强化政府的服务保障理念

肉类产业是关系国计民生的重要产业，各级政府必须强化服务和保障理念，切实做好服务和保障工作。一要进一步提高对肉类产业发展的重视程度，切实把肉类产业作为国民经济的重要产业来抓，作为保障供给、提高国民营养健康水平和生活幸福水平的重大举措来抓。二要完善和健全扶持政策体系,实现国家和地方政府对肉类产业扶持政策的系统化、制度化。三要立足法规制度建设,加强质量安全监管,切实保障肉类食品安全。四要加强宏观调控,加强信息化建设和预警体系建设,实施有效的行业管理和服务。五要进一步鼓励和支持科技攻关,加强从业人员培训和科技推广工作,提高养殖业的科技水平。

五、"十三五"肉类产业发展的总体框架

(一)指导思想

全面贯彻落实党的十八届三中全会关于全面深化农村改革、加快推进农业现代化的部署安排,顺应"四化同步"加快发展的大趋势,创新机制,突出重点,强化质量效益、市场经济和可持续发展理念,完善扶持政策保障体系,统筹资源条件特点,推进产业布局调整,着力推进肉类养殖业转型升级,稳定市场供给保障能力,促进草原生态和养殖环境明显改善,力争推动肉类养殖业在农业中率先实现现代化。

(二)发展目标

"十三五"时期,肉类生产结构和区域布局进一步优化,综合生产能力显著增强,肉类产品的有效供给和质量安全得到保障。

肉类产品有效供给得到保障。到 2020 年肉类总产量达到 9 670 万吨,其中猪肉、牛肉、羊肉、禽肉的产量分别达到 6 330 万吨、720 万吨、420 万吨和 2 100 万吨。

质量安全水平显著提升。肉类畜禽养殖饲料质量合格率达到 95% 以上,违禁添加剂检出率控制在 0.1% 以下,努力确保不出现重大安全事件。

规模化程度显著提高。到 2020 年,肉类畜禽规模养殖比重提高 5～10 个百分点,500 头以上生猪、出栏 50 头以上肉牛、出栏 100 只以上肉羊、出栏 10 000 只以上肉鸡的规模养殖比重分别达到 45%、35%、40% 和 80%。

环境治理状况显著改善。到 2020 年全国畜禽规模化养殖场(小区)粪污无害化处理设施覆盖率达到 90% 以上。

（三）重点任务

"十三五"期间，我国肉类产业发展的重点是：加快推进产业结构战略性调整，全力构建质量安全监管体系，深入开展生态环境保护建设，探索推行金融保险扶持政策，进一步完善政策科技保护体系，全面推进现代肉类养殖业建设。

一是以提升标准化规模养殖水平、发展壮大现代畜禽种业体系、优化生产布局与区域布局、创新产业化经营模式、完善信息化监测预警调控机制等为重点，加快产业结构的战略性调整，形成现代化特征显著的现代肉类产业生产体系。

二是坚持规范生产经营者和健全政府监管体制机制同步推进，实施"产"和"管"两手硬的严格监管措施，构建行之有效的质量安全监管体系，完善事前、事中、事后有效衔接的监管制度。

三是强化金融保险等市场手段对畜牧业发展的支持，创新畜牧业发展贷款担保机制，拓宽肉类产业融资渠道，加快缓解肉类产业发展融资难题，稳步推进畜禽养殖政策性保险，探索实施肉类产品目标价格指数保险等措施，提高畜牧业抗风险能力和市场竞争力，促进肉类产业稳步有序发展。

四是继续以保障肉类产业基础生产能力和提升产业核心竞争力为重点，围绕畜禽良种繁育、现代饲料工业、畜禽标准化生产、畜产品质量安全、动物疫病防控、肉类产业社会化服务、肉类产业信息化管理、肉类生态环境保护等体系建设，加大产业保护扶持政策实施力度，促进畜牧业持续健康发展。

六、"十三五"畜禽养殖业规划的重大建议

（一）重大政策

1. 完善财政投入稳定增长机制

立足肉类产业发展关键环节，聚焦市场薄弱节点，以提升肉类产业核心竞争力为取向，建立稳定增长的财政投入扶持机制。继续实施畜禽良种补贴政策，加大补贴力度，扩大补贴范围，加快畜禽良种化进程。稳步增

加标准化养殖扶持政策投入，推进标准化规模养殖。加大畜禽规模养殖排泄物综合治理和资源化利用扶持。加大对畜禽优势产区的支持力度，扩大生猪调出大县奖励资金规模和范围。围绕肉类产业质量安全监管、畜牧业先进技术试验推广、信息监测预警等重点工作，予以稳定的财政资金保障，确保日常工作的有序开展。

2. 强化金融保险政策支持

加强政策引导，拓宽畜牧业融资渠道。利用财政贴息、政府担保等多种方式，引导各类金融机构增加对畜牧业生产、加工、流通的贷款规模和授信额度，鼓励有条件的地方和机构创新金融担保机制，为养殖、加工龙头企业及养殖场（户）融资提供服务。优化发展环境，鼓励民间资本以多种形式进入畜禽养殖业。稳步扩大政策性农业保险试点范围，探索建立适合我国国情的畜禽养殖业政策性保险体系，提高产业抗风险能力和市场竞争力。

3. 构筑严格的产品质量标准体系

按照全程监管的原则，突出制度建设和设施建设，变被动、随机、随意监管为主动化、制度化和法制化监管。建立动物源产品养殖业投入品的禁用、限用制度，培训和指导养殖场（户）科学用料、用药。在完善动物源产品和饲料产品质量安全卫生标准的基础上，建立饲料、饲料添加剂及兽药等投入品和肉类食品质量监测及监管体系，提高肉类食品质量安全水平。推行肉类食品质量可追溯制度，建立肉类食品信息档案，严把市场准入关。

4. 继续大力推进标准化规模养殖

国家要进一步增加标准化规模养殖的扶持力度，对规模化养殖场（户）提供贷款贴息。各地政府要通过政策扶持和引导，加大标准化规模养殖场建设，加快推进标准化、规模化养殖，通过高科技的投入来降低养殖风险，稳定生产供给。此外，要加强畜禽规模养殖用地管理利用，在坚持耕地保护制度的基础上，认真贯彻落实国家关于规模化畜禽养殖的有关用地政策，将畜禽规模养殖用地纳入当地土地利用总体规划。合理安排畜禽养殖设施用地，坚持农地农用和集约节约的原则，加强设施农用地用途管制。合理开发利用土地资源，鼓励养殖场（户）在符合土地规划的前提下，积极利用荒山、荒地、丘陵、滩涂发展畜禽养殖。

5. 引导产业化经营模式创新

充分发挥市场导向作用,由政府出台财税优惠政策和专项扶持资金,鼓励探索建立科学合理的全产业链利益联结机制,引导形成"龙头企业带动、合作社和养殖场户参与"的产业化经营模式,扶持一批畜牧龙头企业、农民合作社和规模养殖场进入健康发展的轨道,加快提升标准化规模养殖水平,既有效降低养殖者的市场风险,又大幅降低龙头企业的生产投入成本,推动畜禽养殖业逐步发展成集群优势明显的现代产业模式。

6. 深化监测预警与宏观调控

加大财政资金投入力度,完善信息发布服务和预警机制,引导养殖场(户)合理安排生产,防范市场风险,建设国家级畜禽公共信息监测预警平台和中央数据库系统,实施监测点数据采集终端更新升级;以能繁母猪等为切入口,探索运用物联网等先进技术的自动化监测方式。逐步扩大监测预警范围,探索建立有效顺畅的面向生产单位的信息交流机制和服务方式。通过必要的政策手段实施生产干预,积极应对市场周期性波动,更好地稳定畜禽生产和市场供应,保障养殖场(户)的合理收益。

(二)重大工程

1. 畜禽标准化规模养殖场建设工程

继续实施生猪和肉牛、肉羊标准化规模养殖场(小区)建设项目,力争扩大项目实施范围,对畜禽养殖优势区域和畜产品主产区的生猪、肉牛、肉羊和肉鸡规模养殖场(小区)基础设施进行标准化建设,重点抓好畜禽圈舍、水电路、畜禽标准养殖档案、饲养与环境控制等生产设施设备建设。通过项目实施,加快提升畜禽养殖标准化规模化水平,促进畜牧业发展方式转变,保障畜产品有效供给。

2. 畜禽良种工程

重点支持畜禽原种场、种公畜站、西部地区扩繁场和精液配送站建设,扶持畜禽遗传资源保护场、保护区和基因库的基础设施建设,支持畜禽新品种(系)选育,建设种畜禽生产性能测定中心和遗传评估中心,进一步增强良种供种能力,强化遗传资源保护利用,推进畜禽优良品种选育,保障我国畜禽良种数量和质量安全。通过项目实施,加快畜禽良种繁育推广,健全国家畜禽遗传资源保护体系,增强畜禽新品种选育培育能力，完善种畜禽生产信息和质量监测体系。

3. 饲料质量安全保障工程

按照统一协调、突出重点、各有主攻、优势互补的原则，着力加强饲料质量安全保障能力建设，重点进行饲料安全评价基地、饲料安全检测和饲料安全监督执法等工程项目建设，建立安全评价、检验检测、监督执法三位一体、省部市县职能部门各有侧重的饲料安全保障体系，基本满足饲料管理部门依法履行饲料质量安全职责、保障动物性食品生产源头安全的需要。

4. 金融服务工程

继续加大对肉类养殖企业的金融服务，进一步加强畜禽保险在加速推进养殖业健康发展中的作用，完善畜禽养殖保险制度，简化核定程序，合理缩短理赔时间，提高养殖场（户）参保的积极性。

5. 废弃物处理与综合利用工程

针对养殖业生产废弃物处理不当与生产废弃物浪费制约我国肉类产业发展这一问题，重点研究分散养殖地区的畜禽粪便综合利用问题，研发一批适宜于各地的畜禽粪便综合利用技术，推广一批广大养殖户能够接受的简便化和低成本的技术，实现畜禽粪便的综合利用。

禽蛋业"十三五"规划战略研究报告

禽蛋业是畜牧业的重要组成部分，在我国畜牧业中占有重要的地位。自改革开放以来，我国禽蛋业快速发展，规模化、集约化程度逐步提高，产量不断增加，质量不断提升，产业产值不断扩大，为繁荣我国农村经济、增加农民收入和满足城乡居民食物营养需求做出了巨大的贡献。

经过三十余年的持续发展，当前我国禽蛋业已经进入了加速转型升级的关键期。在系统总结我国"十一五"以来禽蛋产业发展的成就与发展趋势、把握禽蛋产业面临的挑战与机遇、借鉴发达国家禽蛋业发展新特征的基础上，从 2020 年全面建成小康社会的目标出发，全面贯彻落实党的十八届三中全会关于全面深化农村改革、加快推进农业现代化的部署安排，顺应"四化同步"加快发展的大趋势，创新机制、突出重点、协调破解禽蛋业发展存在的难题，力争在"十三五"期间加快推进禽蛋业健康可持续发展的进程，切实实现产业经济效益、社会效益和生态效益的平衡发展。

一、"十一五"以来禽蛋业取得的重大成就

"十一五"以来，禽蛋业发展在保障我国禽蛋有效供给、产品质量安全、生态环境建设等方面，取得了显著的成就，总体保持了持续稳定发展的势头。

（一）综合生产能力稳步提升

"十一五"以来，我国禽蛋业综合生产能力不断增强，充分满足了我

国城乡居民对禽蛋及制品的消费需求。2006—2013 年，我国禽蛋产量呈现逐年递增的趋势，年均增长率为 2.47%。2013 年，我国禽蛋总产量达到 2 876 万吨，其中鸡蛋产量达到 2 445 万吨并连续 28 年位居世界第一位。

（二）禽蛋产业素质持续增强

"十一五"以来，我国禽蛋产业链逐步完善，禽蛋产业素质持续增强。我国禽蛋业良种繁育体系不断完善，特别是自国家畜禽良种工程项目实施以来，加速了蛋禽良种推广体系建设，祖代、父母代蛋禽育种的市场集中度提升；蛋禽养殖主体不断分化，以中小规模养殖场（户）和千家万户散养为特征的"小规模、大群体"正逐步向以养殖企业（场）和养殖小区（养殖专业村）为特征的"大规模、小群体"过渡；商品代蛋禽养殖的技术水平和生产效率不断提高，禽蛋质量安全水平不断提升；禽蛋市场体系不断完善，特别是自 2013 年 11 月份大连商品交易所推出我国鸡蛋期货以来，完善了我国畜禽产品的现货交易和期货交易市场体系。

（三）生态建设成效逐步显现

长期以来，我国畜禽养殖业以追求数量为主，养殖模式呈现"高投入、高消耗、高排放"特征，养殖方式粗放、资源利用率不高的问题日益突出，特别是养殖造成的面源污染已成为影响我国生态环境建设的重要因素。"十一五"以来，我国禽蛋业更加注重养殖方式调整与污染防治。"二分离、三配套"工程（干湿分离、雨污分离，干粪池、沼气池、污液储存池）的建设、有氧和无氧堆肥技术的应用、大罐发酵技术的推广，极大地降低了蛋禽废弃物对生态环境的破坏，特别是近年来积极推广的蛋禽粪便肥料化资源利用技术，有效地将养殖业和种植业紧密结合，为破解我国畜禽养殖业废弃物处置和环境污染、推进畜禽粪便资源化与市场化利用提供了借鉴与示范作用。

（四）拉动增收效应不断增强

"十一五"以来，我国蛋禽养殖主体增收效应明显，同时有效带动了相关产业的增产增效。以蛋鸡业为例，2013 年我国蛋鸡业从业人员超过

1 000万人,包括孵化、雏鸡、鸡蛋、蛋品加工、淘汰鸡在内的蛋鸡业年产值突破1 500亿元。同时,禽蛋业的发展促进了上游饲料、兽药和疫苗、设备制造业等相关产业的快速发展,增加了社会从业人员的就业渠道和就业机会,其中2013年间接带动相关产业的产值达到3 500亿元。

(五)带动示范作用日渐凸显

"十一五"以来,我国蛋禽养殖的规模化程度不断提高,目前已经成为我国畜禽产业中规模化程度最高的产业,在加快我国规模化畜禽养殖中发挥着重要的引领性作用。同时,由于我国禽蛋业在规模化推进过程中,面临的畜禽产业共性问题和新难题较多,期间所形成的缓解多种压力、破解综合难题的思路与模式,为其他畜禽产业的发展提供了借鉴作用。

二、国内外禽蛋业发展的新特征

把握国内外禽蛋业发展的新特征,了解产业发展的国际与国内趋势,有利于前瞻性思考我国禽蛋产业发展的问题和方向。

(一)国外禽蛋业发展的新特征

除中国外,世界禽蛋的主产国有美国、荷兰、印度、韩国等国家,各国在禽蛋业发展上均有不同的特征和模式。

1. 主要发达国家禽蛋业发展概况

本部分将重点对世界主要禽蛋生产国美国、荷兰和韩国的禽蛋产业发展历程和新特征进行分析,这三个国家分别是美洲、欧洲和亚洲地区禽蛋产业具有代表性的发达国家。

(1)美国 美国国土资源丰富,蛋禽养殖业的资金和技术实力雄厚,从19世纪50年代起至今,先后经历了农牧家庭养殖模式、家庭农场与专业化养殖场并存模式和集约化生产基地阶段模式。近年来,美国畜禽养殖场的数量在不断减少,但养殖规模呈越来越大的趋势。在发展中,美国禽蛋产业坚持市场导向,注重上游市场(饲料等原料市场)和下游市场(国内市场和国际市场)的结合,注重消费对产业的驱动作用。养殖场注重成本控制,不断提高蛋禽养殖的经济效益,对规模经济的不断追求成为推动国内禽蛋产业快速发展的动力。在产业布局上，经过多年发展，逐渐形成产业聚集的布局，蛋禽养殖业逐渐向农业为主的西北、西南地区聚集，禽蛋加工产业也从消费市场逐渐向生产区域聚集。美国禽蛋业注重科技对产业发展的支撑，商品育种技术已经进入分子育种阶段，品种对畜牧业发展的贡献超过50%；一体化、自动化设备极大地减少了养殖过程中对人工的需求。另外，为实现蛋禽养殖业可持续发展，美国制定了严格的法律体系对禽蛋全产业链进行了产品和环境的控制，即一方面通过严格的食品规范标准，保障禽蛋产品的安全卫生；另一方面制定严格的环保法规，如《清洁水法案》减少养殖过程对环境的破坏等。

（2）荷兰 荷兰是欧盟最重要的禽蛋生产国，2012 年荷兰禽蛋总产量为 67.2 万吨，约占欧盟禽蛋总产量的 6.29%。荷兰的土地和劳动力都相对稀缺，但是该国经济和科技的发展水平较高，以机械作业为主的资本密集、技术密集型的家庭独立农场是荷兰禽蛋产业的生产主体。荷兰家庭农场以兼业型农场为主，通过种养结合的方式实现资源的循环利用。从蛋禽养殖场数量来看，2013 年荷兰有 44 816 家蛋鸡养殖场，其他禽类养殖场为 1 709 家，比例为 26∶1。在养殖方式上，欧盟国家注重畜禽养殖过程中的动物福利。以蛋鸡养殖为例，从 2012 年 1 月 1 日开始，欧盟全面禁止采用传统蛋鸡养殖方式，规定蛋鸡的养殖密度下限为 550 厘米^2/只。但在方式转变过程中因转变成本及养殖者意愿等问题，还未全面完成福利性养殖。目前，荷兰蛋鸡养殖有 55%～60% 的大笼饲养，30%～35% 的棚舍饲养，7% 的自由散养和 3% 的有机饲养。从养殖规模来看，荷兰蛋鸡养殖场规模主要存栏为 3 万～15 万只/场，平均存栏为 4 万只/场。在食品安全上，作为世界第二大食品业强国，荷兰不但食品产业高度发达，产业链完整，分工精细，有严格的畜产品质量管理体系认证。在蛋禽饲料监管上，有对沙门氏菌控制、不能有动物源性饲料和转基因性饲料的规定。在蛋禽废弃物管理上，欧盟明确规定成员国养殖场的养殖规模必须与养殖场所拥有的土地规模配套。针对欧盟的规定，荷兰要求国内养殖场实行农牧结合，规定畜禽粪便输入农田和草地；对于过剩粪肥，制定了粪肥运输补贴计划，生产加工成颗粒肥料。

（3）韩国 韩国是亚洲主要的禽蛋生产国之一。韩国土地资源稀缺，畜禽产业的发展自然约束明显，但韩国经济和科技发展水平较高，其畜禽产业主要是以资金和技术集约为主的适度集约生产。2014 年韩国蛋鸡存栏量约 6 526.3 万只，鸭的存栏约 738.7 万只，禽蛋产量为 60 万吨。从养殖场来看，2014 年韩国禽类养殖场约 3 700 家，平均规模为 4.28 万只/场，其中，鸡场平均为 4.98 万只/场，鸭场平均为 1.18 万只/场。韩国蛋禽养殖业经历了从小规模向集约化发展的历程，在 20 世纪 70 年代之前，韩国蛋禽养殖业以传统家庭小规模养殖为主，养殖规模较小。在 20 世纪 70—90 年代，韩国蛋禽养殖规模快速提高，废弃物产生量超过了种植业的需求，蛋禽养殖业粪便处理难题开始出现。从 20 世纪 90 年代起，韩国政府重点通过立法和出台相应的政策措施，以解决农业生产导致的生态环境问题，积极发展"亲环境农业"。一方面严格限制饲养规模，另一方面严格规定排放标准，并对法律标准进行及时修订。韩国从 2004 年开始尝试对符合条件的养殖场实行亲环境畜产直接支付制度。如在基础项目条件中，要求养殖场降低饲养密度，保证粪尿产生量低于通常标准，并能将粪尿按规定全部无害化处理；在激励项目条件中，要求养殖场进行环境美化工作。通过对亲环境的畜禽养殖者实行畜产直接支付制度，鼓励了畜禽粪便堆肥，促进了农民进一步降低养殖规模，提高了亲环境生产者解决畜禽粪便带来的生态环境问题的积极性。

2. 主要发达国家禽蛋业发展的新特征

通过对美国、荷兰及韩国禽蛋业发展历程及现状进行总结，可梳理出主要发达国家禽蛋业发展的新特征。

（1）发展规模化标准化养殖，实现规模经济效益　由于人工成本、土地资源等生产要素的制约，国外主要发达国家禽蛋产业注重规模化、标准化养殖场的建设，通过发展资本密集型、技术密集型的专业规模养殖场，以规模化养殖促进规模报酬的递增，进而实现规模经济效益。此外，养殖的规模化发展也进一步促进了禽蛋全产业链的合理布局，实现了产业在空间上的有效集聚。

（2）注重科技支撑，实现自动化机械对人工养殖的替代　国外发达国家注重科学技术对禽蛋业的有力支撑，通过分子育种技术的开发，带动了蛋禽育种行业的快速发展。以美国为例，新品种对于畜禽产业发展的贡献已达 50% 以上，自动化养殖机械的投入，有效降低了饲养过程中人工投入数量，极大地解决了发达国家人工成本过高的问题，有助于规模化养殖场降低经营成本，获得更高的养殖收益。

（3）重视生态环境保护，降低蛋禽养殖对环境的污染 蛋禽养殖环境污染是国外发达国家重点关注的问题，各国均以法律、制度的方式作了强制性要求，通过养殖规模必须与拥有的土地规模配套等方式，采取种养结合的方法，实现了对于生态环境的有效保护；与此同时还配套完善了对于废弃物处理加工的补贴制度与支付制度，从经济角度对养殖场的环境保护行为进行了激励，保障了良好生态环境的进一步实现。

（4）强化蛋禽养殖配套制度建设，保障禽蛋产业可持续发展 从主要畜禽养殖发达国家的发展趋势来看，在健全的国家法律体系下，畜禽养殖发达国家对禽蛋产品的食品安全质量监管越来越严格。美国已经建立了比较严格的畜禽产品安全管理体系，并且不断对管理规定进行更新，对禽蛋质量的监管包括生产、加工、运输、贮存、包装等多个环节，每个环节都有一系列的规范化要求，并且对这些规范要求的具体实施进行了详细的指导说明，以保证产品质量安全。从 2012 年 7 月 9 日开始，目的在控制蛋类生产过程中沙门氏菌污染的《美国联邦蛋制品安全管理规例》正式生效，自此，美国 3 000 只蛋禽以上的养殖场都必须在产蛋 36 小时后进行沙门氏菌检测，并且要求养殖场购买的蛋禽苗必须来源于能够证明已对沙门氏菌采取了有效控制措施的供应商。欧洲和韩国也有严格的食品安全管理法律法规，从饲料、养殖环节等多方面对禽蛋产品的安全性进行了强有力的监管。

在疾病防控方面，欧美发达国家都严格控制养殖场对药物的使用，对药物的用药期、休药期有较为严格的规定，并且将对动物和人体有风险的药物列入禁止使用名单。

（5）大力发展禽蛋深加工业，满足禽蛋加工品的消费需求 在禽蛋深加工环节，荷兰和美国的加工和贸易是两国新增禽蛋产量最大的两个流向。美国有超过 30% 的商品蛋被制作成液蛋或其他蛋制品，蛋类加工品的消费量在未来还会继续上涨。液蛋制品被广泛用于食品服务业或食品加工企业，产品种类丰富，包括全蛋液、蛋白液、蛋黄液、加盐蛋黄液、加糖蛋黄液、酶改性蛋黄液、不同比例的蛋清蛋黄混合液等。在蛋品加工发展方向中，主要表现为生产力的提高、特色产品的开发及产品性能方面更加注重营养的均衡。

在市场消费环节，多数发达国家消费者人均禽蛋消费量整体经过多年上升，现在已经进入下降的趋势。从消费结构来看，禽蛋消费方式已经发生转变；在产品形式上，发达国家禽蛋加工品的消费比例越来越高，主要包括液蛋、蛋粉、冰蛋、特种蛋制品等；普通鲜蛋的消费比例呈下降的趋势，但随着消费者对禽蛋营养价值认识的加深，对高品质鲜蛋的消费需求和能力在上升，Omega－3鸡蛋、有机蛋、散养蛋、去壳鸡蛋（冷冻或液态蛋，高温消毒，低胆固醇）的市场不断扩大，这样的消费方式也在引领者全世界禽蛋消费的方向。

（6）重视蛋禽养殖动物福利，推动养殖方式转变　在养殖方式上，随着欧盟动物福利法规的施行及美国国内各方对笼养禽类环境的斥责，荷兰、美国和韩国都先后面临蛋禽养殖设备及环境升级的变革。以蛋鸡养殖为例，自2012年欧盟禁止使用蛋鸡传统多层笼养后，大部分荷兰的蛋鸡养殖户选择在大笼中饲养蛋鸡。美国计划在今后15年时间内，逐步采用"宽松笼养系统"取代传统笼养，并禁止继续生产传统的蛋鸡养殖笼。同时，将逐步提高笼养鸡的养殖空间，并在所产的鸡蛋上明确标识传统笼养或宽松笼养。

在福利养殖中，蛋禽生活的空间扩大必然会增加禽舍的造价和饲料浪费，增加相关的管理费用，从而增加禽蛋生产成本。同时，消费者"动物福利"的观念越来越强，动物性福利禽蛋的需求量日益增长，动物性福利禽蛋的市场潜力在不断扩大。

（二）国内禽蛋业发展的新特征

我国禽蛋业在经历快速发展期后，现已进入加速转型和升级阶段。目前，我国禽蛋业发展的宏观环境发生了较大变化，促使我国禽蛋业发展呈现出新的特征。

1. 规模化和标准化推进速度加快

在我国禽蛋业发展过程中，产业集聚、政策扶持和经济效益驱动促使蛋禽养殖场数量逐渐减少、散户逐步退出、规模化养殖场比重不断增加，纵向一体化式大型蛋禽养殖企业发展迅速，标准化生产模式得到快速推广，现代化机械设备替代人力，以及综合性新技术的应用成为发展方向。

2. 市场导向作用不断加强

自改革开放以来，我国禽蛋业发展在经历了以解决家庭收入为目标的"富民工程"和满足居民动物性蛋白需求目标的"菜篮子工程"之后，目前已经过渡到以生产安全蛋品的"食品工程"阶段，禽蛋业发展受市场需求导向的作用愈加明显。

3. 蛋品供需接近平衡

我国蛋品消费主要以居民家庭鲜蛋消费为主。目前，城乡居民对禽蛋消费的收入弹性系数持续下降，增加禽蛋市场需求的动力主要来自于人口增长和城镇化的推进。在此背景下，我国禽蛋供需之间接近平衡。

4. 市场体系不断完善

中国蛋禽养殖业正处于由零散生产向规模化、标准化生产转型的关键期，但市场价格信息的缺少和养殖场（户）宏观判断能力的不足使生产规模并不稳定。近年来，禽蛋价格大幅波动，对禽蛋生产、贸易、加工等环节的正常经营造成较大的影响，影响着行业稳定经营。2013年11月大连商品所推出鸡蛋期货，形成市场集中权威的远期价格，并为经营者提供避险工具，有助于稳定生产；有助于进一步完善鸡蛋价格体系，健全鸡蛋价格形成机制；有助于推广行业标准，促进规范行业发展；有助于促进蛋鸡规模化养殖，增强行业抗风险能力。

三、当前我国禽蛋业面临的挑战和机遇

"十三五"期间，我国禽蛋业发展将进入战略调整时期。禽蛋业发展面临的微观和宏观环境在新的形势下不断变化，养殖门槛不断提高；我国的经济社会发展呈现新的特征，开始进入"新常态"发展模式。实现健康、可持续和现代化的禽蛋业，在"新常态"下既面临着诸多挑战，又面对着难得的发展机遇。

（一）当前我国禽蛋业面临的挑战

我国禽蛋业面临的挑战具体表现为：资源环境约束与可持续发展的矛盾日益突出，蛋禽养殖成本上升与提质增效的矛盾日益突出，消费转型升级与安全管控难的矛盾日益突出，生物安全屏障与疫病防控严峻的矛盾日益突出，摆脱蛋禽品种控制与自主创新能力不足的矛盾日益突出。

1. 资源环境约束与可持续发展的矛盾日益突出

蛋禽养殖生产过程伴随着液体、气体和固体形式的废弃物排放。当蛋禽养殖中有害物质排放成倍增加、环境自净能力难以为继时，生态环境恶化就不可避免。畜禽粪便等废弃物是很好的生物质资源，可以用于制造沼气、生产有机肥，适量适时的还田利用对于提高土壤有机质含量、保障农田生产力的可持续具有重要意义。但是由于缺乏有效的政策机制保障，大量蛋禽粪便得不到有效利用，造成了水体和土壤环境的污染。资源和环境是禽蛋业可持续发展的两大基础性要件，实现禽蛋业可持续发展需要有充裕的资源作后盾和良好的环境作保证，但目前资源环境条件的限制已成为制约禽蛋业发展的瓶颈。一是蛋禽养殖污染目前还没有得到妥善的处理，而国家对生态环境保护越来越重视，这使禽蛋业发展面临的环保压力越来越大；二是我国粮食和饲料原料资源严重不足，缺口较大，对大豆、骨粉、优质牧草等的进口依赖较重；三是蛋禽养殖用水量大，而我国水资源紧缺，很多地方的水质达不到蛋禽养殖用水标准。

2. 养殖成本上升与提质增效的矛盾日益突出

近年来，我国蛋禽养殖业的劳动力、饲料、疫苗兽药、设备等生产要素价格不断上涨，导致蛋禽养殖成本上升，养殖企业利润空间被压缩。同时，由于我国禽蛋市场价格波动幅度较大，导致养殖场的利润不稳定，经济效益也呈现波动，从而导致养殖企业在更新设备、强化管理和市场开拓方面的积极性受到影响，产业提质增效缺乏信心和动力。

3. 消费转型升级与安全管控难的矛盾日益突出

随着消费转型升级，人们对禽蛋产品的质量安全越来越重视。保障禽蛋产品安全需要严格的生产管控作基础，禽蛋安全监控是一项具有前瞻性和引导性的工作，需要对蛋禽养殖、产品加工、运输销售诸环节实行全程监控，形成一条从生产基地到消费者餐桌的链式质量跟踪管理模式。但是当前安全管控的难度很大。一是散户、小户生产仍占有较大比重，养殖生产点分散，加重了监管难度和成本；二是基层检测设备落后，经费缺乏，机制不活，安全管控体系还不能适应形势需要；三是缺乏饲料、兽药营销人员与养殖户的直接对接，造成部分养殖户盲目用药、过度用药现象突出；四是个别从业者受利益驱动，违规生产，并逃避监管。

4. 生物安全屏障与疫病防控严峻的矛盾日益突出

虽然我国蛋禽养殖中的疫病防控方面较以前有了很大的进步，政府、研究机构、养殖场也都足够重视，但生物安全屏障与疫病防控的问题仍然十分突出。

一是养殖模式限制了疫病的防控。我国蛋禽养殖业中"小规模，大群体"的养殖仍占很大比重，这种养殖模式下的蛋禽养殖存在很大的生物安全问题，发生疫病往往无法很好地应对，最为重要的是养殖场选址和固定资产的投入就限制了疫病的防控，尤其是目前我国蛋禽养殖和生产形式依然是开放式和半开放式舍饲，舍内的环境控制和疾病预防存在很大难度，大多数舍饲的防菌、抑菌和杀菌设备不齐全，为了节省成本、获取更高利润，养殖主体对养殖环境改善的重视程度不够，极大地影响了疫病的防控。

二是养殖主体的疫病防控意识仍然不高。大多数蛋禽养殖场饲养人员的技术水平和素质比较差，逐利思想严重，疫病防控意识淡薄。另外，部分养殖人员虽然经过相关的培训，但仍然很难应对养殖过程中出现的问题，不能有效地对疫病进行控制。

三是监测工作缺乏财政支持，监测工作落实难度大。动物疫病监测工作是动物防疫的基础性工作，是一项耗费大量人力和财力的工作，并且短期无法看到明显的经济效益。疫病监测工作没有一定的经济支撑是无法开展的。财政下拨的有限检测经费，不足以实现疫病的检测目标。

四是蛋禽免疫次数多，过度依赖疫苗。与发达国家的商品代蛋禽抗病性相比，我国商品代蛋禽抗病性较弱。以蛋鸡为例，国内繁育的蛋种鸡不能提供较高质量的传染病母源抗体，致使我国蛋鸡免疫次数是国外的3～6倍，在商品代蛋鸡养殖过程中，主要依赖疫苗进行防控，虽然保障了蛋鸡的养殖，但对蛋鸡、鸡蛋深层次的影响较大。

五是养殖主体对重要疫病防控的认知存在偏差。我国蛋禽养殖仍有较大比重的小规模饲养，一部分养殖场对禽流感等重大疫病的认知和防控意识存在偏狭，未能采用科学、有效和有针对性的措施实施重要疫病防控，过度依赖疫苗甚至滥用疫苗已经成为普遍的现象。疫苗的使用在一定程度上能降低禽流感的发生和蔓延，但从科学的角度分析，疫苗并非万能，它并不能从根本上阻止病毒感染并清除病毒，从而减少因感染病毒造成的发病甚至死亡。我国大部分养殖场（户）对疫苗有严重依赖心理，缺乏科学防疫知识和认知，在一定程度上阻碍了降低我国蛋禽养殖业疫病发生率。

5. 蛋禽品种受限与研发技术落后的矛盾日益突出

我国蛋禽主要以蛋鸡为主。目前，国内主导蛋鸡品种以从国外引进为主。其中，海兰、罗曼、依莎、海赛、尼克等占据国内种鸡市场主要份额，而国内自主培育的农大3号矮小型蛋鸡，京红、京粉、京白939等品种的饲养量占据相对较小的市场份额，这与家禽生产大国不相称。我国蛋鸡品种长期依赖进口，种源权大多掌握在外企手中，导致我国庞大的蛋鸡产业受控于国外的蛋鸡育种公司。近几年，欧美等国禽类疫病的不断发生也增加了依赖引种的风险性，美国和德国因为疫情封关后，一些主要引进品种受到限制，使得我国蛋鸡产业的源头受阻，给我国蛋鸡产业的正常运转造成了很大的影响，而且国内养殖企业只能是种鸡定价的接受者。面对国外种鸡企业的不断涨价，一方面浪费了大量的外汇，另一方面又未能充分利用国内种鸡资源。现阶段，受限于技术，国内的种鸡培育进展较为缓慢，自主创新能力不足，摆脱蛋鸡品种受控与自主创新能力不足的矛盾日益突出。此外，我国良种扩繁体系与养殖场（户）之间的关系松散，责任不明确，造成个别厂家以次充好，生产冒牌产品，扰乱市场秩序。

（二）当前我国禽蛋业面临的机遇

在我国"新常态"经济发展模式下，我国的禽蛋业发展面临着新的机遇。

1. 科技创新与技术应用保障禽蛋业健康发展

科技创新与技术应用对于我国禽蛋生产起着基础性的支撑作用。目前，我国育种、防疫、饲料和环境控制技术加速创新，技术推广体系不断完善，配套技术应用较为普遍。

从育种来看，国家十分重视国内自主品种的培育和持续发展。以蛋鸡为例，"十二五"期间，国家实施"全国蛋鸡遗传改良计划"，将蛋鸡种业作为基础性、战略性产业予以重点支持，并明确了总体目标，即到2020年，培育8～10个具有重大应用前景的蛋鸡新品种，国产品种中商品代市场占有率超过50%；提高引进品种的质量和利用效率；进一步健全良种扩繁体系；提升蛋鸡种业发展水平的核心竞争力，形成机制灵活、竞争有序的现代蛋鸡种业新格局。在国家政策的支持和引导下，我国蛋鸡育种将加快技术进步和条件建设，未来品种创新与种鸡生产关键技术研究将更加成熟。同时，随着居民收入水平的提高，消费者对鸡蛋质量的要求越来越高，对禽蛋的蛋形、蛋重、蛋壳颜色及饲养方式等都形成了不同的消费者偏好，消费者的消费方式也在逐步变化中。禽蛋的多元化市场需求日益形成，为我国蛋鸡和其他蛋禽育种业根据不同的市场需求、开展市场细分提供了良好的基础，根据多元化的市场需求特点，在激烈的市场竞争背景下，也为我国选育适应市场需求的蛋禽种鸡提供了良好的契机。

从防疫来看，随着科学技术发展步伐的加快，疫病防控技术的更新和升级加速，对动物疫病防控进行全方位攻坚。动物疫病防控技术的创新将朝着信息化、标准化、规范化和产业化方向发展，防控技术系统的结构将更加完善、层次更加清晰、目标更加明确、对象更加多元化。

从饲料来看，我国饲料行业的科研基础条件明显改善，科技创新能力显著增强，科技人才队伍进一步壮大。饲料企业不断发展，新配方不断出现。

从环境控制来看，环境控制新设备或新技术不断出现，与之相关的科技创新力量也在不断加强，为环境控制提供了良好的发展基础。在研究方面，我国不断加强环境控制的研究工作，促进了产学研结合。同时，标准化示范场的建立，规定了环境控制设备的投入，而且形成了一套非常严格的验收体系。只要是蛋禽养殖场能按照标准化的要求进行环境设备的更新改造，就能够实现对禽舍实行良好的环境控制。

2. 蛋品加工业发展带动禽蛋业转型升级

虽然我国禽蛋加工业相对落后，但在我国蛋禽业快速发展的过程中也迎来了重要的机遇期。一是"十二五"农产品加工业规划中对有关蛋品加工进行了规划和提供了政策扶持；二是在"四化同步"推进中，信息化有助于我国蛋品加工业的进一步发展；三是我国禽蛋产业本身的规模趋势、优势产区的集聚趋势具有强大的动力；四是禽蛋产业链发展方式正在不断创新，一些大型企业逐步实行内部一体化发展模式，相关合作组织的产业链也从过去单一的蛋禽养殖逐步延伸到蛋品的深加工，加工禽蛋不仅成为我国禽蛋生产企业的共识，也成为在目前市场供求状况下进一步提升附加值的基本出发点；五是国家层面的产业技术体系更加注重蛋品的研发，既要适宜我国国内消费市场的需求，又要与国际接轨进一步缩小与世界发达国家的差距，从国际国内两个市场上开展针对性的研发；六是蛋品加工的相关产业快速发展必将带动禽蛋加工业的进一步发展，作为蛋品加工的下游产业，如医药行业、食品行业等的快速发展，不仅为我国禽蛋产业的发展提供了助力，而且这些下游产业逐步的升级及产业链上的专业化分工加强，有效促进了我国禽蛋业的原料供给能力，促进了蛋品的专业化、对口化和订单化的发展；七是我国市场正在发生变化，特别是 80 后的消费群体，其在消费的理念与偏好方面，与传统消费逐步呈现较大的差别，加之我国近几年加工蛋品市场营销体系逐步健全，因而在市场的引导下，也将带来我国蛋品市场份额的进一步提高。在上述机遇背景下，蛋品加工业在我国农产品加工业发展中将占有重要地位，在我国禽蛋产业发展中也将占有重要地位。

3. 生态农业发展和环境政策促进废弃物资源化利用

随着生态农业的发展，农业生产中对有机肥料的需求越来越大，而作为主要有机肥料的蛋禽废弃物就成为有机农业肥料的主要供应品，受市场需求的推动，蛋禽废弃物的有机肥化利用成为禽蛋产业拓展的重点。此外，也推动了蛋禽废弃物采取能源化的方式进行无害化利用。

2014 年 1 月 1 日起实施的《畜禽规模养殖污染防治条例》中明确规定了包含蛋禽废弃物在内的畜禽废弃物如何综合利用，而且也明确提出了激励和问责制度，该条例的出台为蛋禽废弃物的处置提供了政策依据。

同时，清粪机等与废弃物处置相关的机械已经列入了国家补贴范围内，国家已经在设备上为养殖者提供了资金支持，激励养殖者无害化处置蛋禽废弃物。此外，有关蛋禽废弃物处置的以奖代补和蛋禽废弃物有机肥补贴等政策也开始在各地实施，极大地推动了蛋禽废弃物的无害化利用。

4. 新型经营主体制度推动适度规模养殖

2013 年的"一号文件"中明确提出了创建新型农业经营形式，比如家庭农场、联户经营、养殖大户等，国家及各级政府陆续加强对这方面的推行和优惠政策的支持，这是蛋禽养殖一个非常好的发展机遇。以家庭农场为主的经营主体，可实现养殖规模扩大、经营多元化和养殖专业化，有助于蛋禽养殖业适度规模发展。

四、"十三五"禽蛋业发展的总体框架

（一）总体定位

"十三五"期间，我国禽蛋业发展战略的总体定位是：全面贯彻落实党的十八届三中全会关于全面深化农村改革、加快推进农业现代化的部署安排，创新机制，突出重点，强化质量效益、市场经济和可持续发展的理念，以禽蛋业增效、养殖场（户）增收和建设国际禽蛋经济强国为目标，以禽蛋产业结构调整为主线，坚持以市场为导向，以禽蛋业科技创新为动力，积极推进现代禽蛋业的发展，转变禽蛋业增长方式，做强禽蛋制品加工业，加强禽蛋质量安全管理，提高蛋禽养殖的废弃物综合利用水平，保护蛋禽养殖区生态环境，推动禽蛋业在畜牧业中率先实现现代化。

（二）总体原则

未来我国禽蛋业发展的总体原则是推进适度规模养殖模式发展，注重资源利用与环境保护，引导禽蛋业向产业循环方向发展，走可持续发展之路。

1. 市场导向原则

以国内（国内加工品）和国际（出口）两个市场为导向，充分发挥市场的调控作用，引导形成适销对路、具有特色的禽蛋生产、经营、加工、流通体系，提升禽蛋产业整体效益。

2. 区域协调发展原则

应充分发挥比较优势，合理调整产业布局，使蛋禽养殖区逐步向玉米等资源优势产区转移、蛋品加工区向养殖区域靠拢，解决我国目前禽蛋产区分散问题；普及消费知识，消除消费误区，合理引导居民消费，扩大南方等地区禽蛋消费水平。

各优势区域协调发展的原则总体上是打造我国禽蛋生产、加工的集聚区，并统一禽蛋及其制品的标准。

3. 品牌带动原则

目前，禽蛋市场竞争已不再是单纯的产品价格和质量的竞争，蛋品以品牌争夺天下的时代已经到来，应当由生产经营向品牌经营转变。要实施禽蛋品牌战略，着力培育优质品牌，以品牌开拓市场，以品牌提高效益，不断增强我国禽蛋产业的国际竞争力。

为保障以品牌带动原则促进我国禽蛋产业的发展，在今后必须坚持集约生产和标准化生产。集约化体现在进一步测算我国蛋禽养殖规模经济效益，逐步由分散养殖过渡到适度规模养殖；标准化体现在应进一步以育种、饲料、疫苗等生产投入品和禽蛋质量安全标准为重点，加强标准的示范、推广、宣传和培训工作。

4. 科技创新原则

科技创新是禽蛋业保持旺盛市场竞争力、加快我国禽蛋业可持续发展的重要源泉。要坚持科技是第一生产力，合理开发，注重技术创新和实用科技的推广普及，提高科技在现代禽蛋业发展中的贡献率。

（三）总体目标

我国禽蛋业可持续发展战略的总体目标是：到 2020 年，力争实现"一个延伸、两个增加、三个接近和四个提高"的目标。

1. 一个延伸

通过技术体系和政策扶持，逐步延伸我国禽蛋的产业链。目前，我国禽蛋产业的链条较短，上游市场与下游市场孤立，各环节之间的关联程度较低，禽蛋产品的附加值较低。为了扭转这一状况，应通过技术体系和政策扶持，推动禽蛋产业逐步向上、下游延伸。向上游的延伸，主要是加大我国蛋禽育种、饲料等基础产业技术的研发力度；向下游延伸，主要是强化我国蛋禽肉加工、物流配送。通过延伸我国禽蛋产业链，以进一步提升我国禽蛋产品的附加值。

2. 两个增加

一是稳步增加禽蛋产量。这种增加已经不同于 20 世纪 90 年代以后的快速增长，而是以我国人口和消费者增加所带动的缓慢平稳增加。到 2020 年我国禽蛋总产量达到 3 085 万吨，其中鸡蛋产量达到 2 623 万吨左右，以满足人口增加带来的消费量增加的需求。

二是逐步增加大型养殖企业的比例。利用信贷支持等多种措施，鼓励中小型养殖场逐步扩大养殖规模。对于蛋鸡产业而言，应逐步提高 1 万～10 万只规模的养殖场在整个蛋鸡养殖产业中的比例，到 2020 年提高到 25％左右。

3. 三个接近

即依靠技术进步和强化养殖场管理，逐步提高我国蛋禽养殖的成活率、产蛋率和饲料转化率，使之接近世界发达国家水平。

4. 四个提高

一是提高我国蛋禽养殖本土品种占比，加速我国自有品种的选育，扩繁与推广，从根本上保障产业安全与生产稳定。二是注重提高我国禽蛋质量标准，制定新时期的蛋品质量标准；三是提高优质品牌产品的市场份额，对于蛋鸡产业而言，优质品牌产品的市场占有率约为鸡蛋总产量的 35％，产值达到蛋鸡产值的 45％左右；四是提高蛋禽肉及其他副产品的深加工程度，满足多层次的消费需求，实现禽蛋业增值增效。

（四）战略选择

我国禽蛋业可持续发展的战略选择是：紧紧围绕我国禽蛋业"一个延伸、两个增加、三个接近和四个提高"的战略目标，坚持多元化发展模式，找准三个突破口，培植三大产业。

1. 坚持多元化发展模式

由于我国禽蛋生产较为分散，各地区经济发展差异较大，区域资源禀赋不同，并且以农村为主饲养蛋禽的格局将长期保持不变，因此不能以单一的模式指导我国禽蛋产业的经营，应坚持多元化养殖模式。

利用市场和政策引导与调节的方式，稳步促使具有技术能力和管理能力的养殖户逐步由小规模过渡到大中型规模养殖（蛋鸡年存栏为 1 万～10 万只）；部分经济效益较差的养殖场（户）逐步退出养殖产业；支持龙头企业积极推进禽蛋产业一体化发展，稳步推进我国蛋禽养殖业适度规模经营。

2. 找准三个突破口

（1）促进健康养殖模式　随着人民生活水平的提高，越来越多的居民关注食品安全问题。为了确保我国禽蛋安全和产业可持续发展，今后必须将蛋禽健康养殖模式作为我国禽蛋产业发展的突破口。即重点应改善蛋禽养殖条件、品种选育、疾病防治、营养饲料、饲养管理、产品品质、动物福利、生态环境、经营管理等，使蛋禽养殖过程符合健康标准。

（2）提高废弃物高效处理水平和资源化利用率　我国禽蛋业发展过程中，受技术和市场的影响，蛋禽粪便综合利用能力低，不仅带来了环境污染问题，而且浪费了宝贵的生物质资源。应加强资源综合利用技术的研发和课题推广，扩大资源综合利用方式，推行养殖全过程控制污染的养殖模式，推进废弃物循环利用工程建设，实现禽蛋业从数量型向生态型转变。

（3）提高禽蛋生产全程可追溯率　建立我国禽蛋生产可追溯体系，既是我国禽蛋产业可持续发展的契机，也是推动我国禽蛋产业协调发展的动力。应加大技术研发，逐步建立我国禽蛋产品跟踪与追溯应用示范系统，通过对大中型养殖场家禽的防疫、饲料、疾病、检疫等信息的详细记录而形成产地、养殖场和养殖过程信息数据库，并采用商品条码标识信息，以此进行禽蛋产品追溯，保障禽蛋质量安全。

3. 培植三大产业

（1）蛋禽良种产业　蛋禽良种是我国禽蛋业可持续发展的物质保障与基础。目前，我国蛋禽繁育基础设施相对落后，产蛋率高、成活率高、饲料转化率高的蛋禽主要依赖从国外引进，育种问题成为制约我国禽蛋业高效发展的"瓶颈"。要加强国家、省和市级的育种工作，建立育种基地，并促使形成蛋禽良种繁育体系。

（2）禽蛋深加工业　禽蛋加工将主要面向国际市场，重点抓好禽蛋新产品开发，加大技术研发力度和政策扶持，按照"引进、培植和整合"的思路，引进一批科技含量高、投资规模大、出口能力强的禽蛋加工企业，培植做大做强一批传统禽蛋加工企业，整合资源组建一批新型禽蛋加工企业，加快发展步伐。同时，要形成以生物技术为主的、具有高附加值的禽蛋深加工业，扩大禽蛋产业的外向度，提高我国禽蛋制品的出口能力，提升我国禽蛋产业的国际竞争力。

（3）禽蛋服务业　主要以政策扶持为基础，加快形成蛋禽育种、防疫、疫苗、技术推广和市场服务等产业，实现我国蛋禽服务专业化体系，是延伸我国禽蛋产业链的重要突破口。

（五）总体定位

"十三五"期间，我国禽蛋业主要应该从产业格局、市场供给、市场需求、科技、环境保护和生产保障五个方面进行努力。

1. 合理调整国内禽蛋产业布局，实现平衡发展

（1）合理布局生产规模，平衡区域间蛋禽养殖数量　在未来禽蛋产业布局调整中，要调整不同地区之间的生产规模分配，严格控制畜禽密集养殖区内总畜禽饲养数量。力争在2020年实现禽蛋产业生产结构和区域布局进一步优化，实现区域内禽蛋供需基本平衡。

（2）进一步规范蛋禽养殖主体，提升我国蛋禽养殖的综合实力　通过对养殖设备、清洁设备、养殖环境等条件制定较高的要求，提高行业的准入门槛，提升我国禽蛋业养殖主体的素质，淘汰生产环境差、排污不达标的落后产能。力争在2020年实现我国蛋禽规模养殖场的规模化、标准化、产业化程度进一步升级。

（3）加快建立行业主体互助联盟，加强行业合作　要改变我国禽蛋业生产规模分散、生产主体规模小、抵御市场风险能力小、行业中没有具有影响市场和政策的机构的局面。我国禽蛋行业必须在未来尽快建立企业互助协会，在行业出现较大决策和突发事件时，由行业协会出来为行业发声，提高话语权。

2. 合理调整行业供给，提升禽蛋业综合实力

（1）合理控制产能发展，实现产量适当提高　随着我国禽蛋业的快速发展，禽蛋产量基本上已经能够满足国内需求。因此，在未来禽蛋产业的调整过程中，要依人口数量、城镇化发展水平等综合指标合理控制行业产能的继续扩张。

（2）增强国内品牌禽蛋企业实力，开拓国际市场　品牌禽蛋作为国内生产优质禽蛋的重要生产主体，代表着中国禽蛋业最先进的生产力。在未来应该对部分品牌禽蛋企业进行重点培育，鼓励他们不断提高产品品质，早日将中国的禽蛋产品推向国际市场，力争在2020年实现5%左右的国产鲜蛋及制品出口。

（3）依托国家农产品流通体系的硬件建设，完善禽蛋流通体系　为了实现禽蛋产品从产地到销地流通过程实现快速、安全、高效的特点，禽蛋业应该抓住国家加强农产品流通体系硬件建设的契机，在 2020 年完善主产地禽蛋批发市场体系，并对主产地蛋禽饲养量和日禽蛋产量进行及时统计掌握，初步实现国内禽蛋运输顺畅、高效，建立便于禽蛋出口的冷链物流体系。

3. 增加消费渠道，合理调整市场需求

（1）行业积极创新，提高市场需求　随着中国人口数量增长、城镇人口比例提高、居民消费方式多样化等特点，中国禽蛋消费总量在未来将继续保持上升趋势，但增长速度将会放缓。行业要积极开发新的食用方式来解决我国禽蛋的销路问题，防止消费量出现大幅波动。

（2）合理引导，实现消费模式转变　未来中国要合理引导消费者，从消费的方式、数量、营养等多角度对消费者进行科学教育和引导，减少中国居民在禽蛋消费方面的误区，实现禽蛋人均消费量的稳步提高。

4. 推进科技研发，增强国内禽蛋业实力

（1）加强创新，壮大国产品种实力　中国禽蛋业要不断进行科技研发，对国产蛋禽品种进行改良更新，打破长期以来国内禽蛋业被国外品种占据主要市场的局面。要推出更多的国产优质蛋禽品种，力争在 2020 年国产品种生产性能达到世界主推的国外品种的水平，并初步实现国产蛋禽品种的出口。

（2）升级蛋禽养殖配套技术，保证禽蛋质量安全　中国禽蛋业的科技工作不但要注重品种的研发，而且要重视蛋禽养殖生产配套技术的研发。中国禽蛋业在通风设备、笼舍建设、饮水设备、兽药管理、添加剂使用上都还有较大的改进空间。作为生产配套技术的发展目标，应该在 2020 年之前建立规模化蛋禽养殖场的兽药、添加剂使用登记制度，实现全行业的蛋禽用药可追溯体系，保障禽蛋安全。

5. 提高废弃物的综合利用率，减少蛋禽养殖对生态环境的破坏

以粪便为主的废弃物是蛋禽养殖过程中的副产品，其产量较大，是蛋禽养殖过程中最难处理的部分，对生态环境造成较大压力，也滞缓了蛋禽养殖的发展。随着国家和行业对生态环境的重视，对蛋禽养殖废弃物综合处理能力提出了更高的要求，需继续加强对蛋禽废弃物综合利用技术的研发，力争在 2020 年实现规模化蛋禽废弃物无害化处理全覆盖。

6. 加强对养殖户权益的保障，尽快完善蛋禽养殖政策性保险的建立

中国蛋禽养殖业的从业主体以小规模家庭为主，对生产风险和市场风险抵御能力较弱，收入得不到保障。在未来中国农业政策制定中，要更加注重对养殖收入的保障，尽快将全国范围内的蛋禽养殖政策性保险纳入到常规农业保障体系中。在 2020 年完成区域性蛋禽养殖政策性保险试点工作。

五、"十三五"蛋禽养殖业规划的重大建议

在明确我国"十三五"禽蛋业发展战略的基础上，建议加强区域产业统筹规划、加大对养殖业的扶持力度、加强科技创新和重点推广技术力度、强化农畜产品质量监管和动物疫病防控、加快推进家禽业生态养殖进程和加快推进养殖技术培训。同时，建议加强蛋禽良种工程、蛋禽疾病防控工程、禽蛋质量安全工程、废弃物处理与综合利用工程、禽蛋品牌培育工程、禽蛋市场体系建设工程和蛋禽饲养培训工程及金融服务工程的建设。

（一）重大政策

1. 加强区域产业统筹规划

在禽蛋产业化发展过程中，应认识到禽蛋在农业产业化中的优势地位，统筹规划区域内的产业布局，促进产业协调发展。一是应结合实际情况，抓紧提出本地区禽蛋产业化经营的发展规划，把禽蛋产业化经营纳入当地经济和社会发展的规划，统筹安排。二是禽蛋产业化既涉及生产、加工、流通、消费、金融和外贸等各个领域，也牵涉农业、轻工、食品和商业等行业部门，要进一步明确各部门在禽蛋产业化中的职能，突破部门之间的条块分割，对禽蛋产业化实行一体化管理，确保禽蛋产业化经营的顺利进行。三是完善合同契约制度、市场法规及市场管理条例。制定符合实际的禽蛋产业化管理条例，规范农户与龙头企业的合同条款，强化执法力度，保护禽蛋产业化各环节的合法权益，规范市场交易行为，为禽蛋产业化的健康发展保驾护航，使禽蛋产业化走上法制化和规范化的轨道。

2. 加大对养殖业的扶持力度

应从实际出发，积极制定扶持龙头企业发展的政策措施，帮助企业解决发展中存在的实际困难和问题。一是加强对重点龙头企业的管理，引导龙头企业探索企业与农户互惠互利的组织形式和经营方式，鼓励同行业"强强"联合。二是政府从计划审批、工商登记、征收所得税、征用土地、聘用人才等方面给予优先、优惠，并给予其充分的经营自主权，扶持其发展。三是制定类似的优惠政策吸引国际资本和大中型工商企业进入禽蛋业，参与禽蛋业的产业化改造。四是积极推动各类龙头组织的建设与发展，积极协助和鼓励龙头企业、农村中的专业生产大户、运销大户、经纪人成立行业协会或商会等行业自律组织，积极发展农民专业合作经济组织等服务中介组织，逐步形成多形式、多层次发展的格局。五是龙头企业要不断加强企业管理和技术改造，建立和完善现代企业制度，不断提高企业素质和竞争力。六是龙头企业要充分认识到科技创新的作用，鼓励有条件的企业以多种形式组建自己的科研和技术开发机构，提倡企研协作，组建农工科集团。

3. 加强科技创新和加大重点推广技术力度

在禽蛋产业化过程中，要加大投入，集中力量，尽快提供符合产业化、市场化、现代化的配套科学技术，凸显科学技术在禽蛋业发展中的作用。为此应该从以下方面加大科技工作力度：一是实施"良种工程"，加速蛋禽良种化进程。在继续提高产量的前提下，注重产品质量，重点推广种禽优良品种。二是加大蛋禽高产、优质、高效饲养综合配套技术推广。重点推广禽蛋业规模化、工厂化高效养殖技术。三是加强疫病防治。加快研制和推广疫病快速诊断技术与新疫苗、新药剂，为禽蛋产业化发展提供强大支持。四是加强产品保鲜与深加工技术的研究与开发应用。重点研发禽蛋产品保鲜、长距离运输和深加工新技术，大力提高禽蛋产品加工品的卫生质量。

4. 强化禽蛋产品质量监管和蛋禽疫病防控

以"三品一标"建设为抓手，以行业协会、合作组织为载体，推进标准化生产、规范化管理。一是继续落实强制免疫和溯源灭点等关键措施，建立督查考核制度，完成年度防控目标。二是强化监督执法，一手抓专项整治和日常监管，一手抓监管能力和长效机制建设，深入开展动物卫生监督执法专项整顿和兽药质量安全专项整治。三是切实做好各项应急准备工作，及时处置突发疫情。着力抓好边境疫情防控工作，防止境外疫情传入。实行兽医工作考评奖励和防疫员专项补贴制度，逐步建立工作激励机制。四是继续深入开展兽药专项整治及农资打假专项治理行动，巩固和深化专项整治成果。充分发挥现有检验检测机构的作用，做好统筹规划和年度计划，开展例行监测、监督抽查工作，实施检打联动，开展综合执法。

5. 加快推进家禽业生态养殖进程

增强养殖场（户）的环保意识，通过广播、电视、报刊、网络、发放宣传资料等形式宣传畜禽养殖污染的危害，发放养殖业治污技术资料，提高全民的环境意识，特别是要提高养殖场（户）的环境意识。使业主充分认识到企业是污染治理的主体，提高他们的环境责任意识和治污能力。同时，明确乡镇人民政府要对本辖区的环境质量负责，让乡镇干部树立保护环境、绿色发展的理念，切实做好蛋禽养殖污染的整治工作，加强技术指导和服务，帮助养殖场（户）解决实际问题。农业部门要科学规划，合理布点，农村饮用水水源保护区、风景名胜区、自然保护区的核心区和缓冲区、城市和城镇中居民区、文教医疗和人口集中地区等必须划定为畜禽养殖禁养区。在限养区周围发展养殖业应远离人口稠密区和环境敏感区，坚持农牧结合、种养平衡的原则，严格控制单位耕地面积的畜禽养殖量。

6. 加快推进养殖技术培训

创新家禽养殖技术是提高禽蛋业综合生产能力的根本保证。实施家禽饲养工技术培训，提高家禽饲养工的科技知识和养殖水平是促进禽蛋业健康可持续发展的根本所在。目前，培训经费短缺、培训师资力量薄弱是影响推进饲养技术培训的重要因素。为此，各级政府应该将家禽养殖工培训纳入到"十三五"规划，充分认识养殖技术培训的意义。同时，改进培训方式，增强农民培训的针对性；组建专业机构，多方筹措，整合资源，加大培训力度；加大投入，提高农民培训的积极性；科学规划，认真抓好农民技术培训工作。

（二）重大工程

1. 蛋鸡良种工程

以《全国蛋鸡遗传改良计划（2012—2020）》为指引，国家应加大资金投入，进一步加强蛋鸡育种工作。一是提升国家蛋鸡核心育种场的育种条件和技术能力，加快发展我国蛋鸡的自主育种工作，逐步实现从引进祖代向国内自主品种过渡，提高国产品种的比例，在 2020 年达到 50% 以上；二是以国家蛋鸡良种扩繁推广基地为基础，尽快完善祖代、父母代和商品代的良种繁育体系，提高供种质量；三是继续扶持蛋鸡育繁推龙头企业，加快蛋鸡良种的商品化进程；四是提高种鸡质量监督检验中心的检测条件，加强种鸡质量监管，保证良种质量；五是加强引种的病原监测和垂直传播疾病的净化，保证种鸡健康。

2. 疾病防控工程

继续完善禽蛋生产的动物防疫检疫制度，特别是强化基层防疫技术队伍建设，建立蛋禽疫病监测预警、预防控制、检疫监督、环境监测、兽药质量监控检测和技术支撑体系，提高我国禽蛋质量安全生产能力。

3. 禽蛋质量安全工程

"十三五"期间，应继续加强禽蛋质量安全工程建设。一是完善我国禽蛋生产的疫病监控制度；二是对新建立的种禽场、养殖场要进行严格的环境评估，以环境和禽蛋质量安全作为新时期蛋禽养殖业的新门槛；三是加快我国禽蛋质量标准的制定，加快我国无公害、绿色和有机禽蛋产品的认证和监管；四是实施禽蛋产品市场准入制度。

4. 废弃物处理与综合利用工程

当前，畜禽粪便处理不当与蛋禽生产废弃物浪费是制约我国禽蛋产业发展的主要瓶颈之一。今后，应重点研究分散养殖地区的畜禽粪便综合利用问题，研发一批适宜于各地的畜禽粪便综合利用技术，推广一批广大养殖户能够接受的简便化和低成本的技术，实现畜禽粪便的综合利用。

5. 禽蛋品牌培育工程

目前，我国的禽蛋产量大，但品牌化程度低。今后，在制定和实施我国禽蛋质量标准与分级的基础上，应以资金鼓励等方式，积极引导龙头企业加快禽蛋品牌培育，建立禽蛋制品的市场化差异策略方案，整合区域资源，逐步打造各优势区域的特色禽蛋品牌，营造品牌效应，通过品牌效应带动禽蛋业发展。

6. 金融服务工程

在我国蛋禽养殖企业的快速发展过程中，面临着诸多问题，其中养殖企业融资难的问题较为凸显。为了保证养殖企业的良性健康发展，国家相继出台了一些支持养殖企业融资的政策。对养殖企业的一些政策性扶持尽管一定程度上缓解了融资困难的问题，但是仍有相当数量的养殖企业存在资金短缺问题。为此，应根据区域蛋禽养殖的技术水平，继续加大对养殖企业的金融服务。同时，应该进一步加强家禽保险在加速推进家禽养殖业健康发展中的作用，完善家禽养殖保险制度，简化核定程序，合理缩短理赔时间，提高养殖户参保的积极性。

奶业"十三五"规划战略研究报告

奶业是畜牧业和农业的重要组成部分。改革开放以来，我国奶业取得了巨大的成就，牛奶产量、规模化养殖比例都大幅提高。奶业在满足城乡居民食物营养需求、保障国家粮食安全、增加农民收入方面都做出了巨大的贡献。经过三十多年发展，中国奶业已进入发展的转型期，需求潜力巨大，但又面临诸多挑战。

当前，要从 2020 年全面建成小康社会的目标出发，全面贯彻落实党的十八届三中全会关于全面深化农村改革、加快推进农业现代化的部署安排，顺应"四化同步"加快发展的大趋势，抓住奶业发展机遇，破解奶业发展面临的关键问题，力争在"十三五"期间将中国奶业推进到更高发展阶段。

一、"十二五"以来奶业取得的重大成效

"十二五"以来，奶业发展在保障我国奶及奶制品有效供给、转变生产方式、提高科技内涵等方面，都取得了显著的成就。

（一）奶业生产取得长足进步

1. 奶牛存栏量快速增长

2013 年，中国奶牛存栏量 1 441 万头，是 2000 年的 2.94 倍，2000—2013 年期间年均增长 9.42%。从改革开放到 20 世纪 90 年代初，奶牛存栏数量经历了持续的增长，增长速度是先升后降，1984 年奶牛存栏量实

现了 40.5％的历史最高增速。但是，由于基数较低，这一时期存栏量仍处在较低水平。20 世纪 90 年代中后期奶牛存栏量增长缓慢，个别年份甚至有所下降。进入 2000 年后，存栏量出现了暴发性增长，连续几年实现 10％以上的同比增长速度，2003 年实现了 29.9％的同比增幅。2006 年以后，奶牛存栏量增长放缓，特别是受到 2008 年三聚氰胺事件影响，增速一直在较低水平波动（图 1）。

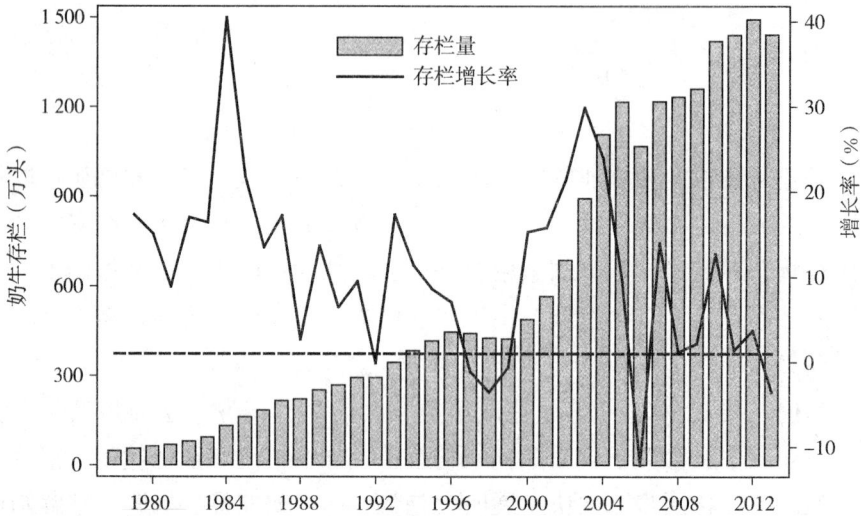

图 1　1978 年以来中国奶牛存栏量及变化情况

(引自《中国奶业年鉴 2014》)

2. 牛奶产量快速增长

2006 年牛奶总产量首次突破 3 000 万吨，2013 年达到 3 531 万吨，是 2000 年的 4.27 倍，2000—2013 年期间年均增长 12.85％。从改革开放开始至 1996 年，牛奶产量持续增长，但增长速度趋于下降。1997—2007 年实现连续快速增长，最高增速出现于 2003 年，达到 34.4％，在此之前增速逐年提高，之后增速开始下降。2007 年，同比增幅已降至 10.4％。在趋势因素与 2008 年三聚氰胺事件共同作用下，2008 年以来，牛奶产业总产量停留在较低的增长速度（图 2）。

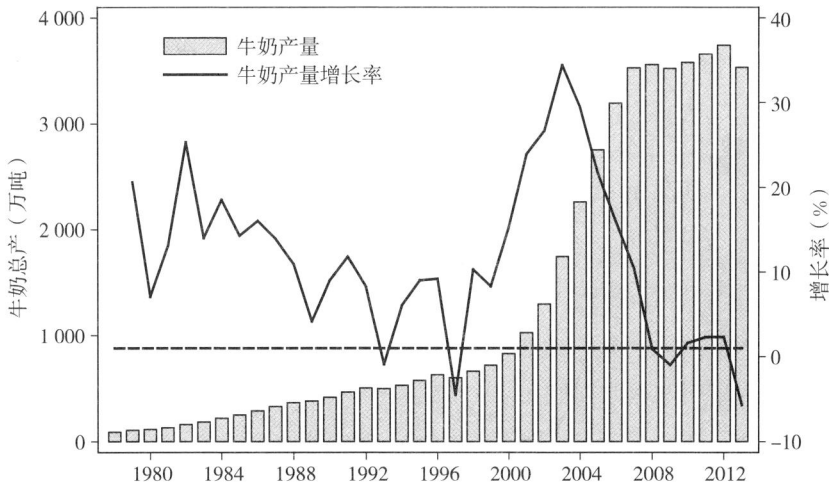

图 2　1978 年以来中国牛奶产量变化情况

（引自《中国奶业年鉴 2014》）

（二）奶业生产方式加快转变

1. 牛奶生产向优势区域集中

经过多年的建设发展，我国奶业的区域化格局基本形成。由于资源条件的制约，使我国奶业呈现出明显的地域分布特征，目前主要集中在资源条件比较适合的东北、华北、西北（简称"三北"地区）地区。在"三北"地区中，奶牛饲养又主要集中在内蒙古、黑龙江、河北和新疆，2013年四省、自治区奶牛存栏量分别为 229.2、191.7、191.2 和 185.3 万头，合计占全国存栏量的 55.3%。

2. 规模养殖快速发展

近年，在劳动力成本上升、大资本进入与国家政策引导下，原料奶生产的规模化趋势明显。2013 年，1～4 头的零散养殖占 21.83%，依然是占比最高的养殖规模，但是，与 2002 年相比，该比重下降了 22.96 个百分点，降幅超过一半。2013 年，5～19 头小规模养殖占 21.19%，仅次于零散养殖所占比重。2008 年之前，5～19 头小规模养殖所占比重有明显上升，最高达到 34.18%，之后出现快速下降。2002—2013 年，20～99 头、100～199 头中小、中等规模养殖占比有缓慢增长的趋势，分别从 13.99%

和 3.58％提高到 15.91％和 5.81％。在此期间，100 头以上的中大及大规模养殖占比有快速增长。其中，500～999 头的规模占比从 2.55％提高到 9.92％，增长了 7.37 个百分点；1 000 头以上的规模占比从 2.92 提高到 17.79％，增长了 14.87 个百分点，在各个规模组中是增幅最大的（图 3）。简言之，奶牛养殖规模化趋势明显，正在加快形成以千头以上大规模养殖主体为主的结构。

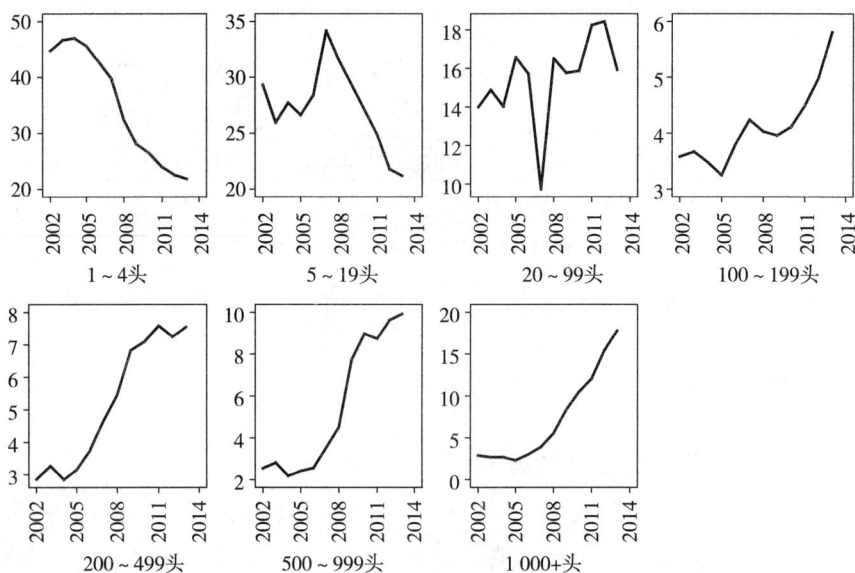

图 3　2002—2013 年中国奶牛养殖规模结构变化

（引自《中国奶业年鉴 2014》）

（三）乳制品加工能力显著提升

2013 年全国规模以上乳制品企业总计 658 家，乳制品销售收入 2 831.6亿元，利润总额 180.1 亿元。与 2000 年相比，规模企业数量增加了 74.5％，销售收入增加了 13.6 倍，利润总额增加了 20.4 倍（表 1）。2000—2013 年，销售收入与利润总额年均增长率分别达到 22.9％和 26.6％。在加工能力增长的同时，乳制品生产企业在生产工艺、技术装备、科技实力、检测能力、品质控制体系等方面都有了很大提升，一些企业技术装备水平已达到或接近国际先进水平。

表 1   1995 年以来我国乳制品行业规模变化情况

年份	企业数（个）	乳制品销售收入（亿元）	利润总额（亿元）
1995	607	73.5	0.5
2000	377	193.5	8.4
2005	698	861.8	48.2
2010	784	1 939.8	176.9
2013	658	2 831.6	180.1

（引自《中国奶业年鉴 2014》）

（四）奶业科技支撑作用不断加强

在奶牛良种快速繁育方面，通过体外授精、胚胎性别鉴定、胚胎移植、XY 精子分离等技术的引进和集成，建立了奶牛性控胚胎产业化生产技术，总体水平达到国际先进。在奶牛饲养方面，积极引进奶牛全混合日粮饲喂技术和设备，并与我国奶牛饲养标准和健康养殖技术相结合，快速提高了奶牛的生产性能，部分集约化奶牛场成母牛的平均单产已经接近或达到发达国家的水平。在奶业科技人才队伍建设方面，加快了高水平技术人才的引进和培养，组织形成结构合理、团结协作、运转高效的奶业科技创新团队，培养了一批博士、硕士和企业高级技术、管理人才，充实奶业科技骨干队伍。在科技创新机制上，突出了企业在科技创新中的主体地位，实现了产学研的有机结合，建立了一批以企业为主体的奶业技术研发和转化平台，显著提升了企业自身的创新能力，初步形成了奶业科技发展的长效机制。在科技创新与科学管理的支撑下，奶牛单产与牛奶品质都逐步提升。从奶牛场生产性能测定结果看，2007—2013 年测定日平均产奶量有稳定的上升趋势，而奶中平均体细胞数量则趋于下降（图 4）。

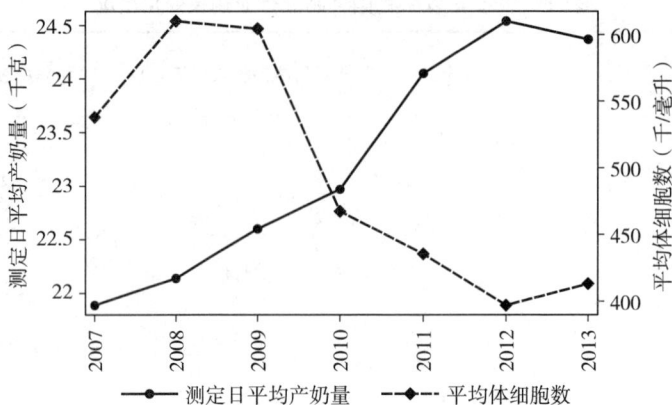

图 4　2007—2013 年奶牛单产与原料奶品质

（引自《中国奶业年鉴 2014》）

（五）奶类在生活消费中的地位逐步提升

2012 年城镇居民人均乳品消费支出 253.57 元，比 2010 年增加增幅 8.4%，比 2000 年增加 270%。从增长率上看，2003 年之前人均奶类支出一直维持较高的增长速度，近年即使受到三聚氰胺等质量安全事件的影响，人均奶类支出仍在稳步增长。随着人均奶类支出不断增长，奶类支出占食品消费支出的比重也趋于提高，2003 年达到 5.16%，之后虽有所下降，但比重仍是 20 世纪 90 年代末的 2 倍左右。奶类支出已经是城乡居民食品消费的必要组成部分（图 5）。

（六）带动上下游产业发展和奶农收入增长

奶业的发展直接带动了奶业科研、饲料加工、饲草种植等上下游产业的发展。2009—2013 年期间，全国饲料加工业销售产值从 4 374.9 亿元增长到 9 742.8 亿元，增长了 122.7%，年均增幅达到 17.4%。2009—2013 年期间，配混合饲料产量从 11 081 万吨增长到 19 813 万吨，增幅也达到 78.8%，年均增长 12.3%。随着奶业的发展奶农的收入增加。根据统计，2004—2013 年期间散养户与小规模养殖户的头均利润都在逐步上升。2013 年，散养奶牛头均年利润可以达到 6 935 元，比 2004 年提高 190.8%；小规模养殖头均利润 5 953 元，比 2004 年提高 130.6%（图 6）。

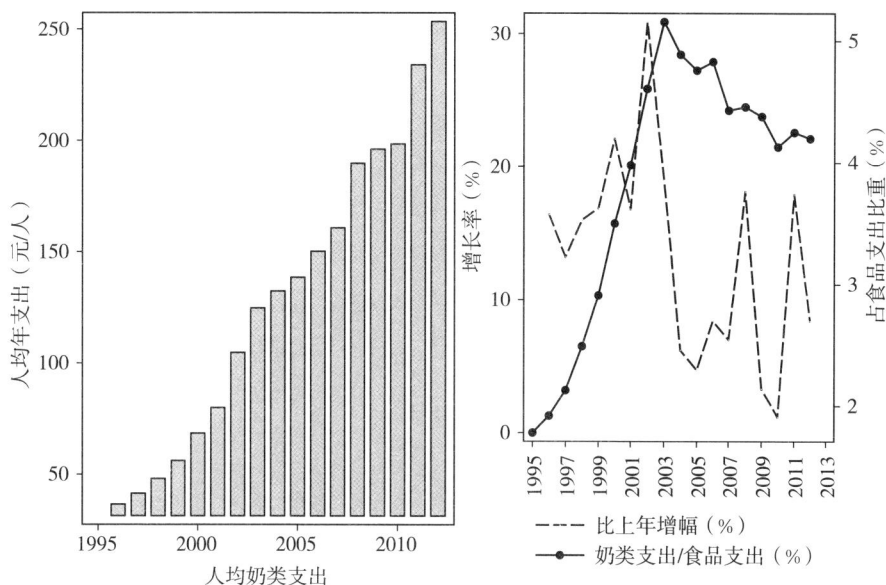

图5 奶类消费支出及在食品支出中占比的变化

（引自《中国奶业年鉴 2014》）

此外，奶牛合作社、奶牛饲养小区等不同组织模式的创新与发展，进一步改善了奶农经营条件，提高了经营收益。

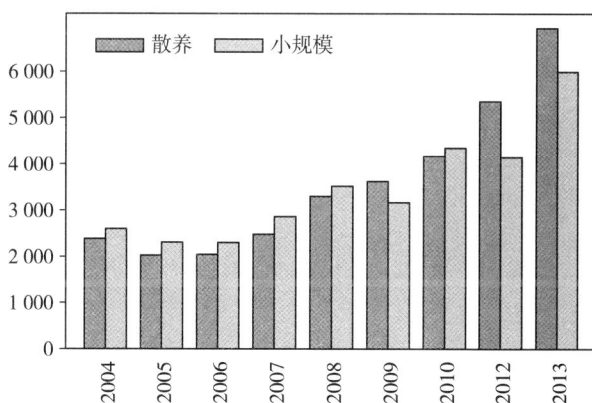

图6 2004—2013散养与小规模奶牛养殖的头均利润

（引自 2005—2014 年《中国奶业年鉴》）

二、国内外奶业发展的新特征

把握国内外奶业发展的趋势与新特征，有利于前瞻性思考我国奶业发展的问题和方向。

（一）国外奶业发展的新特征

在世界奶类生产中，除我国外，占有重要地位的国家和地区还有欧盟、美国、新西兰、澳大利亚、印度、日本、韩国等。这些国家和地区，在发展现代奶业过程中有不同的特征和模式，各具特色。

1. 主要发达国家奶业发展概况

（1）美国　美国是一个畜牧业经济强国，畜牧业产值占农业总产值的60%，现有奶牛场64 500个，平均规模140头，成母牛存栏904万头，年产奶总量在8 000万吨以上，平均单产达到了9吨。美国奶业的发展模式可以概括为几个方面：

第一，以现代化的饲养管理技术为基础的规模化饲养。近十年，全美奶牛存栏总数下降21万头，奶牛场数减少40%，但牛奶总产量增加了15%，奶牛单产增加了19%，平均饲养规模从85头提高到140头。群体数量下降，饲养规模、产奶量和平均单产却不断增加，都得益于现代化的饲养管理技术。

第二，以科学的育种繁殖体系为依托的优良群体品质。美国是世界上拥有完善的"AI育种体系"的国家，犊牛出生后就进行编号登记，奶牛繁育选用优秀的种公牛细管冻精人工授精，实施大规模规范化的生产性能测定（DHI），种公牛的后裔测定。目前，全球6家顶级的种公牛站中美国就有4家，在世界种公牛联合协会每年在全世界进行后裔测定的前500名入围种公牛中美国占有300头。

第三，以生态农业为核心发展可持续的奶业。具体做法包括：牛场建设中，远离水源地和河流、湖泊；所有奶牛场都建有化粪池，对排泄物进行固液分离，粪污还田；利用生物转化设施进行综合利用；对垫料、中水进行回收、处理、再利用，建立循环经济模式。

第四，以产业化为纽带实现高度的组织化。美国奶业是以家庭牧场为基础、以协会或合作社为支架、以公司化生产为枢纽，广泛吸收其他相关企业或组织来构建与运转。奶牛场之间有广泛的相互合作，形成地区性的奶业合作组织，奶牛场主几乎全都参加或入股特定的生产合作社或行业协会。这些奶业合作组织为组织内的奶牛场提供各种服务，提高成员的经营和生产效率。在美国牛奶市场上，各大奶业合作组织已占据市场份额的85％以上。

第五，以产业链为纽带的全程质量安全控制体系。构建严密的乳制品产品质量安全管理组织机构体系，对生产、加工、贮运、销售过程进行全程控制，强化生产源头控制和进出口检疫。

（2）欧盟地区　欧盟是世界上最大的牛奶产区，也是奶制品主要出口地。欧盟各成员生产规模和水平差异很大，但主要国家的重要经验趋向于一致。

第一，组建集产加销于一体的奶业合作社，保障小规模奶农持续发展。欧盟主要奶业生产国90％以上的奶农都是各类奶业合作社的成员。据欧盟农业协会的不完全统计，欧盟目前有4万多个农业合作社组织，在营业额最大的15个中，奶业合作社占10个。奶业合作社发展规模和水平居欧盟农业合作社前列。

第二，以先进技术来提高奶业生产水平，包括饲养技术、胚胎移植技术、机械挤奶技术等得到普遍应用。

第三，以良种繁育体系保证优良群体品种。具体措施包括：对奶牛进行注册登记，建立档案；进行性能测定、体型分级；计算育种值，指导育种工作。

第四，健全服务体系。在奶牛育种、繁殖技术服务，兽医服务，饲养技术指导服务，饲料、牧草种子、肥料供应服务，机械设备安装维修服务，牛奶测定服务等方面，都建有发达的网络化服务机构。

第五，坚持严格的质量控制体系。1996年开始实施的欧盟食品卫生法规定，食品生产和加工企业必须确保在HACCP系统上建立、实施、维持和修正适当的食品安全措施，并建立食品信息可追踪系统。奶业产业链长，任何环节出现问题都会影响乳品质量。除了制度规定与监管，奶业合作社生产、加工和销售一体化经营，利益与责任高度统一，也确保其在维护产品质量方面的积极性。

(3) 新西兰　　奶业是新西兰最大的支柱产业，50％的土地用于放牧、草料种植或休整备耕。新西兰是国际最重要的乳制品出口国，新西兰牛奶产量约占全世界总产量的2％，但出口量却占世界总出口量的1/3。

第一，奶牛养殖以放牧为主。适宜的气候和茂盛的牧草使得畜群能够全年在草场上放牧休养，不需要投入大量资金建牛舍。

第二，奶牛品种完全良种化。新西兰约80％的奶牛采用新鲜或冷冻精液进行人工授精。大多数二胎牛都是人工授精的产物。奶牛育种顾问可以帮助牛场主选择适合当地饲养条件的奶牛种类。奶牛育种企业在人工授精、生产性能测定和牛群信息管理领域处于世界领先地位。

第三，乳制品加工业集约化趋势明显。新西兰乳制品加工企业主要有四家：恒天然合作集团（Fonterra）、Westland合作乳品公司（West-land）、Tatua和Open Country乳酪公司（OCC）。几乎所有的奶农都将原料奶提供给他们的合作制乳制品加工公司。奶农根据其提供的原料奶和在此基础上加工厂制成的乳制品的预期收益，按月领取相应的奶款。

(4) 日本和韩国　　日本和韩国都是土地资源比较贫乏的国家，奶业发展以小规模养殖为主，特征包括：①质量效益型特征明显。日本以家庭牧场为主，大致可分为利用广大土地的牧场、水口地带综合经营型牧场、旱口地带牧场、都市近郊牧场四种类型。韩国奶牛饲养也多属于家庭牧场经营，规模化水平不断提高。②坚持环保优先。③坚持依靠优良奶牛品种。日本在育种方向上综合考虑各种性状，优质冻精得到普遍使用，广泛开展奶牛生产性能测定（DHI）。韩国在全国推广人工授精技术，政府对冻精进行补贴。

2. 主要发达国家奶业发展的新特征

(1) 组织化程度高　　发达国家奶业的一个重要特点是组织化程度高，产业链上奶农与加工企业等的利益联结机制健全。合作社建设为以家庭为主体的奶牛养殖业提供了可持续发展的组织保障。合作社一方面可以为奶农提供饲养、兽医、繁育等生产与技术服务；另一方面通过统一对接市场，可以让小规模奶农摆脱不平等的市场地位。通过合作社向乳制品加工环节延伸，奶农也可以进一步分享乳品加工升值的收益。最后，合作社也是政府产业扶持与引导政策落实的载体。

(2) 发展标准化、适度规模养殖　　由于人工成本、土地资源等生产要素的制约，发达国家在保护小奶农收益的基础上，都注重奶业的规模化、标准化建设，奶农的平均养殖规模逐步提高。通过规模化、标准化牧场建设实现规模经济效益。但是，这些国家也不盲目追求规模的扩大，而是因地制宜地选择适宜规模，实现产业利益、奶农利益、生态效益等的协调。

（3）注重科技支撑　发达国家非常注重现代繁育技术、牧场管理技术等对奶业发展的支撑作用。在管理方面，机械挤奶、低温储藏等现代装备得到普遍应用。在育种方面大力投入，普遍采用的举措包括几个方面：建立奶牛档案，对奶牛进行注册登记，犊牛出生后编号登记；实施大规模规范化的生产性能测定（DHI）；推广人工授精技术，奶牛繁育选用优秀的种公牛细管冻精等。

（4）重视生态环境保护　畜禽养殖面源污染是发达国家重点关注的问题，一方面以法律制度形式做出强制性要求，如养殖场区位选择、粪污处理与排放标准等都有明确规定；另一方面通过经济等手段鼓励种养结合、控制养殖密度，实现奶业与环境的协调发展。以日本为例，为促进奶农采取适宜的、有利于环境的粪污处理技术，日本政府于 1999 年 6 月启动了"减轻奶牛养殖环境负担的支持计划"，根据该计划，饲料用地面积与牧场奶牛数之比达到一定标准的奶农将得到政府补贴。

（5）注重乳品质量管理　对任何一个食品产业来说，质量安全都是产业可持续发展的首要基础，发达国家对奶业质量管理尤其重视。各国建立质量管理体系的基本特征包括：覆盖从原料奶生产到乳制品加工的整个产业链；对产业链中挤奶、储存、运输等重点环节都有严格的标准；与HACCP 等国际标准紧密衔接；注重原料奶质量管理与抽样检测的监督作用；通常由第三方检测机构与实验室完成品质检测工作。

（二）国内奶业发展的新特征

经过多年发展，随着国内外宏观环境发生较大变化，中国奶业也进入发展的转型期，呈现出新的特征。

1. 供需关系发生变化，当前面临阶段性过剩、结构性偏紧状况

长期来看，中国奶业消费需求将随着经济一起增长，供需缺口和发展潜力依然很大。但是，当下中国奶业正面临阶段性的低水平过剩，具体表现就是奶牛存栏量、牛奶生产量、人均消费量都在较低的水平上徘徊，增长乏力，甚至会因为市场波动出现一定程度的萎缩。例如，近年中国城镇居民奶类支出占食物消费支出的比重持续下降，2014 年出现原料奶收购价格一路走低、乳品库存大幅增加的困境。

2. 要素制约加剧，投入成为发展基础

劳动力与土地等都是奶牛养殖业的基本要素需求。经过数十年快速的城乡人口迁移，中国劳动力供求的刘易斯拐点已经来到，农业从业人口不断减少。人口结构转变带来的农业劳动力供给不足，以及劳动力成本快速上升是奶牛养殖业发展必然面对的一个挑战。奶业在养殖场建设、饲料种植和粪污消纳等方面都对土地有需求。但是，因为不能给地方政府带来财税收入，加上环境问题突出，地方政府在发展奶牛养殖方面的积极性并不高，必然使其面临土地供给不足的制约。

3. 质量安全关注度高企，消费者信心是产业发展关键

三聚氰胺等奶业质量安全事件使消费者信心严重受挫，恢复困难，成为中国奶业向更高发展阶段推进的关键制约因素。原料奶质量是乳品质量的基础，虽然奶业质量问题得到高度关注，但是提高原料奶质量却面临的困难有：一方面，用药、挤奶设备清洁、检测等管理举措依然不完善；另一方面，饲料结构不合理导致蛋白质含量等营养指标不能达到优质原料奶的质量标准。重建消费者信心不仅需要时间，更需要强化乳品企业责任意识，完善覆盖整个产业链的奶业质量管理体系。

4. 可持续发展是必然要求，生产生态协调是根本

粪污引起的环境问题是奶牛产业发展面临的重要问题。在养殖朝规模化方向发展时，粪污集中排放引起的环境问题也更加突出。随着环境规制愈来愈严格，生态环境约束对奶牛产业的影响也会越来越显著，确保生产、生态协调成为奶业可持续发展的根本。奶牛养殖场通常都有粪污处理设施，但这还远远不够，奶牛养殖产生的粪污需要大面积的土地来消纳，如何以环境效应为导向推进奶业的种养结合成为未来奶业发展需要解决的重要问题。

5. 效益是产业发展的保障，风险防控必须到位

发挥比较优势提高产业的竞争力和效应是产业发展的前提。当前，因为劳动力成本、土地成本高企，中国奶业面临国内外价格倒挂的发展困境。中新、中澳等自贸区协定进一步加剧国内奶业面临的竞争压力。因生产能力恢复缓慢，市场引起的短期冲击还可能转化为长期波动，导致市场失衡和价格波动。着眼于奶业稳定发展，一方面要探索转变生产方式的路径，以提高奶业经济效应、稳定原料奶与乳制品的供给；另一方面要完善产业预警机制，对冲击做出及时应对。

三、当前我国奶业面临的挑战和机遇

（一）我国奶业发展面临的主要挑战

1. 环境污染日趋严重的挑战

大规模的牲畜养殖场必然存在粪便污染。在畜牧业中，适量的牛羊与耕地或草地之间会构成一种共生关系，这时粪便不是污染，是肥料。一旦奶牛养殖与土地相脱节，粪污不能还田，就会造成对环境的污染。因为奶牛是家畜中排粪尿量最多的动物，成年母牛一昼夜排粪量多达 30 千克，占日采食总量的 70％左右；一昼夜排尿量约为 22 千克，占饮水总量的 30％左右。成年牛 1 年的排粪量多达 11 吨，排尿量多达 8 吨。加之，奶牛排泄随意，边走边排，如利用或处理不当，会对奶牛场及周围环境和水源造成严重污染。就全国而言，多数奶牛场没有配备粪便处理、资源化利用的设施和相应的配套耕地。据调查，全国规模（40～1 000 头或以上）奶牛场平均每头奶牛占有的耕地仅为 1.48 亩，其中南方地区 0.16 亩，北方地区 2.76 亩。种养脱节极为严重，养殖业粪便农田耕地难以消化转化，环境保护问题突出。

粪污引起的环境问题是奶牛产业发展面临的重要问题。目前，农业已成为中国最大的面源污染源，畜牧又是农业中的重要污染源。对规模养殖场来说，粪污集中排放引起的环境问题更加突出。随着环境规制愈来愈严格，生态环境约束对奶牛产业的影响也会越来越显著。奶牛养殖场通常都有粪污处理设施，但这还远远不够，奶牛养殖产生的粪污需要大面积的土地来消纳，以确保其环境效应。饲养规模与土地的比例关系影响到奶牛产业的环境效应，这一比例关系可以理解为奶牛产业对环境承载力的需求。

牛粪中存在的微生物能引起许多人畜共患疾病。例如，大肠杆菌是奶牛垫料和牛粪中普遍存在的一种细菌，如果奶牛乳头接触牛粪，大肠杆菌就可以传播，导致奶牛乳房炎和其他疾病，同时也可能污染原料奶。被牛粪污染的奶牛牛皮,当其在屠宰场被屠宰时,会增加大肠杆菌传播的危险。

因此,所有的奶牛养殖场都应对奶牛粪尿进行合理利用或处理。否则,将对环境造成的危害有:一是造成地下水和地表水的严重污染,使水体"富营养化",以水为媒介使某些疫病传播和扩散,使人、畜健康受到极大危害;二是粪污未经无害化处理直接进入土壤,引起土壤成分和性状发生改变,破坏了土壤的基本功能,减少耕地可利用面积;三是粪污产生的毒害气体,排入大气后,严重影响周围居民的空气质量,危害人们的身心健康。由于技术和经济的原因,我国有相当数量的奶牛养殖场粪污没有得到有效处理,粪污处理问题已经严重影响了自身的持续发展,粪污综合治理迫在眉睫。

2. 生产要素供给约束的挑战

"十三五"期间,我国奶业发展将受到来自生产要素制约的挑战。与其他大多数产业一样,劳动力、资本、土地是奶业发展的基本要素。根据国家奶牛产业技术体系产业经济研究室对辽宁、山东、山西、甘肃四个省24个规模奶牛养殖场进行的问卷调查,三大生产要素对奶业发展的制约日趋明显。

(1) 劳动力要素约束 劳动力是最基本的生产要素。经过数十年的人口快速迁移,加上生育控制引起的人口年龄结构的转变,中国劳动力供求的刘易斯拐点已经来到,农业从业人口不断减少。改革开放以来,第一产业从业人口所占比重大幅下降。伴随农业劳动力的减少,从事农业生产的主体也呈现出明显的"老龄化"和"兼业化"等特征,未来谁来种地(从事农业生产)的问题已初现端倪,这也是奶牛养殖业发展必然面对的一个挑战。在调查的24个牧场中,16个场表示劳动力是影响牧场发展的主要因素。农业劳动力减少与工资增长的同时,中小规模家庭养殖户的子女可能缺乏继续从业的积极性,进而对奶牛养殖业投资产生更加深远的影响。

(2) 土地要素约束 在对24个牧场的调查中,9个场表示土地是影响发展的主要因素。奶牛产业对土地的需求体现在三个方面:养殖场建设、饲料种植和粪污消纳。就养殖场建设来说,土地用途又包括牛舍占地、运动场占地、粪污处理占地、草料库用地、青贮窖池、办公设置占地等。在土地资源供给确定的情况下，土地要素的约束体现为不同用途土地需求的竞争，包括工业化、城镇化过程中非农业用途的用地需求，农业内部种植业及其他用途的土地需求。用地制约奶牛养殖场建设的另一表现是租金成本和投资预期。在调查的 24 个牧场中，有 14 个场以租赁的方式获得土地。当前，租金最低的仅 400 元/亩，最高的达到了 2 700 元/亩。受中国土地制度的限制，牧场所租土地的租期一般在 30 年以内，最短的才 5 年。奶牛产业发展特别是规模养殖，需要巨大的固定资产投资，往往也需要一定的时间周期以达到最佳经济效益，租期过短降低了企业的长期预期，并抑制企业的投资意愿。

（3）资本要素约束　奶牛产业已日益成为资本密集、投资门槛高的产业。奶牛产业资金需求的两个基本方面是：建设投资需求与运营流动资金需求。从调查情况看，养殖场资金短缺比较普遍，而且少数养殖场存在较大缺口。在 24 个养殖场中，15 个场表示调查时有资金需求。其中，10 个场表示流动资金是所需资金的主要用途之一，9 个场表示要用于牛场改扩建，5 家表示用于购买奶牛，4 个场要用于购买机械设备。24 个养殖场中仅 7 个场表示资金需求总能得到满足，8 个场表示 70%～90%的资金需求能得到满足，累计有 3 个场表示 50%以上的资金需求都不能得到满足。总体上，24 个养殖场中的 19 个场表示资金是影响牛场发展的主要因素，在各项因素中排首位。

3. 饲草饲料资源供给约束的挑战

饲草饲料资源是奶业发展的物质基础。饲草饲料资源按其营养价值成分大体上可以分为谷物饲料、蛋白质饲料、青饲料和粗饲料等。饲草饲料资源对奶业发展的制约主要体现在这四类饲料上。

（1）谷物饲料资源对奶业发展的约束　我国谷物年生产能力在 4.5 亿～4.8亿吨。2010 年主要作为饲料用途的玉米产量为 1.77 亿吨。我国畜牧业年均直接和间接消费的谷物饲料约 1.6 亿吨，约占谷物总产量的 1/3。奶业虽然不是畜牧业中的耗粮大户，但是，奶业发展对谷物饲料的高度依赖是显而易见的。这表明未来奶业的发展必将受到谷物饲料供给能力的制约。

（2）蛋白质饲料资源对奶业发展的约束　我国是世界上蛋白质饲料资源短缺的国家，由于对其他蛋白质饲料开发利用不够，目前的蛋白质饲料资源主要来自大豆。2010 年，我国大豆产量为 1 500 万吨，其总量已经远不能满足畜牧业发展的需要。实际上，2010 年我国大豆进口量已高达 5 264万吨，相当于国产大豆的 3.5 倍。显而易见，豆类饲料资源匮乏无疑会制约奶业的发展。

（3）青饲料资源对奶业发展的约束　在我国，奶业发展所需要的青饲料资源总体上是比较丰富的。但是，由于我国奶业品种资源与青饲料资源分布的错位，致使奶业发展面临着青饲料供给不足的矛盾。前面已经提到，我国奶类动物的品种资源主要集中分布在北方，而青饲料资源则主要集中分布在南方，因而形成了北方有奶牛但缺少青饲料，而南方有青饲料但缺少奶牛的资源不对称现象。由于品种资源和青饲料资源分布的不对称性，致使北方每年在漫长的枯草季节必须靠制作青贮玉米来弥补冬春季节的青饲草供应。制作青贮玉米增加了牛奶的生产成本。

（4）粗饲料资源对奶业发展的约束　粗饲料包括青干草、农作物秸秆和其他粗纤维性饲料。我国的粗饲料资源、特别是农作物秸秆资源相当丰富。据统计，我国每年约生产 6.4 亿吨各种农作物秸秆。但目前存在的主要问题是发展畜牧业利用的秸秆占秸秆总产量的比例低。由于受秸秆饲料开发技术的限制，大量的农作物秸秆还不能为奶业发展服务。另一方面，在已经利用的秸秆中，只有 15％经过加工处理。未经处理的秸秆消化率低、蛋白质含量低、适口性差，造成奶牛的采食量低，制约着奶业生产水平的提高。

优质粗饲料尤其是优质苜蓿和其他牧草缺乏是制约我国奶牛生产性能进一步提高、减少奶牛营养代谢病的关键因素。青绿饲料和优质牧草是奶牛优质高产的基础。现阶段我国奶牛饲料主要依靠粮食、作物副产品、秸秆及少部分天然牧草，优质禾本科和豆科牧草在奶牛日粮中的使用率还很低。只有大城市附近国营奶牛场的奶牛有幸吃上苜蓿干草、羊草。但大多个体奶农养奶牛还是采用传统方式，以自拌料为主。奶牛的常规饲料停留在劣质秸秆类粗饲料（玉米秸、麦秸和稻秸）与三大料（即玉米、麸皮、饼粕）的简单混合，造成配方中能量有余，蛋白质饲料单一，氨基酸搭配不当，矿物质、微量元素和维生素严重缺乏，以致造成饲料的转化效率较低（即使有最适合的采食量），产奶量、乳脂率和乳蛋白率低，奶牛瘤胃酸中毒、营养代谢病发病率较高，奶牛三胎淘汰率高和利用年限短，影响奶牛生产潜力的发挥。农业结构调整尚未实现从两元结构向三元结构的转变也是制约奶业发展的因素之一。

（二）我国奶业发展面临的主要机遇

1. 发展高效节粮型畜牧业为奶业发展提供了机遇

奶牛养殖业是世界公认的节粮、经济、高效型畜牧业。在农业发达的欧美国家，牛奶产值占畜牧业产值的比重一般为20％～50％，比如，美国的比重为23％，英国和德国的比重在20％～40％，日本也占25％，而我国的比重仅为5％。从我国资源特别是粮食资源偏紧的国情看，更适合发展节粮高效的奶牛养殖业。全国"十二五"畜牧业发展规划已经把奶牛养殖业确定为新的增长点，加快建设现代奶牛养殖业，既是发展节粮高效畜牧业的现实途径，也是优化畜牧业结构的战略选择。奶牛养殖业是饲料转化率高、资源利用最节约和最有效率的产业。奶牛是转换植物蛋白最完整和最快的动物，它能将饲料中能量的20％、蛋白质的23％～30％转化到奶中。从节粮角度看，生产1千克牛奶只需要0.5千克左右精饲料。此外，奶牛具有投入少、产出多的特点。就经济效益而言，牛奶的投入产出比是牛肉的2倍、猪肉的3倍。农民饲养奶畜，饲料来源广泛和充足，并且适合安排农村剩余劳动力，有利于实现产业化经营。由此可见，现代奶牛养殖业可持续发展是实现粮食增值转化的重要途径。

2. 提高国民营养和健康水平的基本国策为奶业发展提供了机遇

牛奶是营养价值较高的动物性食品，富含优质蛋白质和钙质，可以促进婴儿骨骼生长和防止老年人骨质疏松，含有多种酶类和免疫球蛋白，具有调节人体代谢的作用，而且很容易被吸收，是国际公认的理想蛋白食品。据专家研究，如果每人每天能喝500克鲜奶，便能获得520毫克的钙。1升牛奶足够成人每天氨基酸的需要，1千克牛奶的热能含量等于8个鸡蛋或200克牛肉，且胆固醇含量低。随着我国全面小康社会建设的不断推进，国民对牛奶不论是数量上还是品质上都提出了新的更高要求。世界人均奶类消费量为89千克，而我国人均不到30千克。欧美发达国家人均消费普遍较高，美国人均消费213千克，欧盟225千克。我国周边很多国家人均消费量也高于我国，日本人均消费59千克，韩国62千克，印度88千克。只有保持现代奶牛养殖业的稳定健康发展，才能满足国民对放心奶的消费增长需求。正是基于对城乡居民营养和健康水平的考虑，各级政府都在积极出台各种扶持政策，为奶业发展提供了前所未有的发展机遇。

3. 满足国内乳制品消费需求的增长潜力为奶业发展提供了机遇

随着人们消费能力和生活水平的不断提高，我国城乡居民的乳制品消费将实现快速增长。目前，我国城乡居民的乳品人均消费水平仅相当于世界平均水平的1/3，相当于发达国家的1/5。一旦我国城乡居民对乳制品的需求潜力得到释放，可能会为奶业发展提供前所未有的发展机遇。由于国内乳品需求的增长速度有可能超过牛奶生产的增长速度，因此，可能会出现国内牛奶生产难以满足乳品消费需求的情形。乳制品进口作为消费市场缺口的补充，进口数量随着消费数量的增长而增加。实际上，近年来国内奶粉进口数量呈快速增长趋势，奶粉进口从2000年的7.3万吨，增加到2014年的92万吨，增长了11.6倍。只有提高国内奶牛养殖业发展水平，提高总供给能力才能满足国内市场不断增长的消费需求。

四、加快奶业发展亟须建立的新理念

（一）内涵增长理念

以提质增效为核心，通过应用先进科学技术，推动生产规模化、分工专业化、全程科技化、管理信息化和操作机械化，加快建立质量效益兼顾的现代奶业产业体系，实现由数量增长驱动的外延式扩大再生产，逐步向依靠科技进步为动力的内涵式扩大再生产转型。

（二）市场主导理念

以市场作为资源分配的决定因素，由消费市场决定和引导产业发展方向。各企业之间通过平等竞争、优胜劣汰，实现资源在产业链中合理配置，培育更具竞争活力的奶业经营主体。通过政策引导、金融扶持、预案调控等方式，多措并举，积极为奶业发展营造更为有利的外部环境。

（三）政府服务理念

在依法治国的基本前提下，按照"保供给、保安全、保生态"的总体目标，继续深入相关法制体系建设，加快完善必要的政策扶持体系，持续加强乳品质量安全监管，切实保障消费者权益。推动建立"利益共享、风险均沾、互利共赢"的产业利益分配机制，促进产业持续稳定发展。

（四）可持续发展理念

坚持生态优先和农牧结合的基本原则，按照统筹资源环境条件、科学合理布局生产的发展思路，推进高效经济适用模式，统筹资源环境条件，科学合理布局生产，走"资源集约型、科技密集型、加工增值型、生态友好型"的奶业发展道路，实现经济、社会、资源和环境的协调发展。

五、"十三五"奶业发展的总体框架

（一）"十三五"期间奶业的战略定位

一般认为，我国之所以大力发展奶业，其目的在于"优化农业结构，增加农民收入，改善居民膳食结构"。的确，过去我国奶业的发展实际也验证了它在这三个方面发挥的积极作用。但是，时过境迁，现如今我们应该以发展的眼光看待奶业，奶业的功能不应仅停留在"优化农业结构，增加农民收入，改善居民膳食结构"三个方面，应赋予奶业一些新的功能和历史使命。例如，现代奶业示范功能、保障粮食安全功能、改善生态环境功能，等等。

1. 发挥奶业的现代农业示范功能

同种植业和其他养殖业相比，奶牛产业具有一些显著的特殊性，这也是奶牛产业之所以可以发挥现代农业示范功能的重要原因。

（1）发挥家庭农场的技术示范功能 2013 年中央 1 号文件明确提出，继续增加农业补贴资金规模，新增补贴向主产区和优势产区集中，向专业大户、家庭农场、农民合作社等新型生产经营主体倾斜。这说明家庭农场已经作为一种新型的农业生产经营主体引起中央的重视。根据一些发达国家的经验，家庭农场是发展现代农业的主力军，尤其是在欧盟各国及日本和韩国。在家庭农场中，最具代表性的是从事奶牛养殖的家庭农场（以下简称家庭牧场）。一是因为奶牛养殖适合于家庭经营，养殖规模过大会带来环境污染、交易费用上升和动物福利水平下降等一系列问题，因此，发达国家的奶牛养殖经营主体大都是家庭牧场；二是家庭牧场既从事奶牛养殖又种植奶牛所需要的各种饲草饲料，因此，经营范围广，需要的设施设备及技术更加全面。因此，打造一个成功的家庭牧场对其他家庭农场更具示范意义。

（2）发挥奶业的循环经济示范功能　奶牛养殖业离不开种植业的支撑，种植业为奶牛养殖业提供优质牧草和饲料，养殖业为种植业提供肥料和动力。在养殖业和种植业中，奶牛养殖业是最具代表性的循环经济。我国的奶牛养殖规模大到上万头，小至几头、十几头，大、中、小规模各异的养殖场（户）可以采取不同的循环经济模式。中小规模的养殖场（户）可以采取：奶牛—粪便—谷物、饲料、蔬菜、水果等生产；或奶牛—粪便—沼气—谷物、饲料、蔬菜、水果等生产；或奶牛—粪便—蚯蚓—饲料加工等循环经济模式。中等规模或大规模的养殖场可以采取：奶牛—粪便—沼气—发电—谷物、饲料、蔬菜、水果等生产；或奶牛—粪便—沼气—发电—有机肥—有机农业的循环经济模式。无论是哪一种循环模式，都可以充分体现发展现代农业的循环经济功能。

（3）发挥奶业的产业链拓展示范功能　奶牛养殖业可以提供多种原料，如牛奶、肉、皮、毛、骨、血，基于这些原料的开发可以派生出许多不同行业，如乳品加工、肉类加工、食品加工、保健品加工、皮革加工、工艺品加工、医药生产等多种行业。就牛奶本身而言，其产业链也长于谷物、蔬菜、水果等产业。因此，发展奶牛产业可以充分展示发展现代农业的产业链拓展功能。

2. 发挥奶业保障粮食安全的功能

粮食安全既包括数量安全又包括质量安全。数量安全是要解决吃饱的问题，质量安全是要解决吃好的问题。党的十八大提出要"确保到二零二零年实现全面建成小康社会宏伟目标"，这就意味着在2020年以前，在保障粮食安全方面，还要进一步改善我国城乡居民的膳食结构，提高城乡居民的食物营养水平。但是，谷物生产或种植业生产只能解决吃饱的问题，解决吃好的问题要紧紧依靠发展养殖业。奶牛业在整个养殖业中占有重要地位，因为奶业不仅可以在保障粮食数量安全方面发挥重要作用，而且也可以在保障粮食质量安全方面扮演重要角色。因此，奶业在保障粮食安全方面的作用不容忽视。

从保障粮食数量安全的角度看，奶牛本身就是一种食物，是"液体粮食"，物美价廉，食用方便，既可以用来充饥又可以用来解渴。因此，牛奶作为食品，其功能要多于粮食。另一方面，奶牛不仅产奶，而且还产肉，很多发达国家奶牛提供的牛肉占整个牛肉市场份额的50％以上。在一些发达国家，新出生奶牛公犊用于育肥生产牛肉，淘汰母牛也是牛肉的重要来源。但奶牛肉用价值在我国被长期忽视，尤其是在新生公犊牛肉用价值开发利用方面，我们同发达国家相比还存在明显差距。更为重要的是，奶牛还是一种储存食物的"活体储库"，在发生饥荒的情况下，奶牛完全可以用来充饥。而且，有科学家认为，以发展奶牛养殖的形式储藏粮食比单纯储藏粮食从经济上更为划算，因为粮食储藏是减值，而饲养奶牛是增值。

从保障粮食数量安全的角度看，牛奶营养丰富、容易消化吸收，是营养成分比较均衡的天然食品。据相关资料介绍，每百克牛奶含有能量54千卡、蛋白质3克、脂肪3.2克、碳水化合物3.4克、胆固醇15毫克、维生素A 24微克、硫胺素0.03毫克、核黄素0.14毫克、烟酸0.1毫克、维生素C 1毫克、维生素E 0.21毫克、钙104毫克、磷73毫克、钾109毫克、钠37.2毫克、镁11毫克、铁0.3毫克、锌0.42毫克、硒1.94微克、铜0.02毫克、锰0.03毫克。奶中的蛋白质主要是酪蛋白、白蛋白、球蛋白、乳蛋白等，所含的20多种氨基酸中有人体必需的8种氨基酸。奶蛋白质是全价的蛋白质，其消化率高达98％。乳脂肪是高质量的脂肪，品质好，消化率在95％以上，而且含有大量的脂溶性维生素。奶中乳糖是半乳糖和乳糖，是最容易消化吸收的糖类；奶中的矿物质和微量元素都是溶解状态，而且各种矿物质的含量比例特别是钙、磷的比例比较合适，很容易消化吸收。

3. 发挥奶业改善生态环境的功能

奶业一直被认为是一个污染的产业，因为奶牛吃的多，排的也多。一头成年母牛每天的排泄量约50千克，一年的排泄量约18吨，一个万头牧场一年的排泄量至少在18万吨以上。如果这些排泄物处理不及时或处理不得当就不可避免地会造成环境污染。另一方面，奶牛是反刍动物，通过嗳气所释放出的甲烷气体被认为是"温室效应"的主要贡献者之一。因此，人们普遍把奶牛养殖业作为污染行业对待是不无道理的。

但是，实际上奶牛养殖业是否真的造成环境污染，与奶牛养殖模式有直接关系。为了降低奶牛养殖业造成的环境污染，发达国家普遍采取了"种养结合"的养殖模式，也就是发展"农场化"养殖，而不是"工厂化"养殖。农场化养殖有两个主要特征：一是奶牛养殖者要有充足的土地。土地不仅用于圈舍建设，而且还用于牧草和饲料种植，奶牛场所需要的精饲料和粗饲料基本可以做到自给自足。这就是通常所说的"种养结合"养殖模式。实行种养结合的好处之一就是奶牛场产生的粪污可以作为肥料还田，不仅降低了污染，而且还促进了种植业与养殖业之间的良性循环。二是以发展家庭牧场为主。发达国家的奶牛养殖业以家庭牧场为主，是根据奶牛养殖业的特点长期探索的结果。实践证明，奶牛养殖业只有通过发展家庭牧场才能更好地兼顾经济效益、社会效益和生态效益。

农场化的养殖方式不仅可以把奶牛场对环境的污染降到最低，而且由于采取"种养结合"的养殖模式，通过种植优质牧草还实现了对环境的美化和净化作用。人所共知，奶牛为食草动物，个体大，这意味着其对优质牧草的需求量大。喂养一头成母牛每天至少需要 6 千克以上的紫花苜蓿，按照我国目前的苜蓿单产水平，一头成母牛每年需要 0.13～0.2 公顷的土地种植苜蓿，苜蓿多年生牧草，它所带来的环境效益不可忽视。

奶牛养殖业本质上是一个土地密集型的产业。发展奶牛养殖业离不开充裕的土地供给，一是保障优质粗饲料供给，二是消纳排泄物。一头成母牛一天需要采食 20 千克以上的全株玉米青贮和 6 千克以上的紫花苜蓿，一年的需求量分别为 7.3 吨和 2.2 吨。按照目前的作物产量和奶牛生产水平，一头成母牛每年需要 0.2 公顷的土地生产全株玉米用于青贮、0.2 公顷的土地生产苜蓿和 0.2 公顷的土地生产精饲料。因此，我国发展大规模牧场的主要难点在于缺少充足的土地供给，其结果只能是采取"工厂化"的养殖模式。

（二）总体战略目标与基本原则

当前和今后一段时期内，困扰我国奶牛产业发展的关键问题是乳品质量安全问题。如何稳步提高乳品质量，提振消费者信心，让消费者青睐和信任国产品牌，将是乳品行业和政府职能部门面临的长期考验。考虑到各种综合因素，未来几年内，我国的牛奶生产又可能出现徘徊不前、甚至是负增长的情况。而且，一旦发生下滑，生产恢复将是一个比较缓慢的过程。因此，在制定未来战略目标时应考虑到这种情形。

1. 总体战略目标

经过业界同仁十几年的共同努力，我国奶牛产业将形成可持续发展的良好局面。奶牛养殖的综合生产能力得到显著提高，主要乳制品产量稳步增长，液态奶市场供需基本平衡，乳制品供给的结构性矛盾得到明显缓解；养殖科技创新体系和推广体系基本完善，养殖业规模化、集约化、专业化的技术水平得到明显提高，特别是饲料营养技术、动物疫病防控技术、繁殖育种技术、乳品加工和环境控制技术、乳品质量安全控制技术取得重要进展；以科技进步为主要动力，促进奶牛产业转型升级，基本建成质量效益型、资源节约型和环境友好型的可持续发展现代奶牛产业。

由于受土地资源、饲草饲料资源、气候资源等多种资源条件的制约，加之乳品企业和一些政府部门对小规模养殖户的排斥，奶牛养殖业的增长速度会明显降低。尤其是从 2014 年下半年开始全国各地相继发生了奶源供应"相对过剩"现象，并在山东、河北、内蒙古等主产省（自治区）出现"倒奶、杀牛"现象，散养户大批退出行业。但考虑规模化养殖场的存栏补充，预计"十三五"期间我国奶业生产将保持稳中略增的态势。因此，到 2020 年牛奶产量仍有望达到 4 400 万～4 800 万吨。

2. 应坚持的基本原则

（1）坚持质量效益并重的原则　一方面要狠抓乳品质量安全监管；另一方面应向规模化、产业化、良种化、科学化要效益，把奶业引上提质增效、健康持续发展的轨道上来。

（2）坚持宏观调控引导的原则　充分发挥市场在资源配置中的决定性作用，有效利用市场杠杆，强化监测预警和信息引导，逐步加强宏观调控能力，促进奶业稳定发展。

（3）坚持布局结构优化的原则　因地制宜优化产业区域布局，科学规划奶业的产品结构，完善乳品供需平衡机制，实现奶业均衡发展。

（4）坚持扶持机制创新的原则　切实理清政府与市场的关系，围绕基础性、公益性和全局性的重点工作及产业薄弱环节，加大财政资金扶持力度，针对产业发展融资和保障需求，创新贷款担保机制，稳步推进政策性保险和商业性保险，为奶业发展保驾护航。

（5）坚持生产生态协调的原则 立足于草原生态功能，促进草原生态环境改善和草原牧区生产发展同步，立足于奶牛养殖环境友好，推动种养结合型资源循环利用的养殖业发展，促进奶业协调发展。

3. 应处理好五种关系

在坚持以上基本原则的基础上，奶业在"十三五"期间应该注重处理好以下五种关系。

（1）处理好控制规模与有序发展之间的关系 严格控制乳制品加工项目的盲目投资和重复建设，把加工产能控制在合理规模范围之内，合理布局加工企业，使其发展与奶源、市场需求相适应，避免生产能力严重过剩和大量闲置，避免造成恶性竞争和资源浪费。

（2）处理好调整结构与产业升级之间的关系 加快乳制品加工业结构调整，积极引导企业通过兼并、重组，结合现有乳制品加工企业的加工资源，形成合理的经营规模，提高行业整体经济效益。

（3）处理好适度开放与加强扶持之间的关系 适度利用外资，加强对外商投资的规范管理；坚持内资乳制品加工企业对行业发展的主导权，加大支持力度，促进产品创新、结构调整、提升质量，提高竞争力。

（4）处理好调整布局与协调发展之间的关系 改变目前乳制品生产区域与消费区域严重分离的布局，发展南方奶牛饲养业，发展利用多种奶类资源，逐步改变北多南少、北奶南运的局面，做到当地生产、就地消费。

（5）处理好合理进口与保障内需之间的关系 加强对国内乳业生产的扶持，调整产品结构，适应国内市场的需要，逐步减少某些品种对国际市场的依赖程度。保持合理的乳制品进口的规模和数量，以供需平衡为前提条件，尽可能满足国内市场多元化的社会需求。

（三）重点任务

1. 当前奶业面临的主要压力

我国奶业总体上还是一个弱势产业，特别是在面对日益激烈的国际竞争环境下，表现出明显"大而不强"的一面，奶业可持续发展正面临前所未有的四大压力。

（1）生产成本上升的压力越来越大 从 2008 年到现在，生鲜乳的生产成本逐年提高。现在，我国生鲜乳的生产成本已经比奶业发达国家的价格还高。高的价格可能会使奶牛养殖企业获利，但对消费水平的提升是一个制约。另一个方面，高奶价会削弱我国牛奶在国际市场上的竞争力。

（2）消费疲软的压力越来越大　监测数据显示，2014年以来，我国液态奶、奶粉等乳制品的加工量增长幅度比2013年同期均下降。国家奶牛产业技术体系奶业经济研究室在东北某大型超市进行的调研显示，牛奶消费量没有增长，没有出现我们所预期的消费市场的大幅增长。造成消费市场疲软的原因，一是三聚氰胺事件的影响远远没有消除；二是消费习惯的影响；三是居民购买力的影响，特别是农村地区，想喝奶的人很多但购买力有限；四是消费者偏好，产品可获得性等。

（3）生产要素供给的压力越来越大　生产要素主要指土地、资金、人力资本。如土地方面，政府对大规模牧场建设用地越来越谨慎；资金方面，牛和牛舍均不能作为抵押，所以牧场建设所需资金只能靠企业自己解决；人力资本方面，大型牧场所需的管理人员奇缺，特别是万头牧场管理人员。

（4）进口乳制品带来的市场竞争压力越来越大　从国家层面来看，中国的乳品市场是一个高度开放的市场，几乎没有保护措施。新西兰和澳大利亚是我国乳制品进口主要来源国，中新自由贸易协议、中澳自由贸易协议，都会对我国奶业产生影响。

2. 重点任务

为了更好地应对奶业面临的国际竞争，减轻行业发展的内在压力，需要政府、企业和奶农三方积极合作，实现合作共赢。为此，各方应相互支持和配合，做好以下几项工作：

（1）积极推进"种养结合"养殖模式　实行"种养结合"的养殖模式和开拓奶牛养殖增收渠道是提高奶牛养殖综合效益的重要途径。"种养结合"是发达国家的普遍做法，也是发展现代奶牛养殖业的重要规律。实行"种养结合"，奶牛场可做到青贮饲料与部分牧草的基本自给，粪污可以100％还田。因此，既可降低养殖成本又可降低环境压力。为此，今后在奶牛产业政策方面应鼓励和扶持"种养结合"的养殖模式。各级土地管理部门应发挥积极作用，为奶牛养殖协调配套土地，为种草养牛提供足够的土地资源。在有条件的地方，政府部门应积极扶持全株玉米青贮和优质牧草生产专业合作社，尤其在国家奶牛产业优势发展区域应加大对这类合作社的扶持力度，使种植专业合作社能够为奶牛养殖专业合作社提供优质的全株玉米青贮和苜蓿等优质粗饲料，实现合作共赢。

（2）积极探索生鲜乳价格形成机制　目前，我国普遍推行的是"企业＋奶站＋奶农"产业化经营模式。这种模式存在的主要问题是没有形成合理的价格形成机制，导致三个经营主体之间利益分配发生严重扭曲。具体而言，同其他两个经营主体相比，奶农付出最多，面临的经营风险最大，但是，在生鲜乳价格形成方面基本没有话语权。乳品企业单方定价具有垄断性，缺乏公正性和公平性，奶农的收益缺乏制度保障。近几年来，上海、黑龙江、内蒙古等地在生鲜乳价格形成机制方面做出了积极探索。有关政府主管部门应该认真总结他们取得的成功经验和做法，在进一步完善的基础上择机在其他地区推广。

（3）积极培育现代奶牛产业组织体系　奶牛产业组织体系不健全是我国同发达国家的主要差距。美国、加拿大等发达国家，对奶牛产业的日常管理主要依靠行业组织而不是政府部门，政府部门的主要职责是制定奶牛产业发展政策和法律法规。目前，我国奶牛产业尚未形成完善的组织体系，所以，奶牛产业的日常管理完全依赖政府部门。由于人力资源和管理经验等方面的限制，有关政府部门很难实施对全行业的有效管理。为此，今后我国应该在完善奶牛产业组织体系方面有所突破，以奶农专业合作社和奶牛产业协会为基础，逐步建立健全"自下而上"的产业组织体系，并最终形成全国、地方和基层三级产业组织体系。同时，有关政府部门还要积极赋权于产业组织，把奶牛产业建设成为一个具有自治能力的产业。

（4）努力提高生鲜乳质量安全　生鲜乳质量安全是未来几年我国奶牛产业发展的一个重要目标。影响生鲜乳质量的两个关键因素是：奶牛遗传品质和饲养管理技术。通过完善奶牛良种繁育体系和提高饲养管理技术，我国奶牛产业在这两个领域还有较大的提升空间。今后若干年内可开展的工作有：一是加快奶牛群体的遗传改良，开展奶牛个体生产性能测定（DHI）工作，利用全基因组技术自主培育优秀种公牛，解决我国奶牛良种率低的问题；二是开展奶牛标准化养殖关键饲养管理技术研究，如犊牛目标培育技术、围产期奶牛和高产奶牛饲养管理技术；三是开展奶牛疫病防控与净化关键技术研究，如奶牛布鲁氏菌病、病毒性腹泻（黏膜病）和传染性鼻气管炎等疾病；四是组织有针对性的专场技术培训，如全混合日粮（TMR）使用技术、疫病净化技术、全株玉米青贮制作技术、苜蓿种植与收贮技术及奶牛场节本增效管理技术。

（5）优化奶牛产业发展规划和布局　今后一个时期，要在准确把握市场发展趋势的前提下，以区域资源条件为基础，加快调整乳制品加工区域结构和产品结构，确保乳制品主产区与主销区之间的协调发展；合理利用资源，逐步扭转主产区与主销区分离的现状，形成特色明显、分工合理、优势互补、协调发展的乳制品加工业体系。奶源基地要根据饲草、饲料用粮、奶牛品种进一步合理调整区域布局。乳制品加工企业的布局要与奶源基地的布局相衔接，乳制品加工企业的规模要与奶类生产量相匹配，形成乳制品加工业与奶牛饲养业的紧密有机联系。根据企业的类型，即都市型企业或基地型企业，设计产品结构和类型，减少运输成本。都市型企业的产品结构应以巴氏杀菌乳、乳饮料、冰淇淋等低温产品为主；基地型企业产品结构应以乳粉、干酪、奶油、炼乳、超高温灭菌乳等常温产品为主。按照市场需求和资源优化配置的原则，重点推动东北、华北、西北、南方、大城市等五个乳业重点产区的发展。

六、"十三五"奶业规划的重大建议

（一）重大政策

1. 优化奶牛产业发展规划布局

在准确把握市场发展趋势的前提下，以区域资源条件为基础，加快调整乳制品加工区域结构和产品结构，确保乳制品主产区与主销区之间协调发展，合理利用资源，形成特色明显、分工合理、优势互补、协调发展的乳制品加工业体系。奶源基地根据饲草、饲料、奶牛品种，进一步合理调整区域布局。乳制品加工企业的布局应与奶源基地的布局相衔接，乳制品加工企业的规模要与奶类生产量相匹配，形成乳制品加工业与奶牛饲养业的紧密有机联系。按照市场需求和资源优化配置的原则，重点推动东北、华北、西北、南方、大城市周边等五大重点产区发展。

2. 加快奶牛繁育体系和饲养管理水平提升

一是通过建立高产奶牛核心群，开展奶牛生产性能测定和种公牛遗传评估，加快实行奶牛良种登记、标识管理制。推广人工授精、胚胎移植等繁育技术，不断提高奶牛单产水平，改善生鲜乳质量。二是加强养殖场和养殖小区基础设施建设，粪污处理、疫病防控、饲草料贮存（或青贮）等配套设施建设，全混合日粮（TMR）饲养、挤奶、良种繁育、生鲜乳质量检测等设备配置。三是建立奶牛优质青绿饲料生产基地，示范推广全株玉米青贮，鼓励发展专业性青贮生产经营企业和大户，大力发展苜蓿等高产优质牧草种植，为奶牛养殖提供充足的青绿饲料资源。四是开展奶牛疫病防控与净化关键技术研究，如奶牛布鲁氏菌病、病毒性腹泻（黏膜病）和传染性鼻气管炎等疾病。五是组织有针对性的专场技术培训，如全混合日粮（TMR）使用技术、疫病净化技术、全株玉米青贮制作技术、苜蓿种植与收贮技术及高成本时代奶牛场节本增效管理技术。

3. 强化生鲜乳质量安全监管和奶牛疫病防控

一是推进生鲜乳收购站标准化建设。加大生鲜乳收购站挤奶设备、专用生鲜乳运输车等设施设备的更新改造力度，推进生鲜乳收购站标准化管理。二是完善生鲜乳质量监测体系。加强市、县级检测机构检验检测体系建设，提高检测能力。实施生鲜乳质量安全监测计划，开展质量安全监测和风险评估，严厉打击生鲜乳收购、运输环节的非法添加行为。完善全国生鲜乳收购站监督管理信息系统。三是建立和完善乳制品检验制度、产品质量可追溯及责任追究制度、问题产品召回和退市制度、食品质量安全申诉投诉处理制度。加强乳品质量安全风险评估，完善国家乳品质量安全标准体系。加强乳制品工业企业诚信体系建设。

4. 加强环境生态保护和粪污资源综合利用

一是提高资源利用率，减少废弃物产生量和环境污染。严格执行土地管理制度，推进养殖场（小区）标准化改造，推广清洁养殖模式，推广应用粪便耗氧堆肥和沼气处理等综合利用技术，提高乳制品加工厂和奶源基地废弃物无害化处理和资源化利用率。二是充分考虑环境承载能力。农区充分考虑周边土地消纳能力和粪污处理能力，大力推进农牧结合，确定适当的养殖规模；牧区和半牧区大力推行舍饲、半舍饲圈养，严格实行草畜平衡制度，实现草原生态保护和生产发展相协调。三是加强环境监管。严格执行国家和地方相关环保及清洁生产等法律法规和标准，建立奶业产地环境监测体系，及时监督和跟踪规划实施后的环境效果。

5. 创新培育新型奶业生产组织模式

理顺加工企业、奶牛养殖者等主体的经济利益关系，鼓励和扶持一体化经营的奶牛养殖业专业合作社，推动奶牛产业合作社的经营业务不仅局限于生产环节，更重要的是把经营业务延伸到加工和销售环节，合作社赚取的利润在合作社和奶农之间进行分配。加大机械操作、设备维修、饲料配方、疫病防控等方面实用技术的培训力度，创新培训方式，提高奶牛养殖从业人员的职业技能水平。

（二）重大工程

1. 奶牛良种工程

重点支持奶牛原种场、种公畜站、西部地区扩繁场和精液配送站建设，扶持奶牛遗传资源保护场、保护区和基因库的基础设施建设，支持奶牛新品种（系）选育，建设种奶牛生产性能测定中心和遗传评估中心，进一步增强良种供种能力，强化遗传资源保护利用，推进奶牛优良品种选育，保障我国奶牛良种数量和质量安全。通过项目实施，加快奶牛良种繁育推广，健全国家奶牛遗传资源保护体系，增强奶牛新品种选育培育能力，完善种奶牛生产信息和质量监测体系。

2. 奶牛标准化规模养殖建设工程

继续实施奶牛标准化规模养殖场（小区）建设项目，对优势区域奶牛规模养殖场（小区）基础设施进行标准化建设，重点抓好奶牛圈舍、水电路、奶牛标准养殖档案饲养与环境控制等生产设施设备建设。启动实施草原牧区畜牧业转型升级示范工程，提升草原畜牧业生产水平。通过项目实施，加快提升奶牛养殖标准化、规模化水平，促进畜牧业发展方式转变，保障畜产品有效供给。

3. 生鲜乳质量安全保障工程

按照统一协调、突出重点、各有主攻、优势互补的原则，着力加强饲料质量安全保障能力建设，重点进行饲料安全评价基地、饲料安全检测和饲料安全监督执法等工程项目建设，建立安全评价、检验检测、监督执法三位一体、部省市县职能各有侧重的饲料安全保障体系，基本满足饲料管理部门依法履行饲料质量安全职责、保障动物性食品生产源头安全的需要。大力推进生鲜乳质量安全监管能力建设，重点实施婴幼儿配方乳粉奶源质量安全追溯体系建设工程，对涉及婴幼儿奶粉奶源基地的奶牛场、奶站和运输车进行联网监控，支持建设和完善奶牛识别信息采集平台、生鲜乳收购与运输关联识别采集系统、收购站视频监控系统、运输车 GPS、流量计、传输网络等设施设备，提高生鲜乳质量安全监管能力，保障生鲜乳质量安全。继续加强生鲜乳质量安全监测，健全生鲜乳质量安全检验检测体系，逐年提高检测覆盖范围和频次，确保生鲜乳生产和收购环节质量安全。

4. 优质饲草料保障工程

针对国内优质苜蓿产品生产能力较弱、秸秆资源有效利用率低的现状，继续加大对青贮玉米和苜蓿种植、收获、加工等技术的公关应用，在奶牛主产区和优质饲草料主产区因地制宜发展一批技术成熟、经营能力强的饲草料生产企业，为国内奶牛养殖提供可靠的饲草料供给保障，逐步摆脱对进口优质粗饲料的过度依赖。

5. 奶牛养殖粪污综合处理工程

建议按照《畜禽规模养殖污染防治条例》加大对奶牛粪污无害化处理、粪污资源化利用环节的投入，对已建奶牛场配套建设粪污处理设施给予支持，对新建奶牛场各地环保部门设立前置审批。严格按照环评要求，严格落实粪污处理"三同时"制度，即粪污处理设施与养殖场设计、施工和投入使用同步进行，从源头上规范养殖场粪污处理设施配套建设。

饲料业"十三五"规划战略研究报告

我国饲料工业起步于 20 世纪 70 年代中后期，仅仅经过 10 多年的艰苦创业，就走过了世界上发达国家数十年的发展历程。从 1992 年起饲料产量跃居世界第二位，2011 年起，饲料产量已超过美国位居世界第一位，成为全球饲料工业大国。饲料工业已经成为国民经济中具有举足轻重和不可替代的基础产业，极大地促进了我国农牧业经济的发展。

经过改革开放以来 30 年的发展，我国饲料工业向世人展示出巨大潜力，伴随着经济全球化的深入，我国饲料产业进入了结构优化、质量提高、稳步发展的阶段。饲料行业监管工作全面化、规范化、制度化推进加快，有力保障了饲料工业的健康发展，推动饲料产业进入了依法治饲、依法兴饲的新阶段。系统总结我国"十二五"以来饲料业发展态势、结合我国当前饲料业的机遇与背景，着力解决饲料业发展中亟待解决的问题，力争在"十三五"期间加快推进饲料业健康可持续发展，实现产业发展与社会效益和生态效益的和谐共存。

一、"十二五"以来饲料业取得的重大成绩

"十二五"期间，一系列强农、惠农、富农的政策、具体扶持措施相继出台，为农业生产方式和组织结构方式的转变，为推动以农村为主体、以现代畜牧养殖为基础，以大原料、大生产、大联结为主架构的饲料行业提供了新的发展机会与空间。饲料工业抓住全面建设小康社会和加快推进社会主义新农村建设的战略机遇，努力克服各种不利因素，饲料总产量和

总产值继续稳步增长，产品质量稳步提升，产业集中度不断提高，规模化与标准化水平不断提升，行业的科技贡献率进一步提高，综合生产能力显著增强，饲料工业保持良好的发展势头。饲料工业的发展，为保证动物性食品稳定供应提供了坚实的物质基础，在推动新农村建设、繁荣农村经济、促进农民增收、带动养殖业生产方式转变等方面做出了巨大贡献。

（一）饲料产量保持稳定增长

"十二五"以来，我国饲料工业稳定发展，饲料产量稳步提高，充分满足了我国畜牧业对工业饲料的需求。2014 年，我国饲料总产量为 1.97 亿吨，较 2010 年增长 2.2%。其中，配合饲料和添加剂预混合饲料产量分别为 1.69 亿吨、641 万吨，与 2010 年相比，同比增长 3.0% 和 1.2%；浓缩饲料产量 2 151 万吨，较 2010 年同比下降 2.3%。2014 年，全国 9 省、自治区饲料产量过千万吨，占全国饲料总产量的 63%，包括广东、山东、河南、辽宁、河北、湖南、四川、广西和江苏。

（二）饲料添加剂产业快速发展

"十二五"以来，饲料添加剂朝着低成本、高效率、低污染、无残留的方向发展，产量加速增长，饲料添加剂工业逐步与国际接轨，品种数量和科技含量都出现了新的突破，许多产品进入国际市场，如赖氨酸、维生素、植酸酶产量世界第一；高新技术成为研发的重要手段，植物提取物、益生素、寡聚糖、大豆黄酮、大豆活性肽、乳铁蛋白、卵黄抗体、酶制剂、抗氧化剂、防腐脱霉剂、微生物制剂、天蚕素抗菌肽等兼有安全与高效特点的产品成为主流；在中草药饲料添加剂的开发与使用方面取得了瞩目的成就。

（三）饲料产品质量稳步提升

2013 年饲料质量卫生指标合格率处于较高水平，商品饲料产品合格率为 96%，比 2012 年提高 0.32 个百分点；饲料中禁用物质检出率为 0，没有发现非法使用"瘦肉精"、苏丹红等禁用物质的情况；饲料添加剂使用进一步规范，国产饲料添加剂合格率 97%；抽检进口饲料添加剂合格率 91%，不规范使用添加剂问题得到明显遏制。

（四）饲料工业推动畜牧业发展

"十二五"以来，工业化饲料的使用与良种、防疫和先进养殖技术的有机结合，使我国畜牧业的生产规模不断扩大，综合生产能力稳步提高。2013 年肉类总产量 8 536 万吨，提前完成"十二五"目标。2014 年，全国肉类产量达到 8 600 万吨、禽蛋产量 2 860 万吨，居世界第一位；奶类产量 3 840 万吨，居世界第三位；全国人均肉、蛋、奶占有量分别由 1978 年的 8.9 千克、2.4 千克和 1.0 千克提高到 2014 年的 62.8 千克、20.9 千克和 28.1 千克。我国肉类人均占有量已达到世界平均水平，而蛋类则已达到发达国家平均水平，奶类人均占有量已达到世界平均水平的 1/4。畜产品结构更趋合理，肉类比重从 1978 年的 72.1％下降到 2014 年的 56.2％，而奶类比重从 1978 年的 8.2％提高到 2014 年的 25.1％。畜牧业产值不断提高，2013 年，全国畜牧业产值达 2.8 万亿元，占农业总产值的 35％。

（五）饲料行业的科技贡献率进一步提高

"十二五"以来，科学技术的进步有力地推动了饲料工业的发展。据统计，1978—2014 年 36 年间，新增猪肉产量中，内涵扩大再生产的科技贡献率达 55％，其中动物营养的贡献率占科技贡献率的 50％左右。目前，我国已经颁布实施了瘦肉型猪、肉脂型猪、肉鸡、蛋鸡、奶牛、肉牛、肉羊、水禽等饲养动物的饲养标准；开发了各种优化饲料配方软件；系统评价了大宗能量原料和蛋白质原料的有效能值和可消化氨基酸含量，建立了饲料原料有效成分动态模型，丰富和发展了中国饲料数据库；建立了近红外技术评价原料有效成分的快速检测方法，这些成果支撑了饲料工业发展阶段的技术需求，为行业的创新性驱动发展提供了新的增长点。

（六）饲料工业法制进一步完善

"十二五"以来，国家产业政策和行业发展规划不断完善，进一步促进饲料行业的持续健康发展。随着新修订《条例》及配套规章的陆续实施，饲料企业规范化、标准化管理与运营得到有效加强，全国饲料质量安全状况保持稳定向好的趋势。饲料工业的发展基本适应了国家宏观改革的整体步伐和改革创新发展思路及发展模式，积极响应国家经济改革转型的大环境。

二、国内外饲料工业发展的新特征

2014 年，全球饲料产量排名全球前十的国家为：中国、美国、巴西、墨西哥、印度、西班牙、俄罗斯、日本、德国和法国。其中，我国饲料总产量约 1.97 亿吨，美国约 1.73 亿吨，其余国家的饲料产量则相对较低。2014 年全球饲料总量为 9.8 亿吨。其中，家禽饲料产量最高，约为 4.4 亿吨，占饲料总产量的 46%；其次是猪饲料，2014 年产量为 2.5 亿吨，占全球饲料产量的 27%；2014 年反刍动物饲料产量为 1.9 亿吨，占全球饲料产量的 21%；2014 年水产和宠物饲料产量为 4 100 万吨和 2 200 万吨，占比分别为 4% 和 2%。

（一）国外饲料工业发展新特征

一些发达国家已建立专业化的饲料工业，其中，西欧市场和北美市场的发展较为成熟。发达国家试图从饲料原料的选择、生产，以及食品安全等方面建立健全饲料工业产业链。本部分重点介绍美国、荷兰和日本的饲料工业发展情况，它们目前也是美洲、欧洲及亚洲地区饲料工业发展最具代表性的国家，均已形成本国独具特色的发展模式。

1. 代表性发达国家饲料工业发展概述

（1）美国　美国饲料工业的发展已有 100 多年的历史。19 世纪初，美国在世界上建立了第一个初级形式的配合饲料加工厂。随着动物饲养学、生物化学和分析手段的发展，20 世纪 50 年代后动物饲养标准日趋完善，美国逐渐出现饲料工业和商品饲料。60 年代后期，由于动物营养科学的发展，全价配合饲料、工业合成维生素和合成氨基酸相继问世。饲料加工机械也有了很大发展，相继出现并形成了大规模饲料加工厂，配合饲料工业蓬勃兴起，畜禽饲养业进入了专业化、工厂化饲养阶段。近年来，美国饲料总量增长变慢，饲料工业产品结构调整，产品科技含量加大，饲料生产经营与饲养趋于一体化。同时，政府就饲料加工企业对环境的污染和饲料产品中有害物质的残留量提出了严格的控制标准及处罚办法。

美国饲料工业的特点是饲料企业的总数不断下降，单个饲料生产企业的规模不断扩大，这种情况下饲料企业的利润主要来自规模效益。排名美国前10位的饲料企业实际饲料总产量及其生产能力占美国总的饲料产量的比重很大。产业链联合企业生产的饲料产量逐年增加，商业性饲料的产量逐年下降。目前，美国专门生产商业性饲料的企业正在积极地与畜牧企业、食品企业等进行合资重组，以提高自身的竞争实力。

美国饲料产品生产线的生产管理、产品包装完全由计算机控制，自动化程度很高。在全价饲料生产过程中，生产工艺是由计算机识别安全控制加料，严格把关预混料的加工工序。美国饲料生产企业的生产原料品种很全，预混料的生产大多在一个集团集中生产、分散供应的。饲料企业基本都有自己的科研机构，在为客户做技术服务保障工作的同时，研究新产品开发与转化或作一部分基础研究。这些确保了饲料产品的质量，进一步推动本国饲料工业的发展。

（2）荷兰　据荷兰饲料工业协会统计，2010年荷兰配合饲料总产量为1 360万吨。其中，占总产量近60%的配合饲料是由荷兰的5家大型饲料厂所生产，而这5家饲料厂仅仅只占荷兰本土饲料厂总数的7%。由于荷兰其他小型饲料厂的产量相对较低，在未来的几年内，整个荷兰的饲料生产仍旧集中在这几个大型饲料厂。

荷兰畜牧业尤其是养猪业发达，这和其成熟的饲料工业是分不开的。荷兰饲料业从1950年开始发展，到2007年已达到饲料年产量1 370万吨。荷兰的畜牧业和饲料业充分结合，大型饲料公司基本覆盖了畜禽养殖、肉类及水产品加工、饲料加工生产等各个环节，系统地解决了饲养、饲料、畜产品收购和加工等各个环节的生产技术和经营问题。

荷兰于1992年开始采用适合于动物饲料部门的GMP规定，以满足高质量动物生产链的要求，积极关注饲料及动物产品质量。荷兰饲料部门利用整体链控制规则，要求饲料部门对饲料中使用成分的安全性提供严格的安全保证，从源头上保证质量安全。在饲料方面，把动物和公众健康及一定程度的环境保护，作为饲料法规的主要目标；对饲料原料、复合饲料、用于特定营养目标的饲料以及饲料添加剂的授权、销售和标识进行管理，对动物饲料生产企业实施审批和注册管理。

荷兰饲料工业的竞争依靠两大支柱取得效益，第一是靠近主要港口从全世界取得饲料原料，其次是利用荷兰多样化食品加工工业的副产品。许多其他行业如加工马铃薯、玉米和甜菜产生的廉价副产品用来取代饲料中的谷物和油粕。荷兰饲料公司由于国内竞争激烈，促进了其向国外发展，饲料出口数量显著，在 1993 年出口 9.8 万吨，2000 年之前几年每年出口约 100 万吨，大部分出口到德国、比利时和英国。

（3）日本　20 世纪 60 日本从年代起，开始大力推广配合饲料，广泛使用矿物质、维生素等各类添加剂，使畜产品生产效率大幅提高。目前，日本饲料工业以大中型企业为主，已形成比较完整的工业体系。从饲料工业布局来看，其主要原料谷物依靠进口，所以 70％以上的饲料生产能力分布在沿海港口地区。日本南部港口及沿海地区不仅有利于进口原料的接收和就地建厂生产饲料，更因其气候温暖适宜，有利于畜禽生长，生产成本低、效益高，故畜牧生产相对集中在该地区。

日本不仅有比较发达的配合饲料加工工业，饲用抗生素、氨基酸等添加剂生产也较为发达。另外，饲料加工机械制造业发展也较为成熟，可提供完整的工艺、建筑设计和成套的饲料机器设备。科研服务也较为完善，其中包括全农饲料畜产中央研究所、科学饲料研究所等国家或企业科研机构，它们为饲料工业的发展提供技术咨询服务，提供基础理论和生产开发方面的研究成果。

2. 发达国家饲料工业发展经验

美国、日本和荷兰等国饲料产业的历史经验表明，无论是在高度规模化还是在适度规模化的市场环境中，产业链一体化经营的企业可以获得良好成长。饲料业受到来自于上游原材料市场价格波动的压力，下游包括直接消费其产品的养殖业、畜禽屠宰业和水产品初加工业，以及肉食品加工产业和肉食品流通及销售产业等。由于产能相对过剩，从事饲料生产和销售的企业除了在管理中对成本进行有效控制外，产业一体化的内在需求也非常突出。凭借产品技术和营销服务的差异化优势，通过有效抢占竞争对手的市场份额而实现持续成长。

（二）国内饲料工业发展新特征

中国饲料工业起步于 1980 年，饲料总产量在 2011 年首次超越美国，成为第一大饲料产销国，约占全球份额的 24.6％，已经成为全球饲料市场增长的主要引擎。在过去的 10 年里，全球饲料产量的年均复合增速为 1.6%，其中美国、欧盟和日本的增速分别仅有 0.8%、1.4% 和 0.1%，我国增速为 8.4%，增长贡献份额最大。我国饲料工业伴随改革开放和国民经济发展而崛起，在促进养殖业和农业农村经济持续健康发展、推进农业产业化经营、增加农民收入等方面发挥了重要作用。

1. 饲料总产量持续稳步增长，阶段性过剩、结构性调整

我国饲料工业的发展由数量扩张、快速发展，转向优化结构、稳步提高，所有制构成向多元化发展，企业组织向大型化、集中化方向发展，产品向名品化、系列化方向发展，产品结构也在调整。这些变化趋势，随着市场化程度的提高、竞争的加剧而日趋明显。2010 年中国饲料业总产量为 1.56 亿吨，2002—2010 年我国饲料总产量年均复合增速为 8.2%，依然处于稳中求进的发展阶段。

2. 产品类型结构的进一步变化

我国配合饲料在各类饲料产品中占据绝对的主导地位，浓缩饲料和预混饲料的产量占比相对较小。2003—2013 年，我国配合饲料产量占比呈现逐年提高的态势，而浓缩饲料和预混饲料产量占比逐年下降。随着畜禽养殖规模化、标准化、集约化加速发展，饲料原料供应约束趋紧，市场波动频繁加剧，配合饲料成为我国饲料工业的主要增长点。另外，猪饲料占饲料产品的比例呈现持续增长的趋势（表 1 和表 2）。

表 1　各类型工业饲料产品占总饲料产量的比例（%）

年份	2003	2008	2011	2013
配合饲料	73.8	77.5	82.6	84.3
浓缩饲料	22.5	18.5	14.1	12.4
添加剂预混料	3.7	4.0	3.4	3.3

表 2　各种畜禽饲料产品占总饲料产量的比例（%）

年份	2003	2006	2008	2010	2012	2013
猪饲料	33.0	35.4	33.5	36.7	39.7	43.4
蛋禽饲料	27.0	18.6	19.5	18.6	16.6	15.7

（续）

年份	2003	2006	2008	2010	2012	2013
肉禽饲料	27.0	30.2	30.2	29.2	28.4	25.5
水产饲料	9.0	9.8	9.9	9.3	9.7	9.6
反刍饲料	3.0	4.1	4.0	4.5	4.0	4.1
其他	1.0	1.9	1.9	1.7	1.6	1.4

3. 饲料行业发展集中度提高，区域分布特点明显

私营和股份制饲料企业是中国饲料企业的主体。2013 年，中国私营饲料/饲料添加剂/饲料原料企业数量为 8 122 个，股份制饲料/饲料添加剂/饲料原料企业数量为 5 897 个，其他国营、集体、外资和港澳台饲料企业约占中国饲料行业企业数量的 9%。

我国饲料产业发展呈现东部、中部和西部梯次发展的格局。2013 年，东部地区（北京、天津、河北、辽宁、上海、江苏、浙江、福建、山东、广东、海南）饲料总产量为 9 943 万吨占全国饲料总产量的 51.4%；中部地区（湖北、湖南、江西、河南、安徽、山西、吉林、黑龙江）饲料总产量为 5 582 万吨，占全国饲料总产量的 28.9%；西部地区（重庆、四川、贵州、云南、陕西、甘肃、宁夏、青海、内蒙古、广西、新疆）饲料总产量为 3 816 万吨，占全国饲料总产量的 19.7%。随着畜牧业和饲料工业的发展，东部、中部地区对西部地区的辐射将日趋明显，可以预见，在未来 20 年西部地区的养殖潜力将不断得到挖掘。

4. 饲料工业快速发展与原料供应趋紧矛盾日益凸显

2013 年，中国工业饲料消费大宗原料共计 1.87 亿吨。其中，玉米 9 725 万吨、小麦 2 220 万吨、豆粕 3 466 万吨。2013 年，中国进口玉米 326 万吨，2005 年以前我国玉米进口量几乎为零。大豆进口约 6 337 万吨，较 2012 年同比增长 8.5%，进口量是国内产量的 5 倍。2013 年中国 DDGS 进口量为 400 万吨，较 2012 年同比增长 68%。饲料原料资源的供需矛盾日益加剧，给饲料企业的经营带来较大的成本压力，并制约着我国饲料工业的可持续发展。

5. 饲料行业法制日臻完善

国务院常务会议通过了《饲料和饲料添加剂管理条例》的修订，完善

了对饲料行业管理的法律框架。配合新修订《条例》的颁布,农业部先后出台了《饲料和饲料添加剂生产许可管理办法》《饲料添加剂和添加剂预混合饲料产品批准文号管理办法》《新饲料和新饲料添加剂管理办法》《进口饲料和饲料添加剂登记管理办法》,制定发布了《饲料原料目录》《饲料生产企业许可条件》和《混合型饲料添加剂生产企业许可条件》,饲料法律法规更加完善。

国家相继制定和修订了包括《饲料卫生标准》《饲料标签标准》《饲料工业术语》等基础性标准和饲料产品、饲料原料、饲料添加剂、饲料机械的质量技术和饲料检测方法标准等。目前,我国初步形成了以《饲料和饲料添加剂管理条例》为核心,相关管理规定和规范性文件为辅助,地方性管理规定为补充三位一体的较为完善的饲料行政法规体系。这也意味着,我国饲料行业法制化管理进入新的历史阶段,对推动行业规范化发展将起到至关重要的作用。

三、当前我国饲料业面临的挑战和机遇

我国饲料行业发展的特点是国内外经济形势变化、养殖业结构调整和饲料产业自身发展规律的客观反映。主要趋势表现为:商品饲料产量快速增长,配合饲料比重进一步提高;饲料原料价格波动上行、供应趋紧;大型企业持续扩张,中型企业加快发展,小企业逐步退出;饲料企业向养殖加工延伸、产业化发展趋势明显。这种趋势将在很长一段时间内主导我国饲料行业的发展。饲料行业要以转变发展方式为主线,以推动企业做大做强为核心,加强监督管理,强化科技支撑,完善扶持政策,构建优质、安全、高效、规范的现代饲料产业体系。

(一)机遇

我国正处在新型工业化、信息化、城镇化、农业现代化同步发展的关键时期。党的十八大报告中再次强调"三农"为重中之重的战略思想和农业现代化的战略部署。一系列强农、惠农、富农的政策、具体扶持措施相继出台,为农业生产方式和组织结构方式的改变和整合,为推动以农村为主体、以现代畜牧养殖为基础,以大原料、大生产、大联结为主架构的饲料行业发展提供了发展机会与空间。国民经济总量增长、人均收入增加、人口增长和城镇化发展等因素综合推动下，畜禽水产品需求将继续保持刚性增长，对饲料需求量将保持较高增长水平。我国饲料行业迎来了行业跨越式发展的双重历史性机遇。

（二）挑战

1. 饲料原料资源紧张

我国饲料原料市场已经逐步与国际接轨，饲料原料价格居高不下，直接推动饲料产品进入高成本时代。由于粮食供需平衡的脆弱，导致饲料原料供应紧张，尤其是蛋白质饲料资源严重依赖进口。大宗饲料原料对国际原料市场的高依赖性制约着饲料工业的快速发展。由于饲料行业下游是养殖业，成本的增加直接会拉升畜禽产品的市场价格，而畜禽产品价格变动关系到广大民众的生活。

2. 饲料资源开发研究滞后

我国饲料行业也面临发展速度较快，相应基础性研究与资源开发利用相对滞后的矛盾。行业管理方式粗放，人才培养机制落后，技术创新水平滞后，这些都亟待转型升级。过去饲料企业主要以"玉米—豆粕—鱼粉"型为主体配方技术来设计产品，这些原料资源的不足，已经制约了我国饲料工业的发展。拓宽原料资源，利用非常规饲料资源，如大麦、木薯、苜蓿等，不断创新饲料原料的安全评价技术，持续提高饲料生产技术和设备能力，建立具有中国特色的饲养体系刻不容缓。此外，推动企业间的联合创新和技术研发，促进产业结构调整、产能调整与价值提升，不断改革运营模式、提升管理水平，积极参与全球竞争等，也给我国饲料企业提出了新的挑战。

3. 饲料工业造成的环境污染不容忽视

畜牧业的 COD 排放量为 1 268 万吨，占农业排放总量的 95％、占全国 COD 排放总量的 42％，超过工业污染，畜禽养殖排泄物和废弃物的环境污染问题已成为影响我国生态环境安全的重要因素。畜禽养殖排泄物主要来自饲料。由于饲料中氮的利用率约为 75％，而磷的利用率仅 35％左右，因此，大量未被畜禽利用的氮、磷随粪尿排出，加之高铜、高锌在日粮中的使用，对大气、水体和土壤环境造成了严重的污染，对人体健康构成了巨大的威胁。

4. 饲料安全问题依然严峻

"十二五"以来，在我国政府强有力的监管下，瘦肉精、三聚氰胺等非法添加物的使用得到了有效控制。但饲料中抗生素促生长剂的过度使用和滥用问题依然严峻。据统计，目前饲料抗生素促生长剂用量已占抗生素总产量的 50％以上。每年饲用抗生素消耗量达 10 万余吨。持续低水平饲喂抗生素导致细菌产生耐药性、畜产品药物残留、过敏中毒反应，以及"三致"作用等危害日益明显。欧盟、日本、韩国等已分别于 2006 年、2008 年禁止在饲料中使用抗生素促生长剂，美国 FDA 于 2014 年建议不在饲料中使用抗生素促生长剂，2017 年开始禁用。找寻适宜的抗生素替代物，减少饲料行业抗生素过量使用已成为我国目前最大的动物性食品安全问题。

5. 饲料行业的国际竞争加剧

国内饲料加工业在经历了十多年的快速发展之后，竞争不断加剧，产品同质化、低利化时代到来，饲料行业的暴利时代已经终结。与美国联合、荷兰泰高等国外大型企业相比，国内饲料企业在组织规模、科技含量、营销管理、产品开发等方面都存在很大差距。随着饲料加工业总体规模的继续增长和市场集中程度的提高，部分规模小、设备差、技术和管理落后的企业将在竞争中消失，而具有规模、品牌、科技优势，符合未来饲料产品健康和环保要求的饲料加工企业，将在发展壮大中取得参与全球化竞争的能力。

四、加快饲料业发展亟须建立的新理念

（一）市场决定资源配置，政府监管质量安全

饲料工业发展需要长期坚持市场化运行机制，形成以市场为导向、政府协调服务的方式，营造公平公正的市场条件，形成良性的市场竞争格局，使一批企业能够把握市场动态，得到快速发展，实现市场主体的多元与管理机构的统一相结合。

政府更多承担服务职能，通过法制维护公平的市场环境，建立以《条例》为核心、配套制度和规范性文件为基础的饲料法制体系。实施监督与

自律相结合，保障产品的质量安全，严格控制行业准入门槛，完善生产经营制度，加强监管工作，组织实施饲料产品监督抽查和打击瘦肉精等专项整治工作，促进饲料企业加强质量管理、杜绝违禁药品的使用，推动跨地区联动监督。实施饲料安全管理规范，引导饲料企业采用现代质量管理的理念，指导饲料企业完善质量控制体系。

（二）坚持科技支撑驱动饲料工业发展

国家持续加大科技投入，依靠科技创新，驱动饲料工业的可持续发展。积极培养饲料科技人才，培养、造就一批素质高的科技队伍，健全饲料科技推广、服务体系与科研成果转化机制。完善饲料基础数据库、饲料资源产业化开发与安全高效利用、新型饲料添加剂研发与应用等领域，加大国际先进技术引进力度，加快推进核心技术自主创新。支持饲料企业建立企业技术研发中心，引导饲料企业增加研发投入，增强技术创新能力。推进饲料基础数据和基本技术共享，培育行业科技成果转化中介组织，鼓励饲料企业与科研院所、大专院校产学研合作，提高科技成果转化率。

（三）延伸饲料产业链，提高行业集中度

探索中国饲料工业的发展模式，推动提高行业集中度，鼓励饲料企业以资本和技术为纽带，采取兼并重组、合资合作多种形式进行整合。支持饲料企业向饲料原料生产、畜牧养殖、畜产品加工等领域延伸产业链，努力实现供销一体化，提高行业抗风险能力，重视产品质量提升，实现规模与内涵协同发展。一批大中型饲料企业开始了产业化经营，走上了饲料加工、畜禽养殖、屠宰加工一体化的道路，取得了显著的成效。

（四）统筹资源环境条件，推进行业安全、环保可持续发展

坚持以科学发展观统筹饲料行业发展，坚持提升与发展并重的方针，稳定和完善有关法律法规及相关经济政策；依靠科技进步和科技创新，推行科技促进型、资源节约型和环境友好型的饲料可持续发展模式，推进饲料高新技术产业发展；进一步深化企业改革，推进一体化进程，均衡利益结构；全面提高饲料产业经营水平，降低产品成本；调整产业结构，优化饲料区域布局，持续稳定提高工业饲料产量，推进以适度规模养殖与集约

化养殖相结合的养殖业协调稳定发展；加快建设符合国情的安全优质高效的饲料生产体系，加快饲料标准制定，强化饲料质量监测、监督和安全预警能力，走确保饲料质量安全和稳定提高数量的可持续发展道路。

推进饲料行业安全、环保可持续发展，采用营养调控技术，优化饲料配方，降低日粮蛋白水平；积极推广减少氮、磷排放的高新技术；开发降低氨气、甲烷等有害气体和重金属排放的新型饲料添加剂和饲养技术；运用系统工程方法组织和指导饲料工业生产，大力发展循环饲料业，促进节能减排，打造"种植—养殖—加工—综合利用"的产业链条。

五、"十三五"饲料业发展的总体框架

(一)总体目标

全面贯彻落实党的十八届三中全会关于全面深化农村改革、加快推进农业现代化的部署安排，顺应"四化同步"加快发展的大趋势，创新机制，突出重点，强化质量效益、市场经济和可持续发展的理念，完善扶持政策保障体系，统筹资源条件特点，推进产业布局调整，着力推进饲料业转型升级，稳定市场供给保障能力。

(二)基本原则

1. 坚持市场为导向，加快产业结构调整

坚持市场化运行机制，形成以市场为导向的经营管理制度，营造公平公正的市场条件，形成良性的市场竞争格局，使一批企业能够把握市场动态，得到快速发展，实现市场主体的多元与管理机构的统一相结合。坚持市场主导地位，调整产业结构，建立资源的投入产出机制，对各种生产要素进行最佳资源配置。在社会主义市场经济条件下，要在继续发挥政府服务职能的基础上，由过去的政府主导为主逐渐转向以市场需求导向为主。政府强化服务意识，将职能转变到为产业发展提供信息服务，因地制宜，围绕调整饲料产业结构和建立现代化饲料工业，引导适度竞争，推广行业科技，进一步规范市场秩序，引导资源和要素合理流动。建立适应市场经济规律的饲料生产体系，实现生产结构的合理化，通过规模化、科技化推动行业发展，强化市场作用，健全市场流通体系。

2. 转变发展方式，坚持可持续发展

探索中国饲料工业的发展模式，推动提高行业集中度，鼓励饲料企业以资本和技术为纽带，采取兼并重组、合资合作多种形式进行整合。支持饲料企业向饲料原料生产、畜牧养殖、畜产品加工等领域延伸产业链，努力实现供销一体化，提高行业抗风险能力，重视产品质量提升，实现规模与内涵协同发展。一批大中型饲料企业开始了产业化经营，走上了饲料加工、畜禽养殖、屠宰加工一体化的道路，取得了显著的成效。支持饲料生产企业建立技术研发中心，参与国家重大科技项目，提高自主创新能力。支持饲料行业技术改造，采用先进的生产设备与工艺，降低加工损耗，提高加工效率。鼓励饲料生产企业推进"厂场对接"销售模式，推广配合饲料散装运输和储存利用，降低包装和销售中间环节的费用，走循环经济发展道路。

坚持饲料工业可持续发展，加强环保饲料添加剂和抗生素替代品的研制，包括抗菌肽、酶制剂、中草药促生长剂、寡糖、益生素、有机微量元素等。研究设计环保饲料配方，控制臭味及氮、磷的污染，提高饲料消化率，减少养分损失。加强环保法规建设，健全饲料质量监测体系，满足绿色饲料业发展的要求。

3. 推动饲料产业一体化，保障畜产品安全

支持国内饲料企业通过自建、兼并、收购、合营等途径，增加饲料生产基地，进一步壮大产业规模，获得规模经济效应。支持饲料业产业链整合中实现原料到饲料及养殖的纵向发展，大幅降低集团运营成本，扩大市场份额，取得更大的市场竞争优势，连接下游生产链，从源头保障畜产品安全。

饲料工业依托于种植业，服务于养殖业，立足于饲料加工业，止于终端食品零售业，具有相对独立产业的基本特征。饲料产业链就是以饲料加工为中心，将原料采购、动物种苗供应、养殖组织、兽医服务、屠宰加工、食品销售等环节的产业联结和产业承接，将相关单一环节的市场风险进行转移和嫁接，达到随着市场变化进行有效自我调控的目标，同时发挥各个环节的产能与需求，使大型企业具备一条龙全产业化运作的综合能力，充分积聚并发挥资金、技术、管理方面的优势，实现对饲料行业企业的引领和示范作用，淘汰落后产能，实现饲料企业的科学化、现代化发展。

（三）重点任务

1. 推动科技进步

进一步加强对饲料科技工作的组织领导。认真组织开展"十三五"饲料科技战略研究和部署，着重强化国家级、省级和企业协调机制，在优化科技创新环境、深化产学研结合、完善创新体系、发挥科技支撑作用等方面开展广泛的合作与互动，共同推进饲料科技工作发展。加强体制机制创新，在重大项目和重点领域实现科技创新。切实加强对饲料科技重大技术产品、重大自主技术的联合研发，在饲料资源开发、添加剂核心技术研究、饲养标准化基础数据等方面尽快攻克一批重大关键技术，获得一批重大科技成果，带动我国饲料科技核心竞争力的提高，推动企业技术研发和产业化能力有效提高。

提升农业科技在政府财政投资序列中的地位和投资结构中的份额，完善科技投入机制，增加科技投入。鼓励与引导更多的饲料企业从事饲料科技研发活动。加强饲料科研单位与主管部门的沟通与协调，整合科研单位科技研发资源，提高科研投入的产出效率。健全饲料科技推广服务体系与科研成果转化机制，提升科研成果转化效率。加强动物营养需要研究与饲料营养价值评定工作，建立与完善饲料标准、饲料原料数据库和饲养标准；研究饲料原料加工新工艺、新设备及新技术，不断提高动物的饲料利用率。

2. 维护饲料质量安全

组织实施全国饲料质量安全监测计划，逐步增加监测指标，提高监测频次，根据预警监测结果动态调整监测指标。加强饲料生产、经营和使用环节的日常监管，严肃查处各种违法违规行为。建立违法违规的饲料生产、经营企业"黑名单"制度，实施重点监管。推进畜牧兽医综合执法，完善跨省信息通报和联动执法工作机制。

对饲料原料和饲料产品质量安全进行风险评估，发布评估信息，引导生产和市场是实现饲料质量安全管理的基本要求。继续稳步实施饲料质量安全工程，加强饲料质量安全检验监测体系和机构建设，更新、改进检测仪器设备，提高检验监测能力和水平。建立和完善饲料有毒有害物质的检测技术，研究其在畜禽体内的代谢和迁移规律，确定有毒有害物质的限量水平；开发饲料生物效价评定的成套技术；以国家饲料质量监测中心和国家生物安全与效价评定中心为龙头，部、省级监测中心和评定中心为骨干，地市县饲料监测站为网点，形成全国完善的饲料质量与安全保障网络。推行 HACCP 管理体系，建立饲料安全预警系统，改善饲料监测机构的基础设施条件，提高饲料监测体系的整体水平。

3. 积极开发饲料资源

（1）积极开发利用我国能量饲料资源　积极开发利用我国能量饲料资源，大力开发替代玉米等优质能量饲料原料的技术，减少对玉米的依赖；大力开发收获玉米加工新技术；有效利用我国南方大量的稻谷资源；优化利用我国糠麸、糟渣和薯类资源。

（2）提高我国蛋白饲料资源的利用效率　大力开发替代豆粕、鱼粉等优质饲料原料的替代品；通过制油工艺技术改造提高棉、菜籽粕饲用效价，大力开发利用适用的无鱼粉低豆粕日粮配制技术，减少鱼粉及豆粕等优质蛋白源的进口；采取经济有效的物理、化学及生物高新技术，开发利用各种低质蛋白饲料资源；大力开发新型蛋白质资源，安全高效利用我国动物性蛋白质饲料资源，有效利用高蛋白质含量的食品、轻工下脚料。

4. 完善饲料产业政策、维护公平环境

加大对饲料业的资金投入力度，同时加大原料粮收储的信贷扶持，建立和保障饲料原料的流通机制，确保饲料的正常流通；建立期货、陈化粮处理市场准入机制；完善饲料管理法规和安全监管制度；稳定饲料执法队伍，加大对假冒伪劣饲料的打击力度，保障饲料市场的公平有序竞争。加快饲料企业的规范管理和产品质量安全方面的法律法规与相关管理制度的修订和完善。从企业自身来讲，应加快企业标准的制订和修订，使之高于国家规定的质量标准要求，并从原料、生产、产品质量控制等多个方面加大安检力度，为饲料企业规范化发展提供指导与保障。

5. 实施生态环保战略

开发安全、环保、无公害的新型饲料添加剂。采用营养调控技术，优化饲料配方，降低日粮蛋白水平；推广减少氮、磷排放的高新技术；开发降低氨气、甲烷等有害气体和重金属排放的新型饲料添加剂和饲养技术；

运用系统工程方法来组织和指导饲料工业生产，大力发展循环饲料业，促进节能减排，打造"种植—养殖—加工—综合利用"的产业链条；制定相关法规，加强质量检测和环境监督。采用技术和政策双管齐下的措施，减少石粉、磷酸氢钙、铜、锌等矿物元素的使用，降低饲料矿物质和重金属对环境的污染。

六、"十三五"饲料业规划的重大建议

（一）加强体系建设，为饲料安全管理奠定制度基础

完善饲料安全法律法规体系，进一步修改、起草有关饲料、饲料添加剂的配套法规和管理办法；完善生产记录、饲料添加剂使用规范和质量安全追溯等监管制度，为依法查处违禁药品提供法律依据；建立我国饲料安全标准体系和质量标准，理顺饲料标准制定程序；加快完善饲料监测体系，建立饲料安全信息网络，完善饲料业信息采集和发布程序，逐步把饲料监测机构建设成产品质量检测评价中心、市场信息发布中心、技术咨询服务中心和专业人才培训中心；实施饲料安全战略，改善饲料监测机构的基础设施条件，提高饲料监测体系的检测水平。重点扶持一批骨干科研机构，建立饲料安全评价基地，为饲料安全提供技术支持。

整合畜牧业生产资料和畜产品质量检测机构，加大投入力度，建立统一的畜产品安全检测体系，强化畜产品安全检测，加强对农村基层技术推广和服务体系的扶持。认真总结各地乡镇基层畜牧兽医队伍机制创新的经验，指导乡镇畜牧兽医站改革和创新；落实各项对在县以下基层单位和边远贫困地区工作的技术人员的鼓励政策；加强对基层技术人员的知识和技能培训；加强人才培养，提高从业人员素质。政府技术推广部门要做好社会效益显著的公益性关键技术的推广和示范合作；鼓励协会、企业、学校、科研单位及个人，采取多种形式，开展技术推广和咨询服务。

（二）重视政策扶持工作，改善外部环境

政府放宽约束，实施积极的扶持政策，为产业发展创造良好的外部环境。在相关积极政策的影响下，饲料产业取得了较快发展，涌现出了一批

综合实力较强的企业，大大促进了饲料产业的市场整合，提高了饲料市场的运行效率。进一步推进我国饲料产业的持续发展，国家应鼓励饲料龙头企业与养殖企业之间联合发展，或是出台有力的措施推动中小饲料企业之间的合作，为饲料市场整合创造良好的环境和条件。

（三）健全饲料安全监督体系，提高饲料市场准入门槛

通过多种途径、多种方式，广泛宣传饲料安全法规、安全饲料及相关产品的选购和使用常识，为社会监督提供便捷的渠道和必要的手段，向社会各界征询饲料安全问题的线索，增强服务意识，与社会各界的咨询和建议良性互动，制定相应的激励措施，对提供重要线索和建议的人员给予表彰或奖励。

逐步提高饲料市场准入门槛，加强行业监管。认真贯彻执行《饲料和饲料添加剂管理条例》，切实履行饲料管理和监督的职责。加强对进口饲料、饲料添加剂的检验检疫．严密监控动物性饲料、转基因饲料产品的质量安全和流向，消除各种隐患，确保饲料产品的质量安全。坚决查处在饲料生产、经营和使用中添加禁用药品的行为。对于生产不合格饲料产品和安全隐患多的企业，要停产整改，跟踪监测。对于违法使用禁用药品和发生重大质量安全事故的饲料企业，要取消其生产和经营资格，依法追究法律责任。

（四）完善产业结构，促进饲料业可持续发展

深化饲料企业改革，强化科学管理，建立、健全企业内部管理制度；应积极鼓励和引导饲料生产企业构建稳定的营销网络，积极扶持发展饲料产品连锁、配送等现代流通方式，通过销售和技术服务的紧密结合，完善饲料营销人员职业资格证书制度；鼓励企业把生产、加工、销售等环节连成一体。

饲料工业发展重点向西部倾斜，鼓励东部发达省份的企业到西部投资建厂，在建设用地、税收、信贷和道路交通运输业等方面给予投资企业优惠政策，全面提高西部地区产业化经营水平，带动西部地区经济走上快车道；合理布局养殖结构，将东部发达省份的养殖业分流到西部省、自治区，减轻过剩的养殖业压力，推动西部地区饲料工业发展，促进地区间经

济的平衡发展；正确处理生态环境与人类和谐共处的关系，要创建环境美好型和资源节约型社会，合理规划和调整畜禽养殖结构，促进我国养殖业和饲料工业协调与可持续发展。

（五）走"科技兴饲"之路，积极参与国际竞争

目前我国饲料行业的配方技术结构仍以玉米—豆粕型为主，但是豆粕、玉米等大宗原料对外依存度越来越高，受国际市场影响愈来愈大。因此，如何突破现有的配方技术，开发新的原料和替代品，不断强化饲料质量安全评价，成为增强企业综合实力，提高竞争力的重要挑战。要加强新型饲料品种的研发，提高优质饲料的供应能力。在全球化的大背景下，饲料企业要积极"走出去"，参与国际竞争，充分利用国内外资源，突破原有的市场和地域空间限制，整合国内国际两个市场，实现多元化发展。

持续加大科技投入，依靠科技创新，驱动饲料工业的可持续发展，积极培养饲料科技人才，培养、造就一批素质高的科技队伍，健全饲料科技推广，服务体系与科研成果转化机制；完善饲料基础数据库、饲料资源产业化开发与安全高效利用、新型饲料添加剂研发与应用、饲料安全评价、检测技术与质量安全预警等科技计划的重点支持领域；加大国际先进技术引进力度，加快推进核心技术自主创新；支持饲料企业建立企业技术研发中心，引导饲料企业增加研发投入，增强技术创新能力；推进饲料基础数据和基本技术共享，培育行业科技成果转化中介组织，鼓励饲料企业与科研院所、大专院校产学研合作，提高科技成果转化率。

（六）充分发挥行业协会作用

建立健全各级饲料行业协会，充分发挥行业协会的桥梁作用，加强饲料普法宣传，提升从业人员素质，推进行业自律和诚信体系建设，强化饲料企业社会责任意识；积极开展行业指导，组织实施品牌战略，引导企业整合融合，推动企业做大做强，促进行业和谐发展；组织多领域、多层次的交流与合作，帮助企业拓展国内外市场；维护饲料企业和行业的合法权益，维护公平、公正、公开、有序的市场秩序。

毛绒羊产业"十三五"规划研究报告

毛绒羊产业是现代农业产业体系的重要组成部分，在我国畜牧业中占有重要的地位。大力发展现代毛绒羊产业，对促进产业结构优化升级，转变生产经营模式，加强优良遗传资源的保护、开发和利用，缓解绒毛市场供需矛盾，提高国产绒毛产品的市场份额，推动产业区域经济发展和边疆农牧区社会稳定及长治久安有重要意义。

"十一五"以来，在国家相关政策扶持和重大项目资金的支持下，我国毛绒羊产业快速发展，标准化、规模化、组织化程度逐渐提高，绒毛特产品产量和品质不断增加，通过实施毛绒羊产业链建设工程，形成了从研发到示范应用、从生产到加工流通等上下游有机衔接的产业链运行机制。对解决我国毛绒羊产业发展中的制约因素，提升我国养羊业的科技创新能力和产业化生产水平，增加毛绒羊养殖效益，增强我国毛绒羊产业国际竞争力起到了推动作用。

"十三五"，我国毛绒羊产业将进入重要战略机遇期，实际生产中会出现许多新情况、新形势、新问题，为进一步推进毛绒羊产业结构调整和饲养方式转变，全面实现毛绒羊标准化规模养殖，从2020年全面建成小康社会的大局出发，毛绒羊产业将以前期重要科技成果为依托，把握产业面临的挑战和机遇、借鉴国外毛绒羊产业发展的新特征，全面贯彻落实党的十八届三中全会关于全面深化农村改革、加快推进农业现代化的部署安排，顺应"四化同步"加快发展的大趋势，在大力推进毛绒羊产业科技自主创新的同时，更加注重成果转化和示范应用，做到"两手抓、两促进"，着力推进毛绒羊产业健康可持续发展进程，力争实现毛绒羊产业快速转型升级。

一、"十一五"以来毛绒羊产业取得的重大成效

"十一五"以来,毛绒羊养殖在畜牧业中的地位逐步加强,综合生产能力持续提升,产业结构和饲养方式得到了优化调整,毛绒特产品质量稳步提升,饲草料供给和草畜平衡日趋科学合理,产业链建设工程稳步推进,总体上产业保持了可持续健康发展的势头。

(一)生产取得长足进步

"十一五"以来,我国毛绒羊产业综合生产能力不断增强,有效缓解了国内市场对毛绒羊特产品的需求。2006—2013 年,我国羊毛、羊绒产量总体呈增长趋势,但增长幅度逐步缩减。2010 年以来我国羊毛产量一直保持明显增长态势,2010—2013 年年均增长 2.05%,2014 年国产细羊毛保持在 12 万吨左右。2007 年我国羊绒产量达到历史最高,为 1.85 万吨,是 2000 年羊绒产量的 1.67 倍;2008 年以来,羊绒产量基本呈小幅增长的特点,2008—2013 年年均增长 1.04%,2014 年国产羊绒产量在 1.5 万吨左右,占全球山羊绒产量的 70% 以上。

(二)产业地位继续巩固提升

自 20 世纪 90 年代中期开始,随着人们日益增长的物质需求和纺织工艺技术的提高,羊毛羊绒作为纯天然纺织纤维原料越来越受到现代消费者的青睐,国内外毛纺产品也向轻薄、柔软、挺括、高档方向发展,致使原料市场对细型和超细型毛绒的需求量快速增加。

"十一五"以来,我国毛绒羊产业综合生产能力不断增强,先后培育出了晋岚绒山羊和苏博美利奴羊等多个新品种(系),建立了良种繁育体系;随着养殖专业合作社、养殖小区及标准化示范场的创建和兴起,提高了产业标准化规模饲养管理技术水平和应用空间;鉴于粮食安全和人畜争粮的现实问题,秸秆饲料调制及羊全混合日粮(TMR)饲喂技术的开发,为实现我国羊规模化和产业化养殖提供了技术支撑。并且,随着产业链建设工程稳步推进,构筑了一条从饲养管理到加工流通有机衔接产业上下游

供需矛盾的良性循环模式，初步实现了"优质优价"和"优质优用"的生产目标，产业的产—销—加工的规模化、标准化、组织化程度不断加强。

（三）生态建设成效逐步显现

长期以来，我国畜禽养殖业以追求数量为主，养殖模式呈现"高投入、高消耗、高排放"特征，养殖方式粗放、资源利用率不高的问题日益突出，特别是养殖造成的草原植被破坏或污染已成为影响我国生态环境建设的重要因素。

"十一五"以来，随着国家草原生态保护补助奖励政策的实施，农牧区禁牧、休牧、轮牧措施逐步落实，虽然农牧民可以用来放牧的草场面积逐步减少，特别是个体散养户饲养成本随之增加。但是，产业主产区通过加强天然草场的保护、改良与合理利用，人工草地的建设与管理，饲草料的多样化科学调配利用，提高了粗饲料质量的消化利用，以粗代精，尽力减少精饲料用量，实行低碳、无污染的毛绒羊繁育配套技术，增强了产品的卫生安全指标、降低了生产成本的投资，最大限度地提高了毛绒羊养殖者的经济效益和地域生态效益，保护了天然草原生态的可持续发展。

（四）成功经验奠定发展基础

"十一五"以来，毛绒羊产业以"保供给、保安全、保生态"为目标，坚持国家政策扶持，充分发挥市场在资源配置中的决定性作用，促进了产业稳定发展。随着产业结构调整和生产方式的转变，标准化规模养殖模式的示范和推广，促进了毛绒羊生产主体增收。在实际生产中，现代繁育技术、营养调控技术、疫病防治（控）技术、毛绒后整理技术等生产配套技术的集成示范和创新，推动了产业新品种培育，提高了生产效率，提升了毛绒特产品的综合品质，增加了毛绒羊的养殖效益。

二、国内外毛绒羊产业发展的新特征

把握国内外毛绒羊产业发展的新特征，了解产业发展的国际与国内趋势，有利于前瞻性思考我国毛绒羊产业发展的问题和方向。

（一）国外毛绒羊产业发展的新特征

除中国外，世界毛绒羊的主产国中澳大利亚以细毛羊为主，新西兰以半细毛羊为主，俄罗斯、伊朗、蒙古、阿富汗、印度、巴基斯坦等国以绒山羊为主，各国在毛绒羊产业发展上均有不同的特征和模式。

1. 主产国毛绒羊产业发展概况

（1）细毛羊 澳大利亚是世界上公认的细毛羊养殖业发达国家，作为岛国其具有发展养羊业得天独厚的自然生态条件和品种资源。其养羊密集地区地势平坦、草原辽阔、地下水资源丰富、气候条件适宜，全国无野生食肉动物，因而羊一年四季可露天在草原上进行分区围栏放牧，节省了劳力；加之拥有美利奴羊等高性能的细毛羊品种，形成了世界上独树一帜的细毛羊发展风格，处于世界领先地位。特别是澳大利亚被誉为"骑在羊背上的国家"，是世界细羊毛生产的核心国家，羊毛出口量占世界羊毛出口总量的70%，出口的对象国主要是亚洲的中国（占72%）、日本等。中国是澳大利亚、新西兰羊毛的最大消费国，年进口量在30万～35万吨。中澳中新自由贸易协定（Free Trade Agreement，简称FTA）的签署，羊毛等畜产品进入中国将享受零关税，将更通畅地进入中国市场，会对我国羊毛等畜产品生产带来更大的影响。

进入21世纪以来，澳大利亚细毛羊存栏有所下降，但羊毛的品质在不断提升，细毛羊向细型和超细型发展，虽然近二十年来羊毛总体需求量下降，但市场对66支以上的高支毛的需求剧增，价格也远高于一般羊毛；从1990年起，澳大利亚加大对细毛羊毛纤维细度的育种和改良工作，到20世纪末，羊毛纤维直径在22微米以下的占总产量的60%，19微米以下的占20%，其中90支以上的超细毛也占到一定比例，超细羊毛价格高出普通羊毛4～5倍。虽然澳大利亚羊毛总产量持续下降，但19微米以下的超细毛产量却不断上升。

（2）半细毛羊 新西兰是世界上重要的半细毛羊生产国，从20世纪80年代以来，其绵羊数量降低了一半以上，至2010年新西兰绵羊存栏数下降了52.7%、乌拉圭下降了61.5%、阿根廷下降了51.5%。由于半细羊毛的特性决定了其用途更加广泛，半细毛羊的毛肉双重生产价值也越来越重要。这使得半细毛羊产业逐渐止住了衰退趋势，产业发展趋于稳定。

2010—2014 年，世界主要的半细毛羊生产国半细毛羊存栏数均趋于稳定，在此期间，新西兰的绵羊存栏下降了 8%，阿根廷绵羊存栏数下降了 13%，而乌拉圭的绵羊存栏数上升了 30%。从羊毛生产消费来看，半细羊毛的生产与消费正接近平衡，但是，随着世界半细毛羊生产逐步由毛用向肉毛兼用方向的发展，半细毛羊的数量逐渐稳定，在个别国家还逐渐增长。

（3）绒山羊　目前，世界上饲养绒山羊的国家主要有中国、俄罗斯、伊朗、蒙古、阿富汗、印度、巴基斯坦及土耳其。澳大利亚、新西兰、英国等一些传统的羊毛生产国也开始发展绒山羊业。世界绒山羊多分布在气候干燥的高原地区或山区，对恶劣的自然环境有较强的适应性，其中以山地阿尔泰绒山羊和顿河绒山羊的产绒量最高，但主要是产黑绒，其他品种中绒色也以黑色为主，其次为紫色绒，白色绒所占的比重较小，产绒量也高低不等，而中国山羊绒和蒙古国山羊绒均为品质较好的优质绒。全世界山羊绒的产量在 2 万吨左右，中国是主要的山羊绒生产国，原绒产量和贸易量均占世界的 50% 左右。国外一些国家充分利用现有草场资源建立优质山羊绒生产体系，已建成羊绒生产数据库，近年主要注重绒山羊遗传、绒山羊生物学、羊绒质量评价方法、繁殖生物技术、绒山羊营养和生产体系等方面的工作。

山羊绒作为我国唯一出口世界市场的畜产品，多年来一直供不应求，是各国竞相争购的抢手货，羊绒产量远远满足不了国际市场的需求。多年来，我国的羊绒及制品主要出口欧洲、美国、日本及东南亚国家，约占同类产品的 80% 以上。

2. 主产国毛绒羊产业发展新特征

通过对世界细毛羊、半细毛羊、绒山羊主产国产业发展概况的分析，可系统梳理出毛绒羊主产国发展的新特征。

（1）生产集约化、专业化程度提高　从 20 世纪 90 年代起，由于羊毛市场价格偏低，加之澳大利亚连年干旱，细毛羊业遇到极大困难。在此情况下澳大利亚细毛羊生产逐渐转向集约化。例如，墨尔本澳大利亚纱力超细精毛有限公司所属的博拉毕斯农场，以生产萨克逊美利奴羊毛为主，这种羊毛的特点之一是细度直径在 15 微米左右。只有在特定控制的环境中，采用严格规范的饲养流程才能生产出这种羊毛。羊需要长年饲养在恒温棚舍内，穿着特制的羊衣，以减少灰尘对纤维的污染，才能达到特定标准。采用药物脱毛方法，每只羊产量在 2.5kg 左右。羊毛细度 12～15 微米，长度 7.0 厘米，平均净毛率 80％以上，每只羊饲养成本 80 美元左右，在拍卖市场每千克羊毛拍卖价可达 80～800 美元。

羊毛生产环节中，羊毛分级有着严格的标准，在澳大利亚羊毛协会和羊毛检测中心对羊毛分选有严格的规定。不同质量的羊毛价格相差很大。羊毛初级分选直接影响牧场主的经济效益。一般来说，初级分选没有仪器操作，全凭经验和眼力确定细度、长度、强度等指标，还要分出污染毛、草棘毛、边坎毛、油染毛和正身毛。在同质毛中还要根据细度、长度及强度进行分级整理，最后交给打包员分别打包。

（2）社会化联合育种体系比较完善　澳大利亚政府非常重视细毛羊育种工作，细毛羊生产采取社会化联合育种。这种联合育种有国际间研究机构的合作，也有国内不同性质单位的协作。国际间成立了由 12 个国家参加的美利奴羊联合育种协会。国内合作包涵了整个与细羊毛有关的部门，有科研单位、服务公司、毛纺企业、牧场、大学、中介组织、质量检测机构等，这些单位互通有无、信息共享、育种素材共用。当前的育种方向是提高羊毛细度和增强羊的抗病力。育种方法已发展到遗传基因育种，选留具有超细型和抗病能力强的基因的羊，已取得很大进展。已经启动的细毛羊 CRC 项目为 T13 计划，目的是选育出羊毛纤维直径在 13 微米左右，但长度和强度、体重和毛产量都不显著降低的超细型细毛羊。

（3）毛绒后整理系统化、规范化程度较高　澳大利亚从政府、科研单位、羊毛分级公司、羊毛商标公司到销售公司，均全方位地为羊毛生产者提供服务。服务内容包括良种引进纯繁、品种选育、疾病防治、检疫监测及其产品保鲜供应等方面，多数牧场主还与科研单位建立良种改良等契约关系，科研单位定期对牧场的羊进行生产性能测定，对结果进行分析后提出措施建议。

羊毛分级公司和商标公司从剪毛到羊毛销售为牧场主提供专业的毛绒后整理服务。每年剪羊毛时，由为拍卖市场提供羊毛测定指标的测定中心派羊毛分级员到剪毛现场进行羊毛分级，牧场主以此为依据进行出售。澳大利亚羊毛 90％出口，都要通过拍卖售出。拍卖市场有足够大的仓库，羊毛拍卖前要进入拍卖市场仓库，由权威羊毛测定中心随机抽样进行羊毛各项指标的测定，为拍卖市场提供羊毛指标数据。通过一系列完善的服务，优质羊毛源源不断地进入国际市场。

（4）科技支撑和生产自动化程度提高　随着经济和社会文化的发展，农业劳动力转移是一个世界性的趋势，国外毛绒羊主产国养殖不断向机械化和自动化方向发展。如新西兰利用 RFID（Radio Frequency Idenfication，RFID）技术实现对被识别物体的自动识别，作为一种记录系统，可以节省大量的人力物力，随时记录各种数据、特别是绵羊的生长发育数据，可以及时地追踪疾病的发生并进行控制。另外，生物剪毛技术是采用一种天然蛋白质使绵羊脱毛的新技术，绵羊注射该蛋白后羊毛纤维基部直径逐渐变细，以至于轻微的外力就可以使羊毛脱落。

（5）动物福利战略逐渐推行　欧盟委员会发布了一个欧盟动物福利战略（2012—2015 年），以提高农场福利条件。该战略包括：在欧盟建立通用的原则，简化规则，提高监督能力；提高饲养员和兽医人员的素质；建立国际间合作；提高消费者知情权等。在欧、美市场对绵羊饲养过程中传统的"羔羊割尾"提出强烈反对与抵制，要求销售的羊毛制品必须提供"动物无痛断尾"处理证书。

（6）毛绒羊产业发展新模式　针对目前国际绒毛消费高端市场的新趋势，绒毛加工产品转向功能性、高档化方向发展，对绒毛原料的细度、长度、强度、色泽等指标要求越来越高。新西兰羊毛产业新技术多集中在羊毛抗皱缩性能研究，提高羊毛耐磨性、强度，改善羊毛的光泽度，以及建立新西兰羊毛产品的可追溯系统、羊毛制品回收等羊毛制品质量控制方面。

在欧美市场，世界绿色环保组织发起绒毛生产原产地绿色证书；在绒毛加工过程中，不得使用对人体有害的化学品，如洗涤、染色、后整理等工序必须符合欧盟产品的安全环保标准。而加拿大正在探索建立"碳交易市场"的管理模式。

（二）国内毛绒羊产业发展的新特征

毛绒羊产业是我国畜牧养殖业的重要组成部分，毛绒羊产业的发展，不仅关系到我国毛绒羊养殖地区的经济发展和社会稳定，而且关系到我国毛纺工业的发展。目前，毛绒羊养殖规模不断扩大，现代化水平不断提高，产业进入了加速转型和升级阶段。

1. 标准化规模养殖进程加快

在我国毛绒羊产业发展过程中，产业集聚、政策扶持和经济效益驱动促使毛绒羊个体散户养殖逐步退出，部分地区已经开始有序推动毛绒羊草原畜牧业示范户、规模养殖小区（场）、标准化示范场等建设活动，并取得一定成效。2014年中央明确提出鼓励发展专业合作、股份合作等多种形式的农民合作社，允许财政补助形成的资产转交合作社持有和管护。随着中央政策的实施和各地政府扶持力度的加大，毛绒羊产业的规模化和集约化程度将逐步提高。

2. 毛绒羊存栏稳中有升

2014年，细毛羊能繁母羊、良种公羊、育成羊和羔羊存栏数量均上升，再加上国家及细羊毛主产区地方政府不断加大对细毛羊产业的扶持力度，细毛羊养殖户期待政策加码，养殖积极性提高。半细毛羊受传统养殖习惯和毛肉兼用效益的趋势存栏量持续小幅上升。绒山羊因部分养殖户减少、转产、草原生态保护政策等因素使养殖规模萎缩，但受羊肉价格高位运行、地方政府扶持政策到位等因素影响，养殖数量稳中有升。

3. 多用途兼用型品种成为热宠

国内羊毛市场高品质羊毛仍然短缺，特别是细支毛市场需求持续上升。同时，毛肉价格倒挂持续扩大，养殖户对毛绒羊的肉用性能更加重视。在毛绒羊良种繁育方面，培育和推广超细型、多胎型、毛（绒）肉兼用型等毛绒羊品种，既能满足市场对优质绒毛的需求，又能从根本上改变饲养毛绒羊养殖效益低的局面。多用途兼用型品种的培育和推广将进一步提高。

4. 社会化服务体系快速发展

由于受传统粗放饲养方式的影响，我国绒毛交易市场发展相对滞后。仅有少部分农牧户通过合作社、加工企业或到集市上销售绒毛，大部分仍然难以实现统一的机械化剪毛、标准化分级、打包，集中批量销售，多以个体商贩上门收购为主。由于个体商贩的人员、数量不固定，其行为亦带有较强的不确定性，尚未形成相对稳定的绒毛流通渠道，一旦毛纺加工需求减少，个体商贩数量就会随之锐减，容易造成绒毛销售困难。目前绒毛交易过程中多采用污毛（绒）计价，"压级压价""混等混级"交易现象普遍，使农牧民经济效益严重受损。

目前产业的专业合作社、机械剪绒队、改良配种服务等技术方面的社会化服务形式正在产业发展中发挥重要作用。未来毛绒羊产业将在信息服务、流通服务、金融服务、法律服务等方面继续推进。

5. 毛绒特产品价格持续小幅下跌

从绒毛需求来看，国内信贷紧缩，毛纺加工企业信贷融资难度大，生产成本上涨的压力会抑制企业的毛绒加工需求量。受替代品价格影响，纺织服装中绒毛所占比例可能下降。同时，我国经济增速有所放缓，对绒毛产品的消费上涨空间有限。从绒毛供给来看，相对于疲软的市场需求而言，澳大利亚羊毛产能依旧相对过剩；2014 年中国与澳大利亚实质性结束自贸协定谈判，中国对澳大利亚羊毛开放度会大大增加，可以预见未来几年澳大利亚对中国出口羊毛、毛条数量将进一步上升，这必然会挤压中国羊毛产业的生存空间。绒山羊主产区养殖规模受自然环境和发展条件制约，存栏数量较难增加，再加上养殖户受利益驱动杂交导致羊绒细度整体有变粗趋势。毛绒价格将持续小幅下跌。

三、当前我国毛绒羊产业面临的挑战和机遇

"十三五"期间，我国毛绒羊产业发展将进入转型升级的关键时期，同时也是矛盾集中和多发的重要时节，随着毛绒羊养殖门槛的不断提高，产业结构和生产模式急需调整和转变；推动毛绒羊产业健康可持续发展，事关国内羊肉消费的有效供给及质量安全、毛绒产品的供给及国际竞争力、生态文明建设，以及边疆少数民族地区广大农牧民经济来源和社会稳定，可以说机遇和挑战并存。

（一）挑战

目前，我国毛绒羊产业面临因用工贵和饲料成本贵而养殖成本增加的问题；面临因舍饲和规模化而带来的高投入问题；面临生产周期长、效率低和澳毛等进口毛绒的冲击而必须提高毛绒质量的问题；面临因口蹄疫和小反刍兽疫等恶性传染病暴发增加养殖风险的问题；面临养殖业机械化程度低、从业人员素质不高，以及相关科学技术相对落后而导致的生产效率

低的问题;还面临养殖用地、圈舍、活畜禽等无法抵押向金融机构贷款难的问题。

1. 养殖成本上升与养殖收益相对较低的问题

近年来,毛绒羊养殖成本逐渐加大,养殖企业利润空间受到严重挤压。一是受全国城镇化加快推进的影响,规模养殖场大面积租赁土地的难度加大,且土地租赁价格不断攀升。二是由于畜禽养殖又脏又累,从业人员地位不高,同等甚至更高工资条件下,年轻人愿意外出打工,劳动力缺乏导致雇工成本增加。三是家庭牧场固定资产投资投入越来越大,如在鄂托克旗,农牧民家庭固定资产投资一般在 20 万元左右,其中圈舍费用就在 15 万元以上,农用车购置费 0.6 万~1.0 万元,铡草机和饲料粉碎机支出单价基本在 500~6 000 元。四是近年来加工饲料、玉米、苜蓿等饲草料价格持续攀升,使得毛绒羊养殖饲草料成本进一步增加,如 2014 年鄂托克旗玉米和苜蓿价格分别较 2013 年上涨了 5.88% 和 6.91%。

据 2014 年毛绒羊主产区调研显示,细毛羊、半细毛羊和绒山羊养殖总成本分别为每只 392.91 元、603.20 元和 616.89 元。而养殖纯收益分别为每只 151.34 元、217.30 元和 322.55 元;若将家庭用工计入总成本,2014 年细毛羊、半细毛羊和绒山羊的纯收益分别为每只 77.76 元、134.22 元和 226.29 元。毛绒羊养殖收益是保证农牧民扩大养殖规模、增强养殖可持续性的重要因素,而目前我国毛绒羊养殖成本增加、收益相对较低。

2. 舍饲和规模化养殖带来高投入的问题

随着国家生态保护政策的落实和毛绒羊养殖方式由传统放牧向半舍饲、全舍饲形式的转变及推广,毛绒羊养殖成本也从"低投入、低成本"向"高投入、高成本"转变。一方面农牧区禁牧、休牧、轮牧措施逐步落实,农牧民可以用来放牧的草场面积逐步减少,饲养方式开始由传统放牧向半舍饲、全舍饲养殖转变,特别是个体散养户饲养投入随之增加。另一方面随着用工成本高、雇工难逼迫养殖场(户)改进养殖技术和管理,提高精细化自动化生产管理水平,客观上形成了技术准入门槛。第三近年一些工商资本纷纷跻身畜禽养殖业,大兴建场,客观上形成了规模养殖的资金准入门槛。从未来发展趋势看,规模养殖对资金和技术的要求将越来越高。

3. 生产周期长效率低和进口毛绒的冲击均将长期存在

毛绒羊生产周期长、效率低的问题将长期存在。同时受进口毛绒的影响，提高国产毛绒的生产效率和品质是产业发展的突出问题。一方面随着人们日益增长的物质需求和纺织工艺技术的提高，羊毛羊绒作为纯天然纺织纤维原料越来越受到现代消费者的青睐，国内外毛纺产品也向轻薄、柔软、挺括、高档方向发展，致使原料市场对高品质毛绒的需求量快速增加。另一方面2014年中国与澳大利亚实质性结束自贸协定谈判，中国对澳大利亚羊毛开放度会大大增加，可以预见未来几年澳大利亚对中国出口羊毛、毛条数量将进一步上升，这必然会挤压中国羊毛产业的生存空间。绒山羊主产区受自然环境和发展条件制约，存栏数量较难增加，再加上养殖户受利益驱动进行杂交导致羊绒细度整体有变粗趋势的问题突显。

4. 生产保障体系不健全，抵御风险能力较弱

毛绒羊产业始终面临着市场、自然灾害的双重风险。一是毛绒羊生产者多为边疆少数民族地区的低收入群体，抵御自然风险的能力差。尤其是在遇到天旱、雨雪等自然灾害时，毛绒羊采食不到足够的营养物质，容易造成减产甚至死亡。二是如口蹄疫和小反刍兽疫等恶性传染病暴发将增加养殖风险。三是市场风险较大，尽管我国羊毛、羊绒的供需缺口较大，但国产羊毛、羊绒的价格并未因此走高，这可能与国产羊毛的质量较低、绒毛流通市场秩序相对混乱等有关。四是我国毛绒羊无论是生产环节，还在是产品销售及加工环节，产前、产中、产后保障体系均不健全，抵御风险能力有待提高。

5. 养殖机械化程度低、从业人员素质不高

毛绒羊养殖业机械化程度低、从业人员素质不高，以及相关科学技术相对落后而导致生产效率不高。一方面由于毛绒羊养殖多半以放牧为主，其基础设施差，抗御自然灾害的能力低，养殖方式粗放，偏远山区补饲条件仍不健全。另一方面大部分羊场地处偏僻，工资待遇低，工作生活条件艰苦，许多畜牧兽医专业毕业的大学生不愿去基层羊场就业，生产一线的技术人员已经出现结构断层，严重影响产业的发展。

6. 融资难、贷款难限制产业的发展

养殖用地、圈舍、活畜禽等无法抵押，向金融机构贷款难。一方面，虽然部分地区通过采取成立担保公司等手段来帮助解决贷款难的问题，但从总体上看远远不能满足需求，同时融资成本也有所提升。另一方面，由于养殖用地不属于建设用地，地上建筑物没有永久性产权，无法质押贷款，目前融资贷款主要是通过将非农部门的资产作为抵押获得。同时畜禽养殖业融资成本居高不下，融资利息成本超过 20%，严重束缚了产业发展。

（二）机遇

虽然我国毛绒羊产业面临种种困难，但这也是加速我国毛绒羊产业规模化、产业化、良种化和科学化的内在动力。此外，我国政府高度重视草食家畜的发展，于十八大后明确提出重点发展草食家畜，这也是加速我国毛绒羊产业规模化、产业化、良种化和科学化，最终实现现代化的外在助力。

1. 科技创新与技术应用保障毛绒羊产业向现代化方向发展

科技创新与技术应用对于我国毛绒羊生产起着基础性的支撑作用。目前，我国毛绒羊遗传育种、疾病防控、营养与饲料及环境控制等技术领域加速创新，技术示范和推广体系不断完善，配套技术应用较为普遍。

（1）遗传育种领域　国家十分重视国内自主品种的培育和持续发展。以毛绒羊为例，"十二五"期间，国家实施"全国绒毛用羊遗传改良计划"，将绒毛用羊种业作为基础性、战略性产业予以重点支持，并明确了总体目标，力争到 2020 年使 19 微米以下的超细型细羊毛产量达到我国绵羊毛产量的 15%；绒山羊良种比例提高到 60% 左右，个体平均产绒量达到 350 克，羊绒细度控制在 15 微米左右；主产区纯种半细毛羊存栏数量达 1 000 万只，个体平均产毛量提高 0.5 千克，主产区半细毛产量达到 3 万吨，显现绒用羊业可持续发展、农牧民增收的良好格局。根据气候条件、自然资源条件，在核定草场载畜量的情况下，合理布局，增加细毛羊养殖数量，稳定半细毛羊生产，控制绒山羊的数量，提高山羊绒质量及绒山羊个体单产。

（2）疾病防控领域　我国在疫病病原学等研究方面投入较多，疫病研究中进展较快的是适合大批量、低成本检测的血清学和分子生物学诊断等方法。疫苗研究趋向于安全性、高效性为主的新型基因工程疫苗、标记疫苗及多价疫苗。按照我国《中长期动物疫病防治规划》规定，我国重大动物疾病防控从有效控制的目标正向有效控制和消灭并重转变；从国内动物疾病防控为主向国内、国际动物疾病防控并重转变，兽医工作也从疾病防控向疫病防控和动物产品安全监管并重转变。

（3）营养与饲料领域　鉴于目前粮食安全和人畜争粮的现实问题，开发秸秆饲料调制及羊全混合日粮（TMR）饲喂技术，为实现我国羊规模化和产业化养殖提供技术依据。同时开展了非常规饲料营养价值评定，以及饲料原料营养价值和利用率的研究，为制定我国羊饲料原料数据库提供了大量的基础数据。

（4）环境控制领域　环境控制新设备或新技术不断出现，与之相关的科技创新力量也在不断加强，为环境控制提供了良好的发展基础。在研究方面，新投资的规模场（户）及企业，对场址选择、圈舍类型、新型建筑材料应用等方面，都采用了新理念、新技术。例如，羊场优化布局、防潮高架羊床、机械化粪便清理、保温防寒建筑材料的应用等。但与欧美部分地区集约化羊舍相比，一体化舍饲环境调控系统，如舍内温湿度、光照、气体、供水系统和废弃物处理等的调控将成为下一阶段的研究重点。

2. 市场需求旺盛为毛绒羊产业稳步发展创造空间

我国是羊毛和羊绒生产大国与进口大国，同时还是羊毛制品和羊绒制品的消费大国与出口大国，毛绒羊产业发展仍具空间。此外，我国羊肉产量的70%来自毛绒羊，且羊肉品质好，市场上优质毛绒羊肉供不应求，为我国毛绒羊养殖提供了巨大发展空间。

3. 新型经营主体制度推动适度规模养殖

随着工业化和城镇化的快速发展，农村大量劳动力进城务工经商，既对传统畜禽养殖业的生产经营方式造成巨大冲击，又为提高毛绒羊养殖集中度提供了发展空间。2013年中央"一号文件"明确提出创建新型农业经营形式，比如家庭农场、联户经营、养殖大户等，国家及各级政府陆续增加对这方面的推行和优惠政策的支持，这对于毛绒羊养殖来讲是一个非常好的发展机遇。随着专业合作社、家庭农场及股份制经营实体不断涌现和蓬勃发展，经营水平也不断提高。所以，毛绒羊养殖业多元主体、规模经营的产业结构正初步形成，为下一步全面转型升级奠定了扎实基础。

四、加快毛绒羊产业发展亟须建立新理念

（一）内涵增长理念

我国毛绒羊生产长期以传统的粗放式经营为主，随着资源要素稀缺和生态环境压力凸显，要求生产方式发生转变。由数量增长型向质量效益型转变，最终形成内涵式增长是今后毛绒羊生产的主要增长模式，将不断推进毛绒羊生产的现代化进程。以内涵增长理念为指导促进毛绒羊生产就要把毛绒羊产业发展纳入提质增效的轨道。

1. 提质

主要是坚持"产"和"管"两手硬。一方面，毛绒羊生产经营主体要落实主体责任，推进毛绒羊标准化生产，积极促进畜禽良种化、养殖设施化、生产规范化、防疫制度化和粪污无害化建设，不断提升生产环节绒毛质量水平；另一方面，毛绒羊生产监管主体要健全绒毛质量监督管理体系，修订与国际接轨的绒毛分类分级国家标准和技术规范，积极推广绒毛的公正性检验，完善绒毛售前检验制度，规范绒毛检验部门出具的检验证书，提升交易环节绒毛质量管理控制水平。

2. 增效

主要是向规模化、产业化、良种化、科学化、分级化要效益。①坚定不移地发展毛绒羊标准化规模养殖，结合自然禀赋、比较收益、经济水平、政府政策等因素培育一批适度规模经营的毛绒羊养殖场（户）和小区，并进一步发展壮大毛绒羊龙头企业，鼓励自建毛绒羊生产基地，通过规模经济实现毛绒羊养殖效益提升；②坚定不移地推进绒毛全产业链建设，引导和鼓励绒毛产业链各环节有机融合，积极培育新型绒毛经营主体，推动产、加、销一体化发展，促进养殖、加工、流通等各环节利益合理分配，降低农牧户养殖风险并提高养殖环节利润；③集中力量加强毛绒羊品种选育和改良工作，充分利用人工授精、胚胎移植等现代科技手段改良毛绒羊，注重对地方优良毛绒羊品种保护，建立良种繁育基地，加强对良种繁育基地核心群养殖场（户）的管理，促进绒毛羊生产主体加快良种引进、优化畜群结构；④加快毛绒羊养殖科技进步，围绕饲料配比、疫病防治等关键技术组织企业与院校、科研院所开展联合攻关，推动科技成果

转化，大力推广饲草料精细加工、精准配方和自动化饲喂等适用技术，强化口蹄疫、小反刍兽疫、羊痘、布鲁氏菌病等为主的疫病防控，控制毛绒羊及绒毛产品流通环节的疫病传播；⑤推广绒毛分级销售制度，逐步建立绒毛交易"优质优价"的销售机制，协调毛纺加工企业与绒毛生产主体之间的利益关系，实现"等级差价"收购，促进毛绒羊生产主体增收。

（二）政府扶持与市场配置相结合理念

日益激烈的国际市场环境及国内资源约束进一步压缩中国毛绒羊产业的生存空间，将政府扶持与市场配置相结合，充分发挥优势互补的协同效应，将成为毛绒羊产业持续健康发展的必然选择。

1. 优化政府扶持政策

以"保供给、保安全、保生态"为目标，实施有效行业管理和服务。①建立健全毛绒羊产业在技术研发、养殖与生产管理、绒毛质量管理、草原生态保护、市场流通及对外贸易等领域的法律法规和各项支持保护制度，为毛绒羊产业发展提供有力保障；②积极推动毛绒羊产业链延伸，从养殖、生产、流通、加工各环节构建完整的政策支持体系，继续实施毛绒羊良种保护与补贴、畜牧养殖机械购置补贴、标准化规模养殖奖励、草原生态保护补助、动物防疫补贴、绒毛进口配额及出口退税等普惠性政策，推动能繁母羊良种补贴、绒毛差价补贴政策、专项技术补贴等新扶持政策的试点改革，有针对性地向毛绒羊优良品种、经营主体及主产区倾斜；③强化绒毛质量监督管理，切实履行法定职能，推进绒毛质量公证检验，对经质量公证检验的绒毛实施监督抽验，规范绒毛纤维流通秩序。

2. 充分发挥市场在资源配置中的决定性作用

主要包括：①坚持市场定价和宏观调控相结合，综合运用市场杠杆、储备吞吐、进出口调节等方式稳定毛绒羊产品市场供需平衡；②强化金融机构服务"三农"职责，培育发展农村合作金融，创新毛绒羊产业贷款担保机制，形成多元融资投入格局，加大毛绒羊产业保险支持力度，在主产区积极推进特色优势品种政策性保险，积极探索多种形式的互助合作保险，加快建立大灾风险分散机制；③建立健全毛绒羊产品信息网络服务、市场价格和贸易动态监测预警，及时发布权威价格指数和贸易规模，促进产业稳定发展。

（三）社会化服务理念

随着毛绒羊产业规模化、标准化、产业化的逐步深入，条块分割的产业服务模式成为该产业持续健康发展的主要障碍，可从社会化服务主体培育、公益性服务体系、信贷投资、绒毛收购与流通等方面着手，建立和完善主体多元、形式多样、竞争充分的毛绒羊社会化服务体系。①加强对毛绒羊产业主体的引导、扶持和服务，发挥毛绒羊专业合作社在标准化生产、市场议价、抵御风险等方面的优势，加强龙头企业在养殖、加工等环节的带动作用，探索"新型经营主体＋农牧户"的养殖模式。②健全动物疾病防控、良种繁育、饲草料供应及信息服务等毛绒羊产业社会公益性服务体系，通过政府购买服务等方式，支持具有资质的经营性服务组织从事绒毛羊产业的公益性服务，建立和完善人工授精站、良种繁育基地及商品场标准化圈舍改造，推进毛绒羊良种繁育体系建设；发展饲草料加工企业，构建饲草料生产供应体系；建立市场信息部门，掌握市场动态和发展趋势。③加强信贷支持，调动社会广泛参与，鼓励多元主体的融资性担保公司，为毛绒羊产业养殖大户、家庭牧场、专业合作社及龙头企业等新型经营主体提供贷款担保服务。④加快建立健全绒毛收购与流通领域的社会化服务，在绒毛主产区培育和规范绒毛收购经纪人队伍，积极推行工牧直交和牧工商联营方式，配套建立辐射性强的专业批发市场，疏通绒毛流通渠道，推动毛绒羊产销对接。

（四）可持续发展理念

在资源约束日益严峻、全球经济一体化不断深化的形势下，我国毛绒羊产业走可持续发展道路已是必然选择。坚持可持续发展理念，推动毛绒羊产业从传统生产方式向生态协调生产方式转变，加快实现毛绒羊产业发展与生态环境保护、社会经济发展相协调。毛绒羊产业发展必须践行可持续发展理念。

1. 统筹资源环境条件，科学合理布局绒毛生产

根据不同地区的自然生态条件、环境承载能力和毛绒羊生长特征，以及市场对绒毛原料的需求情况，并结合毛绒羊产业发展可能方向，按照"突出区域特色，发挥比较优势，促进产业集聚，提高竞争能力"的原则,因地制宜合理规划毛绒羊生产布局,科学构建绒毛品种优势产业带。

2. 坚持农牧种养结合思路,改"靠天养畜"为"建设养羊"

主要包括:①积极推进毛绒羊标准化生产,提高毛绒羊生产的基础设施等硬件水平,加强标准化毛绒羊生产技术指导,提升毛绒羊经营主体的管理水平,鼓励有条件的农牧户创建标准化示范场,积极发挥标准化示范场户的模范带动作用;②积极开发农副作物秸秆、草山草坡和林间草场等饲草料资源,鼓励种植优质牧草和建立稳产高产的人工草料基地,逐步建立与养殖规模相适应的科学饲草供应体系,减轻对草原资源的过度依赖,提高毛绒羊产业稳定的饲草料资源供给;③积极做好草场建设和保护工作,建立科学的草场管理机制,严格贯彻落实草畜平衡、禁牧、休牧和轮牧政策,加大对草场生态环境的治理和保养,大力推广人工种草、飞播等技术,科学高效推进草场持续建设。

3. 加快引导产业化经营模式创新,建立健全现代绒毛流通体系

一方面,充分发挥市场导向作用,探索建立科学合理的全产业链利益联结机制,引导形成"龙头企业带动、合作社和养殖场(户)参与"的产业化三元经营主流模式,推动毛绒羊生产的科技成果扩散、生态环境优化、农牧民参与聚合和农牧民收入增加;另一方面,加快推进现代绒毛流通体系建设,因地制宜建立收贮中心、交易市场等绒毛流通市场,逐步推进工牧直交、羊毛拍卖、远期电子交易等绒毛交易方式,尽量减少绒毛流通中间环节,疏通流通渠道,推动绒毛产销对接。

五、"十三五"毛绒羊产业发展的总体框架

(一)总体目标

"十三五"期间,我国毛绒羊产业将全面贯彻落实党的十八届三中全会关于全面深化农村改革、加快推进农业现代化的部署安排,顺应"四化同步"加快发展的大趋势,通过强化毛绒羊资源保护和良种化,加快推进标准化规模养殖进程,突出毛绒羊产业科技创新,增强产业自身发展能力,完善毛绒羊产业扶持政策保障体系,统筹资源条件特点,推进产业布局调整,着力推进畜牧业转型升级,稳定市场供给保障能力,使毛绒羊产

业强起来、草原生态好起来、农牧民富起来，建立起人、畜、自然和谐的良性生态系统，推动毛绒羊产业走向持续、健康、文明的发展道路。

（二）基本原则

未来我国毛绒羊产业发展的基本原则是推进标准化规模养殖模式发展，注重资源利用与环境保护，引导毛绒羊产业向产业循环方向发展，走可持续发展之路。

1. 坚持质量和效益并重

以市场为导向，坚持质量和效益并重。一方面从源头狠抓饲养管理，落实经营主体的责任，提高规模场户负责人自身业务能力和素质，加强生产实用技术的培训力度和辐射面，提高基层农技人员业务技能，建立健全毛绒生产、流通监管体系，完善毛绒售前质检机制，不断提升毛绒生产环节、交易环节的质量控制和水平。另一方面向规模化、产业化、良种化、科学化要效益，走标准化规模养殖的道路，加强舍饲、半舍饲养羊关键技术的研发和示范，大力开展优良品种的扩繁和推广；加强羊穿衣技术、机械剪毛（绒）、毛绒后整理技术的培训和推广，提高产品的质量；推动全产业链建设工程，建立生产—流通—加工上下游产业链有机结合的运行模式，通过工牧直交拓展融资渠道，吸引国内外大型企业集团、民间资本和工商资本参与毛绒羊养殖、特产品精深加工等产业链条，构筑一条从毛绒羊养殖、优质毛纺乃至高档绒毛服饰加工流通及有机衔接产业上下游的全产业链运行模式，进一步挖掘和放大毛绒羊的养殖效益。

2. 坚持宏观调控引导

充分发挥市场在资源配置中的决定性作用，以确保毛绒产业市场供给、产品安全和生态友好为目标，有效利用市场杠杆，强化监测预警、多元金融服务和信息引导等，将政府调控与市场配置有机结合，有效发挥政府宏观调控作用，促进毛绒羊业稳定发展。

3. 坚持布局结构优化

根据我国毛绒羊生产资源条件、社会及经济条件，在全国范围内，遵循"立足资源、发挥优势、分类指导、区域开发"的原则，按照不同区域的生态条件及毛绒羊对环境的要求，市场经济发展对毛绒产品的需要，因地制宜优化产业区域布局，科学规划毛绒羊产业的产品结构，完善毛绒羊产品供需平衡机制，实现毛绒羊产业均衡发展。

4. 坚持扶持机制创新

切实理清政府与市场的关系，围绕毛绒羊产业基础设施建设、生产管理、毛绒后整理及产业链建设等重点环节，以全国一盘棋的战略思想，整合人才和资源优势，加大财政资金扶持力度，加强技术支撑和重点产区的建设力度，完善产业技术体系建设。加强产业组织建设，发挥行业协会、合作社等多元主体作用。针对产业发展融资和保障需求，创新贷款担保机制，稳步推进政策性保险和商业性保险，为毛绒羊产业发展提供扶持机制。

5. 坚持生产生态协调

毛绒羊以放牧为主，多分布在西北、东北的高山、草原地区，在资源约束日益严峻、全球经济一体化不断深化的形势下，我国毛绒羊产业应立足于草原生态功能，促进草原生态环境改善和草原牧区生产发展同步，走可持续发展道路，推动毛绒羊产业从传统生产方式向生态协调生产方式转变，加快实现毛绒羊产业发展与生态环境保护、社会经济发展相协调。

（三）重点任务

"十三五"毛绒羊产业发展或创新的核心任务，在于草原畜牧业承载能力过度情况下，加快推进产业结构战略性调整，转变传统放牧向半舍饲、全舍饲养殖方式过度，全力构建毛绒特产品的质量安全监管体系，深入开展生态环境保护建设，探索推行金融保险扶持措施，进一步完善政策支持保护体系，全面推进毛绒产业现代化建设。

1. 继续提高产业标准化规模养殖水平

我国养羊业饲养管理水平与澳大利亚、新西兰等有一定差距，除了养殖区域自然环境因素外，更多地受农牧民自身文化素质、传统饲养习惯及经济条件的限制，整体饲养管理方式仍比较粗放。"十三五"期间在产业优势区域大力开展标准化规模养殖技术示范和推广，推进我国养羊业由粗放经营向全舍饲和半舍饲经营过渡。在所需要的全新技术方面开展舍饲用多胎品种选育、不同生理阶段全价日粮配方、不同地区羊舍设计、全舍饲疫病防控、相关设施设备等技术的创新。

2. 实施"产"和"管"两手硬的监管措施

推进规范生产经营者和健全政府监管体制机制，实施"产"和"管"两手硬的严格监管措施，构建行之有效的质量安全监管体系，完善事前、事中、事后有效衔接的监管制度，努力确保不出现重大质量安全事件。一方面，落实毛绒羊生产经营主体责任，推进毛绒羊标准化生产，积极促进畜禽良种化、养殖设施化、生产规范化、防疫制度化和粪污无害化建设，不断提升生产环节绒毛质量水平；另一方面，建立健全毛绒羊特产品质量监督管理体系，修订与国际接轨的毛绒分类分级国家标准和技术规范，积极推广毛绒的公正性检验，完善毛绒售前检验制度，规范毛绒检验部门出具的检验证书，提升交易环节毛绒质量管理控制水平。

3. 实施草原生态保护，落实各项政策措施

按照统筹规划、分类指导、突出重点、分步实施的原则，以提升草地生产能力和保障毛绒羊生产、维护国家生态安全为主要目标。从草原生态保护建设、防灾减灾及草地开发利用三个方面，深入实施草原生态保护与建设各项政策措施，一是推进基本草原保护和承包经营，大力发展农牧结合型资源循环利用的毛绒羊养殖；二是根据不同区域，不同草原、草地类型，突出草畜平衡，在毛绒羊主产区实施草业良种工程、退牧还草、沙化草原治理、草地开发利用等工程，治理退化草原生态，提高草原生产能力，保障毛绒羊的饲草料供给和安全。三是结合草原保护建设工程，对天然草场、改良草场、人工种草等开展供给能力和营养价值评价等方面的研究。加快转变草原畜牧业发展方式，逐步实现畜牧业生产与生态、生活的和谐发展。

4. 创新产业发展贷款担保机制，破解融资难题

畜牧业养殖用地、圈舍、活畜禽等无法抵押，向金融机构贷款难。虽然部分地区通过采取成立担保公司等手段来帮助解决贷款难的问题，但从总体上看远远不能满足需求，同时融资成本也有所提升。一是加强信贷支持，调动社会广泛参与，鼓励多元主体的融资性担保公司，为毛绒羊产业养殖大户、家庭牧场、专业合作社及龙头企业等新型经营主体提供贷款担保服务。二是加强对产业主体的培育、引导、扶持和服务，发挥专业合作社在标准化生产、市场议价、抵御风险等方面的优势，稳步推进畜牧业政策性保险。三是加快建立健全绒毛收购与流通领域的社会化服务，积极推行工牧直交和牧工商联营方式，推动毛绒羊产销对接，实施毛绒特产品目标价格指数保险等措施，提高畜牧业抗风险能力和市场竞争力，促进畜牧业稳定有序发展。

5. 加强产业基础生产能力，提升产业核心竞争力

继续加强产业基础生产能力，提升产业核心竞争力。一是按照"突出区域特色，发挥比较优势，促进产业集聚，提高竞争能力"的原则，统筹资源环境条件，科学构建绒毛品种优势产业带。二是推进毛绒羊标准化生产，提高基础设施水平，利用现代繁育手段开展品种选育和改良工作，提高良种覆盖度。三是积极开展饲草饲料的研究，加大非常规饲料的研究开发和利用，建立科学的饲草料供给体系，为生产提供稳定的饲草料资源。四是开展疾病防治（控）的研究，强化口蹄疫、小反刍兽疫、羊痘、布鲁氏菌病等为主的疫病防控，控制毛绒羊及绒毛产品流通环节的疫病传播，降低产业风险。五是建立健全毛绒羊产品信息网络服务、市场价格和贸易动态监测预警机制，及时发布权威价格指数和贸易规模，提高产业的灵活转向能力。六是建立毛绒羊特产品流通体系，通过工牧直交、羊毛拍卖、远期电子交易等方式，尽量减少产品流通中间环节，推动产—销—加一体化进程。七是加大产业保护扶持政策实施力度，强化政府扶持与市场配置相结合，充分发挥优势互补的协同效应，推动产业健康可持续发展。

六、"十三五"毛绒羊产业规划的重大建议

在明确"十三五"我国毛绒羊产业发展战略的基础上，建议加强区域产业统筹规划、加大对毛绒羊产业的扶持力度、加强科技创新和重点技术推广力度、强化毛绒羊特产品质量监管和动物疫病防控、加快推进毛绒羊产业生态养殖进程和养殖技术培训。同时，建议加强毛绒羊良种工程、疾病防控工程、产品质量安全工程、废弃物处理与综合利用工程、品牌培育工程、市场体系建设工程和饲养培训工程及金融服务工程的建设。

（一）重大政策

1. 完善财政投入稳定增长机制

立足毛绒羊产业发展关键环节，聚焦市场薄弱节点，明确财政资金投

入，重点用于毛绒羊产业发展中公益性和基础性环节，并整合良种、草原、生产方式转变等不同渠道资金，提高财政资金的使用效率。继续实施草原生态保护补助奖励政策、石漠化草地治理、石漠化综合治理、巩固退耕还林（还草）成果后续产业、畜禽良种工程、良种补贴等政策和项目，并不断扩大补助力度和范围，启动实施能繁母羊补贴试点政策，夯实毛绒羊产业发展的种业和赖以生存的物质基础；加大对毛绒羊标准化养殖、南方现代草地畜牧业推进行动的财政支持力度，加快转变生产方式，提高产业信息监测预警和引导机制，实现生态良好、产业发展、牧民增收的目标。

2. 强化金融保险政策支持

加强政策引导，积极发挥公共财政资金的引导作用，吸引工商资本、社会资本投资毛绒羊产业，建立多元化投融资机制。建议金融机构根据毛绒羊产业发展的趋势和特点，加大与财政政策的衔接配合，围绕财政的重点扶持领域，加大对接力度，开发支持毛绒羊产业发展的金融产品和服务，如开展应收账款、专利权等抵押贷款。从增加贷款额度、简化贷款手续及方便贷款服务等入手，逐步破解毛绒羊产业贷款难的问题。另外，积极调整信贷结构，大力支持绒毛产品加工龙头企业、绒毛产品原料基地建设与发展，在贷款方式上适当灵活，贷款数量上适当增加，还款期限上适当延长，贷款利率上适当优惠。扩大毛绒羊产业贷款有效抵押物范围，用足用好土地流转相关政策，为土地承包经营权抵押创造条件，从而丰富毛绒羊产业贷款抵押的方式和品种，有效缓解毛绒羊产业贷款抵押物不足的问题。

鼓励和支持保险公司积极开发毛绒羊产业保险市场，发展多种形式、多种渠道的毛绒羊产业保险，探索建立适合不同地区、不同畜种的政策性保险制度，提高政策性保险的覆盖范围。金融、担保、保险机构要从各自的职能出发，支持和参与产业化经营机制的建立。积极探索和鼓励支持建立利益联结机制，增强抵御市场风险、疫病风险和自然灾害的能力。

3. 深化畜牧业监测预警与宏观调控

加大财政资金在公共基础性平台建设中的投入力度，建立国家级毛绒羊统计监测预警平台和分畜种统计监测预警平台，通过平台探索建立面向主产区主要生产单位的信息交流机制，准确把握毛绒羊生产和市场形势，科学指导生产和应对疫情、灾情、价格波动、生产结构调整、加工流通消费等新情况、新问题和新动态等特殊时期的危机。同时为政府科学决策提供及时的信息反馈，为积极实施生产干预、应对市场周期性波动提供基础数据支持，以更好地稳定毛绒羊生产和市场供应，确保养殖场（户）的合理收益。

4. 引导产业化经营模式创新

毛绒羊产业所处地区多为经济欠发达、偏远、气候恶劣、生态脆弱的区域，畜牧业生产力水平较低，产业链条短，农牧户经济力量薄弱，农民素质较低，政府通过专项扶持资金引导农牧户建立合作经济组织，采取"合作经济组织＋农户"的经营模式，通过发挥合作组织的组织、引导和协调功能，以技术、信息交流和服务为纽带，把从事毛绒羊生产的大量分散农牧户组织起来，实现农牧户与市场的有效对接，促进区域化、规模化形成，推动产业化经营。另外，也可由政府出台财税优惠政策和专项扶持资金，成立国家羊毛羊绒交易中心，以其为载体，采用"市场＋经纪人＋农户"的模式，经纪人与农牧户签订合同，按协议价格收购毛绒产品，农牧户按协议生产、销售毛绒产品给经纪人，形成利益联结机制，提高运销效率和经济效益。

5. 加强毛绒羊规模养殖用地管理利用

在坚持耕地保护制度的基础上，认真贯彻落实国土资源部、农业部《关于促进规模化畜禽养殖有关用地政策的通知》（国土资发〔2007〕220号）的规定，把毛绒羊养殖用地纳入土地利用总体规划，切实保障规模化养殖用地。鼓励利用荒山、荒地、滩涂等发展毛绒羊养殖，倡导节约用地、集约用地，开拓毛绒羊用地新领域。针对不同情况采取不同的扶持政策，对农村集体经济组织、农民和畜牧业合作经济组织在符合土地利用总体规划的前提下，兴办规模化毛绒羊养殖场所需用地，作为农业生产结构调整用地；其他企业和个人兴办规模化毛绒羊养殖场所需用地，根据用地情况实行分类管理。不破坏耕作层的羊舍等生产设施用地，作为农业生产结构调整用地，可简化审批（核）程序；破坏耕作层的，应根据规定办理农用地转用手续，所需用地指标在建设用地指标中予以安排。对因发展需要搬迁的养殖场，各级政府要帮助落实新场址及用地，并按规定给予相应的补偿，以保障生产者的合法权益。国土资源、农业部门要加强沟通，密切配合，确保发展规模化养殖用地需要。

（二）重大工程

1. 毛绒羊标准化规模养殖场建设工程

标准化规模养殖同时体现了生产标准化和养殖规模化，实现了集约化和标准化生产经营、养殖数量和质量的同步提升，是转变毛绒羊产业发展方式、实现毛绒产业现代化的根本途径。尽管目前毛绒羊产业主要分布在经济欠发达、偏远山区及高海拔、高寒特殊生态地区，实施标准化规模养殖较其他畜种难，但这些地区草地资源丰富，结合草权承包和土地经营权流转等政策，以在牧区建立万只以上，半农半牧区、农区和南方草山草坡地区建立千只以上毛绒羊的生态牧场为支持重点，兼顾农区存栏能繁母羊250只以上、牧区存栏能繁母羊400只以上的家庭牧场，加大对毛绒羊标准化规模养殖场建设的财政支持力度，重点在草原（草地）生产能力提升、圈舍、水电路、青干草和青贮设施建设、病死畜禽无害化处理、标准化档案管理方面给予支持。真正实现毛绒羊发展方式转变、毛绒羊产品有效供给、牧民增收、边境繁荣稳固。在实施毛绒羊标准化养殖场（小区）建设的同时，做好毛绒羊饲草料资源开发及饲养标准制定工作，与其他工作一起推进我国毛绒羊产业的标准化养殖及现代化进程，促进毛绒羊产业发展方式转变，保障毛绒羊特产品有效供给。

2. 毛绒羊良种工程

养羊业周期长、见效慢，按市场需求调整不是几年可以办到的事，品种决定产品，产品受市场影响，培育品种的速度永远跟不上市场变化的步伐，唯有培育一些前瞻性的品种、增加品种内部结构才能较快地适应市场需求。所以，种是永恒的主题，永远需放在基础性、公益性的关键地位。

建议按照"保护与开发并重""引进推广与自主培育相结合""政府扶持与企业投资相结合"的要求。重点支持优良种业工程、原种场、西部地区扩繁场的建设及冻精和胚胎制备推广等，扶持毛绒羊遗传资源保护场、保护区和基因库的基础设施建设，支持毛绒羊新品种（系）选育，建设种毛绒羊生产性能测定中心和遗传评估中心，积极探讨总结区域联合育种的新经验和新做法，进一步增强良种供种能力，强化遗传资源保护利用，推进毛绒羊优良品种选育，保障我国毛绒羊良种数量和质量安全。通过项目实施，加快毛绒羊良种繁育推广，健全国家毛绒羊遗传资源保护体系，增强毛绒羊新品种选育培育能力，完善种毛绒羊生产信息和质量监测体系。为遗传资源深度评价挖掘、新品种培育、良种化水平提高打下坚实的基础。

3. 饲料质量安全保障工程

随着毛绒羊养殖方式的转变，无论是牧区还是半农半牧区、农区，都存在饲草料供应和质量安全的问题。首先是粗饲料的供应，要分类指导、因地制宜地建立一批粗饲料生产供给基地，并合理利用当地的农副产品资源（包括饼粕、秸秆、糠麸、糟渣类等），为舍饲和半舍饲奠定物质基础；其次是精饲料补充料的生产供给，要根据牧草、粗饲料资源营养含量和供给水平，确定精饲料补充料的营养水平和量，充分满足毛绒羊的营养需要。因此，按照草畜平衡的原则，在毛绒羊主产区建设一批优质粗饲料生产基地，建设3～5个饲草料安全检测和评价中心，基本满足毛绒羊生产和饲草料质量安全的需要。

检查监督饲料企业严格执行《饲料质量安全管理规范》等饲料安全法规，杜绝使用发霉变质原料、销售发霉变质饲料。向毛绒羊养殖业主宣传普及饲料安全的重要性，以及使用变质等不安全饲料的危害。建立健全服务体系，构建国际一流的毛绒纤维质量检测体系。

4. 草原保护建设工程

草原（草地）是毛绒羊主要的物质基础，按照统筹规划、分类指导、突出重点、分步实施的原则，以提升草地生产能力和保障毛绒羊生产、维护国家生态安全为主要目标，从草原生态保护建设、防灾减灾及草地开发利用三个方面，根据北方、南方不同草原、草地类型，突出草畜平衡，在毛绒羊主产区重点实施草业良种工程、退牧还草、沙化草原治理、南方岩溶地区石漠化草地治理、南方草地开发利用、草原防灾减灾、农牧交错带已垦草原治理工程、草原畜牧业转型工程、南方现代草地畜牧业推进行动等工程，治理退化草原（草地）、恢复草原（草地）植被、改善草原（草地）生态，提高草原（草地）生产能力，保障毛绒羊的食物安全。结合草原保护建设工程，开展天然草场、改良草场、人工种草等各类草场四季牧草供给量及营养价值评价，合理制定补饲计划。加强饲草料资源开发利用、舍饲半舍饲羊的营养需要量研究、饲料营养价值评价、饲料组合效应研究、最低成本配方等方面的研究。

畜禽种业"十三五"规划战略研究报告

动物种业是指从动物育种、动物繁殖到种用动物产业化应用的全产业链体系，畜禽种业是畜牧业发展的关键，通过完整、高效的繁育体系向下游传递优良的基因。从技术领域来看，畜禽种业涉及畜禽种质资源保护与利用、种用畜禽的商业化育种体系建设，即种猪、种牛、种羊、种禽等"育、繁、推"全产业链组成的工程技术体系。畜禽育种体系涵盖品种登记、性能测定、核心群选育、后裔测定、精液生产和推广应用等工作。

新中国成立以来，经过六十多年的建设，我国已有相对完善的畜禽育种体系。特别是自 2005 年国家奶牛良种补贴项目以来，牛、猪、羊相继纳入补贴范围，畜禽育种体系得到进一步完善。2008 年起，我国畜禽遗传改良计划相继开始实施，畜禽基因组选择技术平台陆续建成，畜禽种业迈入现代种业行列。

一、"十一五"以来畜禽种业取得的重大成效

（一）畜牧产业不断发展

1. 猪业

进入 21 世纪以来，生猪生产总体保持增长态势。2013 年，全国生猪存栏 47 411 万头、出栏 71 557 万头、猪肉产量 5 493 万吨，均居世界第一位，分别是 1978 年的 1.57 倍、4.44 倍和 7.25 倍，年均增长 1.30％、4.35％和 5.82％，有力保障了城乡居民猪肉消费需求。其中 2000—2013

年，全国生猪存栏、出栏和猪肉产量年均增长率分别为 1.00%、2.51% 和 2.54%。2013 年猪肉产量占肉类总产量的比重 64.4%，人均占有量 40.4 千克，猪肉产品仍然是我国城乡居民肉类消费的主要来源。

2. 牛业

2013 年，中国奶牛存栏 1 441 万头，牛奶总产量 3 531 万吨；2013 年全国共有 307 个奶牛种牛场，存栏种奶牛 52.8 万头。全国奶牛生产性能测定（DHI）完成 52.9 万头。2013 年，我国肉牛存栏 6 838.6 万头，出栏约 2 200 万头，产肉量 673.2 万吨；2013 年全国共有 190 个肉牛种牛场，存栏种肉牛 11.1 万头。全国水牛存栏 2 300 多万头，有地方品种/遗传资源 26 个，引进品种 2 个。全国有种水牛场 15 个，存栏种水牛 4 474 头。牦牛是青藏高原地区特有的牛种。2013 年全国牦牛存栏约 2 000 万头，占世界总数的 95%，每年产肉量约 30 万吨。我国牦牛目前有 1 个培育品种（大通牦牛）和 12 个地方品种。全国共有 30 个种牦牛场，存栏种牦牛 11.4 万头。

3. 羊业

2013 年，全国羊存栏 2.90 亿只，出栏 2.76 亿只，比 1980 年分别增加 1.03 亿只和 2.34 亿只，年均增长 1.38% 和 6.06%；羊肉产量 408.1 万吨，是 1980 年的 9 倍。羊出栏率由 1980 年的 23% 提高到 2013 年的 95%，胴体重由 10.5 千克提高到 14.8 千克。2013 年羊毛产量 45.3 万吨，羊绒产量 1.8 万吨。

4. 家禽业

2013 年，全国禽蛋产量 2 875.1 万吨，拥有高产蛋鸡祖代场 23 个，存栏祖代种鸡 63 万套，其中国外品种、国内品种各占 50% 左右。目前，高产蛋鸡父母代鸡场大约 600 个，父母代蛋鸡存栏 1 900 万套左右。2013 年全国禽肉产量 1 798.4 万吨，年出栏肉鸡约 80 亿只，其中黄羽肉鸡约 38 亿只，白羽肉鸡约 45 亿只。我国现有白羽肉鸡祖代场 14 个，存栏白羽祖代种鸡 127 万套，祖代鸡全部依赖进口；黄羽肉鸡祖代场 20 个，存栏祖代鸡约 110 万套。祖代肉种鸡数量供大于求。2013 年我国肉鸭出栏量约为 31 亿只，占世界 75% 以上；肉鹅出栏量约 4 亿只，占世界 90% 以上；鸭蛋产量超过 500 万吨。目前，全国有种鸭场 1 500 个左右，种鹅场 300 个左右，有 11~12 家规模较大的水禽育种企业。

（二）地方品种资源得到保护和利用

1. 畜禽遗传资源保护的法律法规体系进一步完善

继续深入贯彻执行《中华人民共和国畜牧法》等法规，并出台了《畜禽新品种配套系审定和畜禽遗传资源鉴定技术规范（试行）修订稿》《从境外首次引进畜禽遗传资源技术要求》《种猪及冷冻精液进口技术要求》《肉用种牛及冷冻精液和胚胎进口技术要求》等配套法规及管理办法等。这些法律法规的实施和执行为畜禽遗传资源的保护及管理提供了有力的法律保障。

2. 畜禽遗传资源保种多层次的、立体式保护网络进一步增强

初步建立国家级畜禽资源动态监测体系。十二五期间农业部公布了三批国家级畜禽遗传资源保种场和保护区，国家级保种单位达到182个，其中，保种场154个、保护区28个、基因库6个。列入《国家级畜禽遗传资源保护名录》中的159个保护品种中，有143个品种在原产地建立了国家级保种场、保护区。截至2013年，"国家家畜基因库（北京）"应用现代生物技术保存69个国内地方牛品种、国内外羊优良品种冷冻精液16万余剂，冷冻胚胎9 000余枚；10个牦牛、绵山羊品种的成纤维细胞系3 600余份；收集了277个品种的猪、牛、羊、马血样和基因组DNA，共计1.5万余份遗传物质。中国农业科学院北京畜牧兽医研究所现已保存96种重要和濒危畜禽品种遗传资源的6万份细胞系，同时抢救性收集、保存16个野生近缘种动物资源。

3. 畜禽遗传资源开发利用成效进一步显现

企业参与，自主培育了一批生产性能优良、适应市场需求的新品种和配套系。川藏黑猪配套系、简州大耳羊、天露黑鸡、明华黑色水貂等39个新品种（配套系）先后通过国家审定。我国自主培育的"Z型北京鸭"和"南口一号"北京鸭通过了国家级的审定，"北京鸭新品种培育与养殖技术研究应用"荣获2013年度国家科技进步二等奖。"巴美肉羊新品种培育及关键技术研究与示范"于2014年获得了国家科技进步二等奖。

4. 畜禽遗传资源调查进一步深化

在农业部的领导下，全国畜牧总站（国家畜禽遗传资源委员会办公

室）组织、完成了"第二次全国畜禽遗传资源调查"。历时三年艰辛努力，全国共约 6 900 多人参与了调查工作，中央及地方财政资金投入 4 500 多万元，共调查了 1 200 多个畜禽品种（资源），撰写调查报告 2 150 份，拍摄畜禽品种照片 21 300 幅。此次资源调查，各地重视程度之高、财力物力投入之大、覆盖面之广、参与人员之多，前所未有。通过调查，基本查清了我国畜禽遗传资源的最新状况，摸清了资源家底。

5. 国际交流与合作领域进一步拓展

2013 年号称国际畜牧界"奥林匹克"盛会的第 11 届世界畜产大会（WCAP 2 013）在北京隆重召开，共有来自世界 58 个国家和地区的 2 000 多名代表参加会议。2014 年国际动物遗传大会在西安召开，此次会议是国际动物遗传学会（ISAG）自 1954 年成立以来首次在中国召开国际动物遗传学大会，也是在中国举办的规模最大、参会人数最多、覆盖面最广的一次动物遗传学领域的国际顶级学术会议。中国农业科学院（CAAS）-国际家畜研究所（ILRI）畜禽牧草遗传资源联合实验室成立于 2004 年，设立于中国农业科学院北京畜牧兽医研究所，为国际农业研究磋商组织（CGIAR）在我国建立的第一个联合实验室。研究区域涵盖中国和东南亚地区，开展家畜和牧草遗传资源的评价、保护等。

（三）育种体系建设和种业生产取得长足进步

1. 猪

2009 年《全国生猪遗传改良计划（2009—2020）》的颁布实施，为加快建设现代生猪种业指明了发展方向。目前全国范围已遴选出 74 家国家生猪核心育种场，核心群种猪达 12 万头；成立了国家种猪遗传评估中心，建立了武汉、广州、重庆等农业部种猪质量监督检验测试中心和山东、河北等省级种猪质量监督检验测试中心；确立国家级猪遗传资源保种场、保护区 50 个。以地方猪品种为素材，成功培育了龙宝猪 1 号配套系等 24 个优良品种（配套系）。目前，以核心育种场、扩繁场、资源场为基础，全国种猪遗传评估中心、改良站为支撑，质量检测中心、种公猪站为保障的生猪良种繁育体系初步形成。

2. 牛

2008 年颁布的《全国奶牛群体遗传改良计划（2008—2020 年）》和

2011 年颁布的《全国肉牛遗传改良计划（2011—2025）》是我国牛相关种业发展的长期规划。"十一五"以来，牛相关种业的发展正是围绕育种体系的建设、发展和不断完善进行的，各牛种的进展速度各异，其中奶牛育种体系最为完整。以中国荷斯坦牛为代表，2010 年诞生了以联合培育种公牛为目的的区域性产业联盟，2012 年我国科研人员紧跟世界先进育种技术前进步伐，在全国实施基因组选择技术，对后备公牛进行预选进入国家畜牧良种补贴项目。肉牛育种体系正在构建中，已初步形成种公牛自身生长性能测定及后裔屠宰数据库，并研发了中国肉牛生产性能指数 CBI 用于选择畜牧良种补贴项目种公牛；新疆褐牛和三河牛等兼用牛品种、各水牛品种和牦牛品种相关育种技术处于研究阶段，其种牛选择尚处于系谱、表型、外观选择为主的初级阶段。

3. 羊

《全国肉羊遗传改良计划（2015—2025）》于 2015 年颁布，是我国肉羊种业发展的中长期规划。目前，农业部将小尾寒羊等 27 个品种纳入国家级畜禽遗传资源保护名录，建立了 17 个国家级羊资源保种场和 4 个国家级保护区。各省（区、市）也相继公布了省级畜禽遗传资源保护名录。以原种场、资源场、繁育场为核心，与区域布局相适应，满足不同生产方式和生产规模需求的肉羊良种繁育体系初步建立。种羊供应能力不断增强，截至 2013 年年底，我国共有 1 465 家种羊场，其中绵羊种羊场 644 个，存栏种羊 212.4 万只；山羊种羊场 812 个，存栏种羊 58.3 万只。

4. 家禽

农业部于 2012 年颁布了《全国蛋鸡遗传改良计划（2012—2020）》，2014 年颁布了《全国肉鸡遗传改良计划（2014—2025）》，这两个文件的颁布指明了我国今后家禽发展的方向。目前，全国共有 20 多个蛋鸡祖代场和 1 500 余个父母代场，常年存栏祖代蛋种鸡 50 余万套；肉鸡祖代场 123 个，父母代场 1 633 个，年存栏祖代肉种鸡 310 多万套，父母代种鸡 9 100 多万套；良种供应能力不断提高。在北京和江苏建立了农业部家禽品质监督检验测试中心，承担全国种禽的监督、检测及生产性能测定等任务，为提升我国种禽质量水平提供了有力的支撑。

二、国内外畜禽种业发展模式比较

种业是一个高度依赖科技创新的行业，与发达国家相比，我国的动物种业公司规模偏小、科研能力不强、创新方面相对落后，在世界种业市场上是一个追随者，有必要吸取和借鉴世界种业龙头公司的成功经验，加快培育中国自主动物品种、大力发展中国自主畜禽种业。

（一）国外畜禽种业发展模式

国际种畜禽业发展模式主要有两种：国家畜禽育种模式和公司化畜禽育种模式。综观畜牧业发达国家的育种历程，发展初期大多以国家扶持为主，政策上给予倾斜，资金上给予补贴，鼓励科研机构、育种企业和个人参与，建立了系统完整的国家畜禽育种体系。在取得一定育种成效之后，国家从宏观层面上进行政策引导，具体事务交由公司化的育种组织（协会）进行。在完全进入良性循环之后，育种企业和个人已紧紧参与在育种体系之中，政府在国家育种体系中的角色逐渐弱化，更多由育种组织履行其职能。相对国家畜禽育种模式，公司化模式主要通过公司商业化运作，根据市场需求，培育畜禽优良品种。由于市场竞争不断加剧，国际上畜禽育种公司不断地重组整合，规模越来越大，数量逐年减少，影响越来越大，甚至取代了国家育种体系，这在家禽育种中尤为突出。

1. 国外畜禽育种模式

（1）生猪育种模式　美国、加拿大、丹麦是世界养猪发达国家，种猪质量、生产水平和经济效益不断提高，完善的育种体系是其成功的重要原因。他们的生猪育种体系由三部分组成：国家生猪育种体系、跨国育种公司和育种场（公司），目标是为消费者提供遗传材料、技术和服务，保持遗传材料的多样性以达到不同猪肉链的优质和低成本的目标。为不断满足市场需求和增加企业利润，他们在现有遗传材料的基础上，采用数量遗传学、DNA 标记技术及其他影响养猪业/食品业的技术，改良种猪，实现产业可持续发展。

1）美国　美国国家生猪育种体系由国家种猪登记协会（NSR）、种猪性能测定和遗传评估系统（STAGES）组成。NSR 的目标是保护系谱准确和维持品种纯度，提供种猪改良方案，帮助所有成员不断获得遗传进展。STAGES 主要是进行遗传评估和选择指数调整。

2）加拿大　加拿大国家生猪育种体系由 1 个国家中心（加拿大猪改良中心，CCSI）和 4 个区域中心（西部种猪测定协会、安大略猪改良公司、魁北克猪改良中心和大西洋种猪中心）组成。1985 年，加拿大制定并组织实施了国家生猪遗传评估方案，这是世界上最早使用最佳线性无偏预测（BLUP）的国家育种计划。

3）丹麦　丹麦生猪育种计划-丹育（DanBred）是在丹麦国家养猪生产委员会的监督和指导下进行的，丹育主要通过测定种猪的生长性能、繁殖性能、体型评定和胴体品质进行选种。所有扩繁场也参与执行国家生猪育种计划，为提高遗传改良速度和提供大批量的优秀种猪做出了巨大贡献。丹育生猪良种繁育体系决定了丹麦猪业的基本框架，有核心群、扩繁群和生产群三部分组成。

（2）奶牛育种模式　近年来世界主要奶业发达国家奶牛育种取得的成功经验，主要集中在以下几方面。

1）遗传评定方法不断改进　在过去的几十年间，奶牛遗传评定方法不断改进和完善，动物育种学家们一直在不断追求更新更好的遗传评定模型。1988 年加拿大、美国等陆续开始使用动物模型 BLUP 法进行奶牛的遗传评定，使遗传评定准确性大大提高。1999 年，加拿大成功应用测定日模型（Test Day Model），与泌乳期模型比较，测定日模型的公牛育种值估计准确性提高了 3%～5%，母牛育种值的准确性提高了 13%～14%。

2）育种目标和选择指数不断调整　在现代奶牛育种中，除遗传评定模型和方法改进外，各国使用的选择指数也根据育种目标进行调整，美国和加拿大通常每 5 年调整一次。育种目标正确与否也是育种学家们一直关心的话题。加拿大使用的选择指数是终生利润指数 LPI（Lifetime Profit Index），这个指数诞生于 1991 年，已经过多次调整。美国使用的选择指数是体型生产指数 TPI（Type and Performance Index）。不同国家确定的综合选择指数均有所不同，可参考使用。

3）后裔测定体系不断完善　目前，后裔测定仍然是国际上种公牛遗传鉴定的最基本和最可靠的方法。种公牛后裔测定在美国、加拿大等国家已开展数十年。对种公牛携带一些隐性有害基因（如 CVM、BLAD、

DUMP)的分子检测技术也已经广泛应用于种公牛的选择和奶牛育种中，大大降低了种公牛携带和扩散隐性有害基因的可能性，降低了育种风险。

4）生产性能测定规模不断扩大 国外奶牛育种的经验证明，奶牛生产性能测定（DHI）是奶牛育种和遗传评定中最重要的基础工作，要做好奶牛生产性能测定工作，应建立遍及全国的数据采集和测定系统，同时要建立全国数据库并维持数据库的正常运行。加拿大从 1905 年开始奶牛产乳记录，现在由奶牛畜群改良中心负责全国与产奶量有关的数据收集管理，他们直接与农户建立服务关系。加拿大 75％的奶牛都参加了生产性能测定，美国约 70％的奶牛进入到 DHI 测定体系中。

（3）肉牛育种模式

据统计，全世界约有 60 多个专门化的肉牛品种，其中英国有 17 个，法国、意大利、前苏联地区各有 11 个，美国 11 个。世界上许多国家都在肉牛品种繁育改良上做了大量的工作，形成了各具特色的品种。

1）美国 美国肉牛业有上百年历史，其发展是起伏波动的。美国肉牛良种繁育体系主要包括两部分：一部分是"种牛"生产，一部分是技术服务。典型的种牛生产系统包括种牛生产场、母牛/犊牛繁育场、生产性能测定站和精液生产；技术服务体系主要由一些大学、研究所和有关的品种协会或俱乐部，以及美国农业部、州、县的技术推广部门组成。协会通过提供新的方案和机会来保持会员的持续增长和协调肉牛从育种场到育肥场之间的流动。同时，协会支持和鼓励牛肉安全保障体系和可追溯跟踪体系。

2）德国 德国是肉牛产业发展较早的国家。德国开展品种登记工作也有几百年的历史，20 世纪 50 年代起开展了个体生产性能测定工作，并且明确规定只有测定成绩理想的牛才能作为种牛。根据区域内所有种公牛的后测成绩和母牛生产性能测定结果，选择排名在前 3％～4％水平的优秀种公牛和排名在前 1％水平的优秀母牛作为种子公牛和种子母牛。2005年有 1 734 头参加检测的公牛取得了后测成绩，其中的 328 头检测合格并获得授精许可证。

3）法国 法国国家肉牛育种体系非常完善。肉牛的选育和推广工作，都是由某个协会或几个协会联合承担的。在育种上，采取了 3 个主要技术手段：一是注册登记、建立档案；二是性能测定、体型分级；三是计算育种值,由设在国家农业研究院的全国信息中心对汇集的大量数据进行统计、分析、计算,确定育种值,指导全国的育种工作。法国肉牛独特优势来源于法国各大畜牧区联合的高选择性和法国农业部颁发的可靠的索引。

(4)绵羊山羊育种模式

1)美国 美国肉羊生产以家庭农场为主,生产规模大,现代化程度高。生产肥羔的方式主要是以农牧结合,常年为市场提供肥羔。美国肉羊业取得成功的主要原因在于有一批良好的培育品种,特别重视优秀肉羊品种和有效杂交组合的利用,有一套完善的肉羊业生产体系,这个体系包括繁育体系、育肥体系和羊肉的销售加工体系。美国的肉羊繁育体系主要包括纯种羊繁殖、后备母羊生产和商业肥羔生产3个环节。

2)澳大利亚和新西兰 澳大利亚和新西兰的肉羊业能够经久不衰,其原因主要是:具有健全的核心场、育种场和商品羊场三级育种体系,具有功能性强的品种协会和育种技术体系;有符合市场需求且能够适应市场需求变化的品种类型。具有较好的气候条件和草地放牧资源条件。羊肉供给中肥羔所占比例较高,提高了养羊业生产的经济效益。

3)英国 英国羊肉生产重肉轻毛、生产肥羔。政府根据各地特点,对养羊业生产实行宏观调控。英国在肉羊业生产中坚持地区自然分工措施,实行养羊业区域化。英国发展养羊业的主要经验是:引进和培育适宜本国羊肉生产的肉羊品种;选择体大、早熟、多胎和肉用性能好的亲本广泛开展经济杂交;加强人工草地的建设和管理,有完整的育肥体系;用法律手段和价格保护政策支持养羊业,实现国家对养羊业的宏观调控;研究和应用新技术,提高养羊业科技含量。

2. 公司化畜禽育种模式

通过对 E. W. Gruppe(肉鸡、蛋鸡、火鸡)、Genus PIC(反刍动物和猪)、Hendrix Genetics(家禽与猪)等国际大型畜禽种业集团的发展历史、成功经验和运作模式的分析,可为制定未来我国种畜禽业发展模式提供借鉴。

(1)猪育种公司

1)PIC 种猪改良国际集团 PIC 种猪改良国际集团成立于 1962 年,是世界上最早专业从事种猪遗传改良的公司之一。经过 40 多年发展,PIC 业务已遍及全球 30 多个国家和地区,年销售种猪 300 多万头,是全球最大的种猪改良公司。PIC 是 Genus 国际集团的全资子公司，Genus 国际集团还包括全球最大的种牛公司 ABS 及全球最大的种虾公司 Syaqua。PIC 公司积极与国际知名大学合作，并建立专业化实验室。PIC 坚持价值育种，根据市场需要决定选择目标。PIC 采用专门化品系（种）选育模式，专门化品系（种）增加了系间选择的可能性，通过杂交组合优点及利用杂交优势，根据客户需要确定客户化的选择指数，加快了遗传进展。目前的育种核心仍然是数量遗传育种，性能测定是关键。PIC 采用标记辅助选择，将分子标记基因整合到最后指数中。

2）海波尔种猪公司　海波尔种猪公司于 1965 年在荷兰创立，1973年建立了海波尔-西班牙分公司，1975 年建立了 NDP 加拿大分公司，1992 年建立了海波尔-比利时分公司，1994 年 NPD 加拿大分公司商谈与 PIC 合作，1998 年杰纳克（Genex）种猪公司成立，2003 年海波尔合并了杰纳克，2007 年汉德克动物育种集团公司并购海波尔公司，2008 年海波尔公司并购法国伊彼得（France Hybrides）种猪优选公司，与德国 BHZP公司战略合作。40 多年来，海波尔公司在荷兰本土逐渐向世界范围扩展，目前已成为世界第二大猪育种集团公司，而且发展势头强劲。

（2）家禽育种公司

家禽育种是一项高技术、高投入、高产出，但存在较大风险的产业。目前，世界上生产性能领先、市场占有率高的家禽品种都集中在五个大的集团公司，其中蛋鸡品种集中在 EW 集团旗下的德国罗曼集团和荷兰汉德克动物育种集团，肉鸡品种集中在 EW 集团旗下的安伟捷集团和美国泰森集团旗下的科宝公司，肉鸭品种集中在樱桃谷农场有限公司和法国克里莫集团，肥肝鹅品种集中在法国克里莫集团。在世界范围内，家禽养殖业总体发展趋势是：大公司饲养量占家禽养殖总量 70％以上，家禽优良品种的核心种源被世界上少数几家公司控制。

1）海兰公司　海兰公司是当今世界家禽育种公司的典型代表，其产品遍布全球 100 多个国家。繁育程序在结构上是由多个不同层次的鸡场组成、各环节间相互衔接，具有明显的工艺性流程特点。其结构组成是，育种部分包括品种资源场、育种场、配合力测定站和原种场；制种部分包括祖代场、父母代场和孵化场。同美国其他产业一样，海兰公司各部门在一定范围内都自成体系，分工明确、规模适度、机动灵活。

2）罗曼公司　罗曼育种公司有 3 个育种场，17 个种鸡场，1 个试验鸡场，1 个无特定病原（SPF）鸡场，1 个种鸡孵化场，1 个商品肉鸡孵化场。公司拥有优良两系配套 LSL 白壳蛋鸡和四系配套 LB975 肉鸡，是西欧主要的蛋鸡和肉鸡品种之一，在国际上也享有较高的威望，主要出口非洲、中东和东南亚国家。

3）安伟捷集团　安伟捷集团公司拥有 150 余个生产基地，在全球拥有 1 400 名员工。安伟捷集团是世界家禽育种业的领头者，旗下拥有爱拔益加、罗斯、印度安河三大肉鸡品牌，除肉鸡育种产业外，还拥有尼古拉火鸡育种公司、专门生产肉鸡商品代种蛋的大型公司 CWT 农场。

4）樱桃谷农场有限公司　该公司业务主要有两项：一是樱桃谷食品加工，主要向英国和欧洲市场提供高质量的冷冻和熟制鸭肉产品；二是樱桃谷种禽，主要为全世界养鸭工业提供种鸭及其技术服务。樱桃谷公司在种鸭育种、生产、推广方面短期内取得了显著的成绩，主要得益于公司的发展模式，即进行严密的公司化组织管理，同时拥有一支强大的专业化的科研队伍，以市场为导向开展育种工作。同时，公司先后发展了集约化肉鸭养殖、羽毛加工、活禽出口等方面的生产，为品种的推广奠定了坚实基础。

5）法国克里莫集团　该公司是一家私营育种公司，以肉鸭、鹅、兔、鸽、珍珠鸡育种为主，其中水禽育种在国际上处于领先地位，种鸭在欧洲市场占主导地位。从公司的发展模式看，主要是积极整合法国国内各方面的科研力量，与大型水禽生产企业合作，培育和推广优良品种。

（3）奶牛育种公司

目前，国际上最知名的奶牛育种公司是美国精选遗传公司（Select Sire Inc.）和英国 Genus 国际集团的种牛育种 ABS 公司（ABS Global Inc.）。这些国际奶牛育种公司育种力量强，他们不仅拥有最优秀的种公牛，还有科技水平一流的研究开发机构。公司生产的奶牛遗传物质（冻精、胚胎）推广到全世界各个地区，对全世界奶牛育种和遗传改良起到重要影响。

1）美国精选遗传公司　美国精选遗传公司（Select Sire Inc.）最初是由 10 个农场主拥有和控制的育种合作社，目标是培育和提供遗传质量优秀、受胎率高、产奶性能好、体型优秀的奶牛冷冻精液及繁殖技术服务等。该公司是北美最大的奶牛育种和人工授精中心。该公司在美国每年组织 350 头乳用青年公牛的后裔测定，并培育出许多世界著名的优秀种公牛，如 Elevation、Bell、Blackstar、Mark 等。

2）英国 ABS 育种公司　英国 ABS 育种公司也是全世界最大的奶牛育种公司之一，该公司总部位于美国威斯康星州，现隶属于英国 Genus 国际集团。ABS 公司重点开展优秀种公牛培育、冷冻精液生产和人工授精技术服务，在欧洲等许多国家建有种公牛站进行冻精生产。其冷冻精液遍布世界 70 多个国家和地区，对全世界奶牛育种和改良起到重要作用。ABS 育种公司每年在全球进行约 400 头左右的乳用青年公牛的后裔测定，培育出了 Valiant、Roy、Convincer、Boliver、Shottle 等优秀种公牛。

（二）国内畜禽种业发展模式

1. 猪

1993 年 5 月、8 月和 1994 年 9 月先后成立全国大白猪、杜洛克猪和长白猪育种协作组。1997 年开始在全国开展种猪生产性能测定与遗传评估培训工作。2000 年 5 月，全国畜牧兽医总站颁布"关于印发《全国种猪遗传评估方案（试行）》的通知"，为进一步实施外种猪联合育种奠定了基础。2004 年，农业部启动"948"重大专项"猪遗传评估技术的引进与中国优秀种猪核心群繁育体系的持续发展"，在该项目支持下，在北京建立了全国种猪遗传评估中心。2006 年 10 月，在整合三个主要外来猪育种协作组的基础上，成立了"全国猪联合育种协作组"。经过近两年的酝酿，农业部于 2009 年 8 月颁布了《全国生猪遗传改良计划》，在 2010 年 3 月又颁布了《全国生猪遗传改良计划实施方案》，同时启动国家生猪核心育种场的遴选工作，截至 2013 年 10 月已遴选出 74 家国家生猪核心育种场，核心群种猪达 10 万头。

2. 牛

经过多年建设与发展，牛冷冻精液生产和人工授精技术推广网络已经成熟，且深入各种规模奶牛、肉牛业生产单元；然而在牦牛和水牛生产体系中，本交仍是目前主要的繁育方式。我国地方品种黄牛、水牛和牦牛，产业化程度低，没有设置纯种繁育场、保种场的品种，种畜来源不稳定，种质资源保护效率低。

（1）奶牛全国联合育种体系 2005 年之后，在国家奶牛良种补贴计划支持下，中国荷斯坦牛全国联合育种体系逐步完善。奶牛种公牛站等育种机构自行培育/采购后备公牛，首先在中国奶业协会进行品种登记，并获得官方系谱，之后提交血液/精液样品进行基因组育种值估计。青年公牛后裔测定的环节是育种体系中的弱项，自 1983 年起中国奶业协会共组织联合后裔测定 47 次，全国共有 37 个种公牛站参加。2010 年起，北方联盟、香山联盟等区域性奶牛育种联盟相继成立。从目前的实践经验来看，育种联盟的成功有赖于国家政策支持、行业规程完善；联合后裔测定采用"对等交换、对等承担"的合作模式；建立后裔测定奖励机制；建立完备的育种技术人员队伍，专职服务后测；建立后测数据统一管理，不断提升育种技术水平。

（2）肉牛育种体系 由于品种众多、性能测定体系不完善、基础性育种技术尚未在母牛群体实施，肉牛育种体系更加难以建立。目前所有在站公牛要求提交出生至 24 月龄生长性能记录及体型外貌评分，经动物模型 BLUP 进行育种值估计合格者可入选国家良种补贴计划。

3. 羊

我国现有种绵羊场 231 个，存栏种羊 70 万只，年提供种羊 12 万只；种山羊场 508 个，存栏种羊 32 万只，年提供种羊 17 万只。羊肉市场中，地方品种约占 50%份额，杂交羊约占 30%份额，其他多为毛用羊所产羊肉。养羊规模，100 只以下养羊户羊只存栏数占总存栏数的 99%，出栏量占总数的 82.74%。目前，我国缺乏优质肉羊品种，是导致羊肉生产周转慢、商品率低、饲养成本高的主要原因之一。今后应坚持地方品种本品种选育为主，专门化肉用新品种培育和引进品种选育提高为辅，利用两类资源筛选推广优良的杂交组合。完善品种标准，推进良种登记和性能测定。

2013 年，我国山羊毛产量 41.9 万吨，绵羊毛产量 41.1 万吨，其中细羊毛 13.3 万吨、半细毛 13.5 万吨、羊绒 1.8 万吨，有种羊场 1 456 个。今后应做好优良品种培育选育工作，加大推广力度，扩大良种覆盖率。在新疆、甘肃、内蒙古和吉林等地的优质牧场加大超细型细毛羊的选育和品种改良力度，其他地区重点发展一般型细毛羊，根据区域特点，做好毛肉兼用细毛羊、高产型绒山羊、半细毛羊等品种改良工作，全面提高绒毛用羊生产性能。

4. 家禽

(1) 蛋鸡 目前，我国引进了所有高产蛋鸡品种（配套系），生产中使用的核心种源 60% 依赖引进，主导品种有海兰，其次是罗曼、依莎、海赛、尼克等。近年来，国产蛋鸡的饲养比例稳步提高。目前通过国家畜禽遗传资源委员会审定的蛋鸡配套系有 6 个，包括京红 1 号蛋鸡、京粉 1 号蛋鸡、新扬褐壳蛋鸡、农大 3 号小型蛋鸡、新扬白壳蛋鸡、新扬绿壳蛋鸡，此外还有"京白 939"等配套系，这些蛋鸡配套系的市场占有率约 40%。今后一个时期，蛋鸡生产仍将以引进品种为主，但可通过加强对引进品种的消化吸收，自主培育新的配套系，使自主培育的蛋鸡占市场份额的 50% 以上，逐步降低对国外蛋种鸡的依赖程度。

(2) 肉鸡 白羽肉鸡和黄羽肉鸡是我国肉鸡产业的两大支柱。白羽肉鸡生产的种源完全依赖进口，主导品种是 AA、艾维茵、罗斯 308（Ross）和科宝（Cobb）等。黄羽肉鸡是具有中国特色的肉鸡产业，种源以国内自主培育的品种、配套系为主。经过多年的快速发展，我国黄羽肉鸡产业已经形成区域优势明显、产业特点突出、市场份额不断扩大、市场竞争力日益增强的产业。现代育种技术的成功运用为我国黄羽肉鸡产业发展注入了新的活力。通过企业与大学、科研院所联姻，充分利用国内品种资源，以市场为导向，培育了一批适合我国国情的黄羽肉鸡配套系，如新兴黄鸡、江村黄鸡、粤禽皇和岭南黄鸡等 10 多个配套系。目前最大的 10 家黄羽肉鸡育种公司，年提供父母代种鸡约 3 000 万套，约占全国需求量的 75%。目前我国年出栏黄羽肉鸡约 40 亿只，占全国鸡肉总产量的 30% 以上。

(3) 水禽 我国水禽资源主要分布在南方及华中平原各省。据统计，我国现有水禽地方品种 53 个，包括 26 个鸭地方品种、27 个鹅品种。我国水禽资源丰富，生产性能高、生产效益好，但还有一些生产不利因素：如品种选育程度相对较低、性能表现均匀度差，因而不同程度地影响饲养效益；对我国水禽资源的基本评价和研究不够，水禽地方品种的生长发育和生理参数的数据还较缺乏；不同品种和类型的禽种饲养的技术研究不够，还没有全面的指导生产方面的技术资料；品种的专门化生产水平较低，产业化生产的适应程度有待提高。

（三）我国种业与国际种业差距的比较分析

我国种业与发达国家差距主要表现在：我国种业科技创新投资规模较小，种业科技创新高端人才和一线人才数量均显不足，动物种业企业尚在培育成长中，品种选育协同创新有待加强。

1. 我国种业科技创新投资规模较小

"十二五"期间，动物育种子领域共投资 11.2 亿元，约每年投资 1.12 亿元。发达国家除政府投资外，跨国种业集团也投入较多。例如，英国的 Genus 种业集团公司每年的研发经费为 3 400 万美元左右，约是我们全国动物育种技术投资的 1.8 倍多。不同于发达国家，我国种业企业规模普遍较小，几乎没有科技创新投入，主要以国家科技计划投资为主。

2. 种业科技创新高端人才和一线人才数量均显不足

据不完全统计，现在，我国大学和科研院所共有畜禽种业科技创新人员 786 人，正在动物种业科技创新中发挥重要作用。但是，由于本行业企业规模小、实力弱，一线种业科技人员的待遇较差，工作环境有待提高，公共福利保障措施缺乏，很多本科以上的高学历人员不愿意从事相关工作，使得动物种业企业一线的科技人员严重不足。此外，我国还缺乏大型种业集团，更缺乏致力于提高企业核心竞争力的专业技术研发高级人才，也缺乏长期投身动物种业一线的技术人员。

3. 种业企业尚在培育成长中

我国种业企业较多而分散，规模和实力较小，没有形成由市场主导的自由竞争和兼并重组局面，多数企业缺乏种业科技核心竞争力。与国外种业巨头相比，差距较大。2012 年，我国具有种畜禽生产经营资质的各类种畜禽场达 14 600 多家，但具有品种培育能力的科技型企业不到 70 家。此外，我国种业企业长期处于低端市场，养殖的猪、牛、禽等主要是引进品种。国外企业占据了生物种业的上游。国内企业虽然市场大，但科技含量低，始终处于产业下游。

4. 品种选育协同创新有待加强

发达国家和地区的成功经验表明，政府、协会、企业和科研单位必须上下联动、密切配合、协同攻关，才能促进动物种业的发展。而在我国，科研院校与市场、企业结合松散，绩效评价目标体系不同，培育的相关品种在市场上难以形成国际竞争优势，导致育种企业更愿意直接从国外进口，陷入了"引进—利用—退化—再引进"的恶性循环。

5. 种源疫病净化工作亟待提高

对垂直性传播疫病的研究不够深入、全面，科教单位的研究成果还不能很好地应用于规模化生产，尚未建立规范的全国性畜禽种业疫病净化计划。同时，畜禽种业企业准入门槛低，疫病净化技术力量与投入不足，检测设施设备落后，净化手段不到位，影响行业的健康发展。

三、当前我国畜禽种业面临的挑战和机遇

（一）主要问题和挑战

尽管我国畜禽良种繁育体系建设取得了一定的成效，但无论与国外畜禽育种先进水平相比，还是同国内实际生产和消费需求相比，我国畜禽良种繁育体系建设还相对滞后，种畜禽管理还存在一些薄弱环节。我国种畜禽业面临的问题和挑战主要表现为以下六个方面。

1. 对国外优良品种依赖度高

当前，国外畜禽良种在我国种畜禽生产中处于支配地位，肉、蛋、奶规模化生产中使用的良种大部分依赖国外引进。我国瘦肉型猪核心种源也主要依赖进口，2012 年达到历史新高，据海关统计我国共从国外引进种猪 1.7 万头。白羽肉鸡品种完全依赖进口。樱桃谷鸭占据我国种鸭市场份额的 85％。蛋鸡主导品种以进口为主，其中海兰蛋鸡品种占市场份额的45％，其他引进品种罗曼、依莎、海赛、尼克等占 25％。至今尚未健全优秀种公牛自主培育体系，90％以上的优秀种公牛依赖国外引进。细毛羊育种和生产中使用的种羊也严重依赖进口。

2. 育种方式落后，生产水平低

育种工作依赖于种畜禽场的生产规模。目前，我国种畜禽场群体规模普遍偏小，技术储备相对薄弱，育种积极性不高。在育种组织上，各育种场间缺乏协作和遗传联系，难以形成有规模、大群体的育种优势。在育种方法上，性能测定工作滞后，测定方法和设备不规范，测定数量少。育种工作的滞后，导致生产水平较低。目前，我国生猪出栏率为 132％，发达国家一般可达到 160％以上。我国荷斯坦牛平均单产仅 4 800 千克，与世

界平均水平 6 000 千克、发达国家 8 500 千克相比，差距十分明显。

3. 良种繁育体系尚不完善

我国畜禽良种繁育体系还很薄弱，处于发达国家的早期育种发展水平。由于投入严重不足，良种繁育的基础设施没有得到有效改善，种畜禽场舍陈旧，基础设施落后，仪器设备短缺老化，不能满足品种选育和良种供应的需要。由于没有资金支持或投入不足，畜禽生产性能测定、后裔测定、遗传评估、品种登记、选种选配等育种基础工作无法有效开展，严重影响了本品种选育、专门化品系、杂交配套和新品种培育。

4. 疫病频发影响种畜禽生产能力

近年来，动物疫病对我国畜牧业发展产生了重要影响。种畜禽场是畜禽生产的源头，其提供商品幼畜雏禽的健康程度直接关系到畜禽产品的质量。有些病原体感染和发病还可引起免疫抑制，使禽群频繁发病。虽然免疫接种和药物防治对控制疫病流行和降低畜禽死亡率起到一定作用，特别是在产品流通范围小、饲养数量少、集约化程度低、疫病种类少且病因单一的过去曾起过重要作用。但是现在，过分依赖疫苗和药物已不能有效控制疫病，需找到一种根本解决问题的办法。

5. 资源保护选育与开发利用不够

我国畜禽遗传资源不仅数量众多，且大多具有繁殖力高、肉质鲜美、适应性强、药用竞技观赏等优良种质特征，为世界畜禽育种事业发展做出了重要贡献。但对资源的重要性认识不足，挖掘、评估、选育和开发利用不够，选育方向不适应市场需求，地方品种的优良种质特性没有充分发挥应有作用。据统计，全国有 40% 以上的地方品种群体数量有不同程度的下降，相继有 44 个地方品种被确定为濒危资源，有 15 个品种为濒临灭绝资源，17 个品种已经灭绝。

6. 种畜禽业发展机制有待完善

种畜禽业的发展是一项系统工程，具有长期性、连续性和公益性。根据欧美国家的成功经验，需政府和相关机构、育种企业协力运作。但长期以来，我国种畜禽业缺乏工作的连续性，品种培育、繁育、推广和改良等环节脱节，缺乏协调机制。种畜禽质量安全监管薄弱，缺乏行业准入制度，推广网络不全，良种推广不力。目前，全国畜禽良种信息的采集、分析、发布机制尚未形成，信息网络建设滞后，种畜禽市场供应、质量水平、价格走势、品种资源分布、联合育种等信息不能及时有效发布，在一定程度上造成了种畜禽生产的盲目性，良种推广缺乏针对性。

（二）机遇

1. 政策机遇

"十二五"期间，国家明确了加快发展现代农业种业的战略目标和措施，今后一个时期是发展我国现代畜禽种业的重要机遇期。为稳定生猪健康发展，国家出台了一系列政策，如"国务院办公厅关于促进生猪生产平稳健康持续发展防止市场供应和价格大幅波动的通知 国办发明电〔2011〕26号"。这些政策为稳定生猪生产起到了积极作用。《国务院关于促进奶业持续健康发展的意见》和《奶业整顿和振兴规划纲要》等文件的出台有力地推动了奶业发展。农业部先后出台了奶牛、生猪、肉牛、蛋鸡、肉鸡、肉羊的遗传改良计划，划定了种畜禽业发展蓝图。

2. 消费需求稳中有升

猪肉消费一直是居民肉类消费的主体。到目前为止，猪肉消费仍占肉类消费总量的60%以上，依然是城乡居民肉类消费的绝对主体。随着农村经济发展和农民收入的不断提高，占总人口60%的农村居民猪肉消费必将进一步增加。加之工业化和城市化进程的加快，新增城市居民对猪肉产品的消费需求也将出现快速上升的趋势。因此，我国猪肉消费仍有一定的增长潜力。不论城镇居民还是农村人口，在过去的15年乳制品消费量不断增加。乳制品加工业产值从2007年的1 329亿元上升到2012年的2 469.9亿元；肉牛业产值2008年为1 740.4亿元，到2013年上升到3 382.1亿元，6年间增长了94.33%。

3. 畜禽育种新技术

基因组选择等新技术研发应用，为自主培育优质种牛提供了有力工具。2012年中国荷斯坦牛基因组选择技术成果鉴定，用于中国荷斯坦牛青年公牛的预选。基因组选择技术的应用大幅度提高了青年公牛选择的准确性，有利于各育种组织利用长期以来积淀的育种成果建立自有育种核心群，并且不断吸收国外最新育种成果，打破在奶牛领域中引种—退化—再引种的恶性循环。

四、加快种业发展亟须建立的新理念

畜禽育种是我国与畜牧业发达国家的主要差距之一。因此，我们应借鉴发达国家种畜禽业发展的成功经验，加强我国畜禽育种工作。据此，结合我国的实际情况，需建立以下理念。

1. 确立引种为辅、选育为主的指导思想

引进是手段，引进的目的是要利用畜牧业发达国家的育种成果，加速我国的育种进程，缩小我国与畜牧业发达国家之间的差距。选育就是建立属于自己的育种体系，形成有利于提高生产性能和培育新品种的机制，选育是引种工作的延伸。只引种不选育，畜牧业没有根基；只选育不引种，不利于尽快赶上世界先进水平。要在适当引进的基础上，建立我国独立自主的育种体系，加强选育工作，把引进和选育有机地结合起来，促进我国种畜禽业健康稳定发展。

2. 完善畜禽育种组织体系

完善的育种组织体系是成功育种的重要保证，但育种组织体系涉及政府管理部门、行业协会、技术推广机构、育种企业、科研单位等多个组织，是一个复杂的系统工程，需要全国统一规划，通过多种渠道共同努力，大规模协作才能完成。为了实现我国种畜禽业的可持续发展，可以借鉴发达国家的经验，结合中国特色，依托种畜禽遗传改良计划，制定统一开展育种工作所需的各项规章、协调各个组织之间的关系、收集和发布育种数据和相关信息、监督各项育种工作的规范开展。

3. 做好畜禽育种基础性工作

要做好育种工作，首先要做好品种登记、个体生产性能测定等基础性工作。开展品种登记就是对个体的血缘进行认定，血缘不清就无法参加育种工作；开展个体生产性能测定，这是进行个体遗传评估和选种的前提。

4. 实施畜禽育种补贴制度

畜禽繁育体系建设是一项周期长、投入大、见效慢的系统工程，是社会公益性事业。国外经验表明，繁育体系建设必须有政府扶持，由政府管理部门、技术推广机构和育种生产企业联合起来完成。在畜牧业发达国家，政府普遍采取对育种给予补贴的政策，尤其是在建立育种体系的初期，都是由政府给予经费支持。例如，美国、加拿大、欧洲一些国家在开展奶牛生产性能测定和育种计划的初期，都是由政府支持，免费为奶农进行产奶性能测定和体型外貌评定。待育种体系建设已经基本完善后，才逐步过渡到商业化运作模式，但政府仍或多或少地给予适当补贴。我国的畜禽育种体系建设尚处于起步阶段，需要国家提供专项经费的支持和后续的专项育种补贴。

5. 加强种畜禽质量监管

种畜禽作为养殖业的源头，其影响至关重要。根据欧美等国的经验，必须强化种畜禽的质量监管，颁布相应的法律法规和质量标准，同时建立相应的国家和地区质量检测中心。

6. 重视畜禽育种科学进步

科技进步对畜牧业发展的贡献率达到 50% 左右，并且这一作用正在逐步加强。与发达国家相比，先进的育种技术在我国种畜禽业中应用还不广泛，育种工作仍以经验为主，效果不理想。根据国外经验，我国种畜禽业的发展需要坚持自主创新与技术引进相结合，不断提高畜禽育种的技术装备水平。加强国家基地、区域性畜牧科研中心创新能力建设，支持畜牧业科研、教学单位与企业联合，发展种畜禽高新科技企业。

欧美畜牧业发达国家几乎都是先进的工业化国家，畜牧业仅占国内生产总值的极少部分，但是这一基础产业的发展目标和政策取向对我们很有启发，值得认真思考和借鉴。与这些国家的畜牧业现状相比，我国差距较大，我们必须通过借鉴国外成功经验，解决制约我国畜牧业发展的关键因素，调整我国农业产业结构，适合自然生态环境保护的需要，使中国的畜牧业进入良性的循环轨道，实现可持续发展。

五、"十三五"畜禽种业发展的重点任务

（一）总体目标

中国种畜禽业应坚持以科学发展观为指导，以建设现代畜禽种业为方向，紧紧围绕提高畜禽良种生产能力、国产化水平，满足养殖生产和畜产品市场供应的发展目标，统筹规划，积极扶持，转变机制，依法治种，突出自主育种创新，加大畜禽遗传资源保护开发力度，强化种畜禽生产经营

管理，建立与我国现代畜牧业发展相适应的种畜禽业，促进畜牧业持续健康发展。

到 2020 年种畜登记制度基本建立，建立全国荷斯坦牛品种登记，建立全国种猪档案库，出台并实施绵羊山羊等其他家畜登记管理办法；实现以引种为辅、自主制种为主的育种体系；形成若干具有国际竞争力的育种公司；加强、完善畜禽遗传资源种质特性评价与动态监测中心建设，畜禽品种资源得到更有效的保护和扩繁；种畜禽数量进一步减少，质量进一步提升。

1. 种猪业发展目标

我国猪种资源丰富多彩，尤其是具有繁殖力强、肉质优良、耐粗饲和适应性强等优良遗传特性，具有很大的开发利用价值，是任何一个西方国家都无法相比的。猪育种的新特点将是在开展遗传资源评价的基础上，利用两类基因资源，即引进品种（生长速度、饲料转化率和瘦肉率）和我国优良地方品种（繁殖力、肉质和适应性），采用常规育种与分子育种技术相结合的现代育种技术体系，采用新设备开展大规模的生产性能测定，运用多性状动物模型 BLUP（最佳线性无偏预测）技术进行种猪的遗传评估，结合分子标记辅助选择或标记辅助导入，培育新型高产优质新品种及能够适应不同市场需求的专门化品系，通过人工授精技术快速推广优秀种猪基因，不断提高种猪质量，逐步建立起优质瘦肉猪持续改良的良种繁育体系。在高效生产中正确地使用专门化品系，利用配合力好的父母代的杂种优势，开发出适合不同消费层次的具有地方特色的优质猪肉产品，以满足国内外市场的多元化需求，从而提高我国猪肉产品的市场竞争力。

建立适应现代猪业发展需要、分工明确的良种繁育体系。猪良种繁育体系是将纯种的改良、良种的扩繁和商品肉猪的生产有机结合起来的一套体系。猪完整的繁育体系的建立决定了现代集约化养猪生产的基本框架。这种育种体系的结构要求：使猪群在现有设备基础上的周转最大化，将母猪非生产天数最小化，不断改善产品质量，使生产成本最小化，实现利润最大化。

猪良种繁育体系形似金字塔，由核心群、扩繁群和生产群组成。在育种金字塔结构中，必须确定曾祖代、祖代和父母代使用的品种，父系或母系选择的性状，要有精确的性能测定方案、遗传评估方法和快速传递的配种体系（人工授精）。在金字塔式的良种繁育体系中，核心群内获得的遗传进展经繁殖群传递下来，最终体现在商品生产群，使商品代猪的生产性能得以提高。这里基因流动是自上而下的，而市场信息流动是从下到上的。

选择产业基础较好、比较优势明显、相对集中连片的长江流域的四川、重庆、湖北、湖南、江西、江苏、安徽、浙江，中原和东北地区的山东、河南、河北、吉林、辽宁，以及广东、广西、云南、贵州等，逐步建立自主良种繁育体系。

2020年实现全国生猪遗传改良计划的总体目标是立足现有品种资源，加强引进品种选育提高和推广利用，改变我国种猪对国外的依赖性，增强我国种猪自给能力和养猪生产效率，保障猪肉产品有效供给；开展地方猪种保护、选育和杂交利用，满足国内日益增长的优质猪肉市场需求；建成科学合理的良种猪繁育体系和组织管理体系。

2. 种鸡业发展目标

充分利用现有研究单位、育种单位、检测机构的资源，形成家禽遗传资源研究、培育、开发、检测、推广、生产的联合体。通过对育种素材优质、高效性状遗传规律的全面分析和遗传评估，建立平衡育种技术体系，加快育种进展。培育高产褐壳蛋鸡、白壳蛋鸡、粉壳蛋鸡、节粮型蛋鸡、优质土蛋鸡配套系各2个；优质黄羽肉鸡配套系10个，加快快大型白羽肉鸡的育种进程。加大自主培育品种的推广力度。①充分调查分析我国陆禽遗传资源的现状、种质特性，建立家禽遗传资源数据库，为家禽育种工作提供资源信息。②建立蛋鸡、肉鸡育种和推广联合体系，开发相应的系统。利用计算机技术，充分利用鸡的祖代场、父母代场、测定场的数据信息，加快信息传播速度，提高鸡品种繁育和推广效率。在北京、东北三省、河北、山东、河南、江苏、广东、安徽等中国主要的鸡饲养区，建立国产品牌鸡的父母代和商品代示范基地。③加大对育种公司的支持力度。通过经济和政策扶植，提高育种公司的地位和经营水平。④促进家禽终端产品的深加工和出口事业的发展，开拓种禽市场。⑤完善疾病的有效控制和发生疫情时的有效措施，以保证种禽业持续发展。⑥根据种禽对生长环境的要求和技术特点，科学规划、合理布局。由于种业具有较高的技术含量，推广时涵盖的地域广阔，育种公司应该建设在技术力量雄厚的地区。

为了便于推广、利于下级场的引种，要合理布局全国的种鸡场。

2020 年实现全国蛋鸡遗传改良计划总体目标，建立起力量雄厚、具有龙头作用的育种企业 10 家，形成自主品牌品种 20 个。蛋种鸡、快大型肉鸡主要分布在华北、华东地区，黄羽肉种鸡主要分布在华南、华中、华东地区，力争使国育种鸡市场占有比率达到 40％以上。

3. 水禽种业发展目标

实现 2020 年发展目标的途径有：①充分研究我国水禽遗传资源的现状、种质特性，完善水禽遗传资源保护体系，保护好水禽遗传资源，保障水禽种业的可持续发展。②在保护的基础上，充分开发和利用我国地方水禽品种资源和引入品种的基因资源，培育具有我国自主知识产权的高产、抗逆特色蛋鸭，优质的肉脂型、瘦肉型肉鸭新品种和配套系，优质肉鹅及肥肝鹅专门化品系，尤其是高繁殖力的专门化母系，并通过杂交组合筛选出优秀的配套系。③通过现代家禽育种理论与分子标记辅助选择技术的结合，提高我国水禽育种技术水平，保证水禽育种效率和成效。④发展现代水禽种业集团，产学研联合，培育具有国际竞争力的水禽新品种和配套系，并通过企业运作模式，建设完善良种繁育体系。⑤结合国家畜牧业发展规划和水禽生产实际，突出不同地区水禽生产的特色和优势，科学规划、合理布局，建立与不同生产方式相适应的水禽种业体系，实现新时期水禽种业体系建设的新突破。

2020 年发展目标：培育若干具有我国自主知识产权的优质、高产、抗逆的蛋鸭、肉鸭、肉鹅、肥肝鹅专门化品系，并通过杂交组合筛选出优秀的配套系；通过良种繁育体系建设，实现以引种为辅、自主制种为主的育种体系；形成数个具有国际竞争力的水禽育种和产业化龙头企业；水禽遗传资源保护体系更加完善，水禽品种资源得到更有效的保护和扩繁；种禽数量和产量进一步增加，保障水禽业可持续发展。

4. 奶牛种业发展目标

到 2020 年实现全国奶牛遗传改良计划总体目标，奶牛品种登记工作覆盖到全国，奶牛生产性能测定规模不断扩大，全国青年公牛联合后裔测定稳步推进，优秀种公牛冷冻精液全面普及和推广，奶业优势区域成年母牛年平均产奶量达 7 000 千克，其他地区奶牛每个世代的单产提高 500 千克，奶牛遗传改良技术逐步与国际接轨，奠定奶业发展的优良种源基础。

通过奶牛遗传改良计划的实施，构建我国完整的现代奶牛遗传改良技术规程和组织管理体系。

主要任务包括：①建立健全奶牛个体生产性能测定体系，在牛群中实施准确、规范、系统的个体生产性能测定，获得完整、可靠的生产性能记录，以及与生产效率有关的繁殖、疾病、管理、环境等各项记录。②建立健全中国荷斯坦牛品种登记体系，根据荷斯坦牛品种标准，制订奶牛登记条件、登记办法与步骤、登记内容、登记结果的公布、登记证书等。制定《中国荷斯坦牛体型鉴定技术规程》，培训奶牛体型鉴定技术人员，在全国组织开展中国荷斯坦牛品种登记和体型鉴定工作。在牛群中通过个体遗传评定和体型鉴定，对优秀牛只经遗传评定后进行良种登记，选育和组建高产奶牛育种核心群，不断培育优秀种牛。③建立健全种牛遗传评定和公牛后裔测定体系，制定《中国荷斯坦牛后裔测定技术规程》和管理办法，构建并完善中国奶牛性能选择指数（CPI）；组织大规模的青年公牛联合后裔测定；建立中国奶牛遗传评定中心，分析汇总全国奶牛遗传评定数据，计算种牛个体育种值；研究制定我国奶牛遗传评定测定日模型技术体系；建立中国奶牛分子检测鉴定实验室，对参加后裔测定的青年公牛进行遗传缺陷和亲子鉴定 DNA 检测，经科学、严谨的遗传评定选育优秀种公牛，促进和推动牛群遗传改良。④建立健全优秀种公牛冷冻精液推广体系，积极开展人工授精技术人员培训，实现持证上岗；在牛群中应用和提高人工授精技术，制定《高产冻精种公牛培育技术规程》，大量推广使用验证的优秀种公牛冷冻精液，快速扩散优良公牛遗传基因，改进奶牛群体生产性能。到 2012 年未取得后裔测定结果的公牛，所生产的冻精一律不允许经营销售。⑤建立优秀后备种公牛自主培育体系。选择建立荷斯坦牛核心母牛群和种子母牛场，使用我国验证的优秀种公牛，并引进外国优秀种公牛精液或胚胎，利用 MOET 等育种技术有计划生产和培育优秀后备种公牛，到 2020 年实现种公牛冻精质量接近国际先进水平。

5. 肉牛种业发展目标

落实全国肉牛遗传改良计划，构建国家肉牛遗传育种平台，根据肉牛存栏数量、牛肉生产产量，以及肉牛区域优势发展布局和国家农业科学创新中心建设规划，加强建设 1 个国家肉牛遗传育种中心、1～2 个国家种牛质量监测中心和 7～10 个育种分中心，指导各个地方牛品种培育、繁育和推广，监督种牛质量。重点建设一批资源场、育种场（公司）。在软件建设上重点建立全国标准统一的肉牛良种性能测定与品种登记制度，完善育种组织形式，建立肉牛育种的数据收集系统和遗传评估技术体系。逐步建立健全具有国际竞争力的健康高效、布局合理、监管有效、运转灵活的良种繁育体系，肉牛良种生产供应能力、质量水平明显提高，种肉牛质量监测和手段明显改善，肉牛繁育科技支撑与创新技术体系形成，肉牛品种资源得到更有效的保护，种业运营效率、竞争实力、整体素质明显增强。

2020 年实现全国肉牛遗传改良计划总体目标，基本建立种牛登记制度，建立全国中国西门塔尔牛品种登记；实现以引种为辅、自主制种为主的肉牛育种体系；形成若干具有国际竞争力的肉牛育种公司；肉牛品种资源得到更有效的保护和扩繁；种肉牛数量进一步减少，产量增加。

6. 绵羊山羊种业发展目标

在肉用羊方面，认真实施全国肉羊遗传改良计划。坚持地方品种本品种选育为主、专门化肉用新品种培育和引进品种选育提高为辅，利用两类资源筛选推广优良的杂交组合。完善品种标准，推进良种登记和性能测定。

在绒毛用羊方面，要重点加强毛（绒）用种羊场建设，加强种羊选育，提高毛（绒）品质和净毛（绒）率，适应毛纺织业发展的需要。做好优良品种培育选育工作，加大推广力度，扩大良种覆盖率。在新疆、甘肃、内蒙古和吉林等地的优质牧场加大超细型细毛羊的选育和品种改良力度，其他地区重点发展一般型细毛羊，根据区域特点，做好毛肉兼用细毛羊、高产型绒山羊、半细毛羊等品种改良工作，全面提高绒毛用羊生产性能。

奶山羊重点是加强种羊场建设，提高产奶量，适应乳制品市场发展的需要。细毛羊种羊场分布在内蒙古、吉林、甘肃省和新疆（区）。绒山羊种羊场分布在内蒙古、辽宁、陕西和甘肃省（区）。奶山羊种羊场分布在陕西、山东省。优先考虑加强小尾寒羊和滩羊的种畜保种和培育开发工作。

（二）重点任务

1. 猪

组建国家生猪核心育种群，作为开展生猪联合育种的主体力量；在国家生猪核心育种场开展种猪登记，建立健全种猪系谱档案；规范开展种猪生产性能测定，获得完整、准确的生产性能记录，作为品种选育的依据；有计划地在核心育种场间开展遗传交流，集中进行遗传评估，通过纯种猪的持续选育，不断提高种猪生产性能；推广普及猪人工授精技术，将优良种猪精液迅速应用到生产一线，改善生猪生产水平；充分利用优质地方猪种资源，在有效保护的基础上开展有针对性的杂交利用和新品种（配套系）培育。

新建 6 个保种场，加强 50 个保种场和 6 个保护区建设，以国家级畜禽遗传资源保护名录（2014）中的猪品种为主，重点保护 50 个品种。加强国家级及省级畜禽遗传资源动态监测中心（点）建设；建立省级分中心和监测点，提高畜禽种质资源预警能力。建立重要、濒危的品种细胞库，开展 10 个具有繁殖性能高、肉质鲜美、耐粗饲、抗病性强、耐近交等优良种质特征特性的品种开发利用。

2. 牛

特色牛种质资源遗传特性与性能调查评估及基因挖掘与创新利用。根据未来经济发展和社会需要，对我国特色牛地方品种资源，从生产性能、适应性，以及遗传多样性等角度进行其遗传特性、生理特性和环境适应性等资源价值评定；积极进行基因组测序/重测序和功能基因组学研究，挖掘耐湿热、寒冷、低氧、粗放饲养等良好适应性、高繁殖力和优良产品品质等重要经济性状的功能基因，解析其遗传特性成因，形成资源保护、性能提高和特色种质创新与新品种培育的高效遗传标记。通过牛繁育重大关键技术集成和创新，大幅度提高育种效率。促进牛常规育种技术产业化集成，形成信息形式的种质价值评定商业机制，研究制种相关专业技术（中立）机构利益联结机制，铸造有自主创新能力的种业平台，构建以种质市场适应性为基准的种业公平竞争基础。积极研发以提高选种准确性为目标的基因组预测技术体系，促进非常规繁殖生物技术等前沿技术创新和牛重要经济性状的遗传基础及分子遗传机制等前瞻性基础性研究，为提升我国牛种质水平和培育自主知识产权品种（系）提供理论基础和技术储备，打破现有的技术市场垄断。建立牛种业创新链，自主研发实现选育提高与种质资源创新。建设涵盖种质登记、性能测定/资源鉴定和遗传评估等专业技术中立机构的牛种业发展平台，推动种业基础数据的采集、存储和分析利用，建立健全具有自主研发能力的种业（联盟）结构；利用分子与细胞工程技术及传统育种技术，集成高效快繁技术，整合已有畜禽资源，研究与市场导向匹配的育种目标，实现奶牛、肉牛、水牛和牦牛选育提高及种质的创新与新品种培育，提升我国牛种业核心竞争力。构建育、繁、推一体的牛种业商业化发展模式，增强种业企业对市场需求及发展的把控能力。建立健全我国牛种业人才发展的良性运行工作机制，培养和引进一批具有国际先进水平的科技领军人才，带动形成一批科技创新团队；研究利用法制手段保护育种成果和促进种业发展的机制；建立牛种业企业自主培育、自行扩繁、直面市场的商业运作模式，利用国家及行业育种技术创新平台，研发基于互联网的种业信息集散体系，形成市场反馈引导育种需求的良性行业竞争机制，促进种业市场需求稳定和理性发展，通过提高行业用户认知推进高效养殖技术，全面发挥种质遗传水平。

新建 4 个保种场，加强 20 个保种场和 2 个保护区建设，以国家级畜禽遗传资源保护名录中的品种为主，重点保护 21 个品种。加强完善国家级及省级畜禽遗传资源动态监测中心（点）建设；建立省级分中心和监测点，提高畜禽种质资源预警能力。建立重要、濒危的品种细胞库，开展 10 个具有肉质鲜美、耐粗饲、抗逆性强优良种质特征特性的品种开发利用。

3. 羊

确定重点选育的地方品种、育成品种、引进品种和新培育品种，制定各品种的选育规划，指导品种选育；筛选适宜杂交组合，指导品种利用。建立国家羊遗传评估中心和区域性生产性能测定中心，实施羊生产性能测定，开展遗传评估，为品种选育提供支撑。制定遴选标准，遴选肉羊、毛羊、绒羊核心育种场，组建羊育种核心群，实施已有品种的本品种选育和新品种培育。在羊核心育种场和主产区开展种羊登记，健全种羊系谱档案，完善育种信息记录制度。

加强 10 个保种场和 4 个保护区建设，完善国家级家畜基因库。加强国家级及省级畜禽遗传资源动态监测中心（点）建设；建立省级分中心和监测点，提高畜禽种质资源预警能力。以国家级保护品种为主，重点保护 27 个地方品种；加强本品种选育和开发利用，合理有序推进我国优质绒毛用、肉用羊的产业化进程。

4. 蛋鸡

培育高产蛋鸡新品种，持续选育已育成品种，扩大市场占有率；培育地方特色蛋鸡新品种，满足不同市场需求。打造一批在国内外有较大影响力的"育（引）繁推一体化"蛋种鸡企业，完善蛋种鸡生产技术，规范蛋种鸡生产管理，建设国家蛋鸡良种扩繁推广基地，满足蛋鸡产业对优质商品雏鸡的需要。在育种群和扩繁群净化鸡白痢、禽白血病等垂直传播疫病，定期检验其净化水平。制定并完善蛋鸡生产性能测定技术与管理规范，建立由核心育种场、标准化示范场和种禽质量监督检验机构组成的性能测定体系。开展蛋鸡育种新技术及新品种产业化生产技术的研发，及时收集、分析蛋鸡种业相关信息和发展动态。

5. 肉鸡

培育黄羽肉鸡新品种，持续选育已育成品种，扩大核心品种市场占有率；培育达到国际先进水平的白羽肉鸡新品种。打造一批在国内外有较大影响力的"育（引）繁推一体化"肉种鸡企业，建立国家肉鸡良种扩繁推广基地，满足市场对优质商品鸡的需要。净化育种群和扩繁群主要垂直传播疾病，定期监测净化水平。制定并完善肉鸡生产性能测定技术与管理规范，建立由核心育种场和种禽质量监督检验机构组成的性能测定体系。开展肉鸡育种新技术及新品种产业化技术的研发，及时收集、分析肉鸡种业相关信息和发展动态。

6. 肉鸭

目前，大型肉鸭品种 85% 以上依赖引进，主导品种是樱桃谷鸭，国内自主培育的品种、配套系约占肉种鸭市场份额的 15%，小型肉鸭生产以地方品种为主。大型肉鸭品种开发利用可以北京鸭或利用其培育的快大配套系为主要品种。经过多年的探索和研究，肉鸭的开发在我国已形成较成熟的模式，培育出了 Z 型北京鸭配套系、南口 1 号北京鸭配套系等，其生产性能与国外引进品种相近，饲养效益显著，市场占有率不断扩大，形成了我国地方水禽品种的开发模式。小型肉鸭品种将以地方品种为主，重点在优质肉开发利用上，如樟茶鸭、板鸭等产品受到消费者欢迎，效益明显。

7. 蛋鸭

蛋鸭生产以国内优良地方品种为主，主要品种有山麻鸭、金定鸭、绍鸭、高邮鸭等。研究表明，我国地方鸭种是世界上产蛋最多的鸭品种，特别是其优异的蛋品质，决定了我国地方蛋鸭品种是开发利用的主角，只要对我国的鸭地方品种进行选育，不必引进国外的专门化配套系。蛋鸭种业发展要以地方品种为主，根据市场需求进行遗传改良和杂交配套，形成蛋鸭良种生产体系。针对部分地方蛋鸭品种退化的现象，在保存现有蛋鸭地方品种资源的基础上，有针对性地开展选育和开发利用，育成性成熟早、产蛋量高、饲料消耗少、抗病力强的蛋鸭新品种（系）。

8. 鹅

鹅的开发利用主要包括鹅肉、鹅肥肝生产。鹅肉生产以国内优良地方品种和培育品种为主，如狮头鹅、扬州鹅等，鹅肥肝生产以朗德鹅等引进品种为主。鹅的地方品种开发相对较晚，对地方品种的选育利用工作尚处于起步阶段，大多数选育只限于表型性状的直接选育。目前，利用四川白鹅等地方鹅种，成功培育了扬州鹅新品种，其生长性能和肉质性能受到国内生产企业的普遍欢迎，现已成为江苏及周边地区的当家品种。另外，要利用地方消费习惯进行产绒等其他性状的选育。

基因库和保种场保护并重，以活体保护为主要手段，规范保种技术，加大科技支撑，提升家禽遗传资源的保护效率和保种效果，强化监测手段，推进种质评价。

完善并加强 4 个国家级家禽基因库保种的基本条件建设，重点收集保护国家级重点保护名录或珍稀、濒危品种，完善 28 个鸡保种场和 11 个水禽保种场建设，规范保种场的保种技术。明确 49 个国家级保种场重点保护内容，建立专家对接指导制度、家禽遗传资源评价体系和保种效果监测的常态机制。通过遗传资源的种质评价，确定 20~30 个中长期重点开发利用品种。

建立家禽资源的评价体系，确定列入国家级重点保种名录品种的种质特性和选育利用方向。增强自主培育能力，加强地方家禽遗传资源的利用度，培育 15~20 个市场占有量大、蛋肉品质优的黄羽肉鸡、优质蛋鸡、高产蛋鸭等新品种（配套系），逐步提高地方优质家禽的供种质量和市场占有量。

9. 其他畜种

加强 16 个保种场和 10 个保护区建设，建立马、驼、驴、犬等基因库，完善国家级蜜蜂基因库。加强国家级及省级畜禽遗传资源动态监测中心（点）建设；建立省级分中心和监测点，提高畜禽种质资源预警能力。以国家级保护品种为主，重点保护 13 个地方马、驴、骆驼品种，3 个地方蜜蜂品种，2 个地方兔品种，2 个地方鹿品种。

六、"十三五"畜禽种业规划的重大建议

（一）重大政策

1. 完善财政投入稳定增长机制

立足畜禽种业发展关键环节，聚焦市场薄弱节点，以提升畜禽种业核心竞争力为取向，建立稳定增长的财政资金投入扶持机制。继续实施畜牧良种补贴政策，加大补贴力度，扩大补贴范围，加快畜禽良种化进程。继续实施奶牛生产性能测定补贴项目，将生猪、肉牛、肉羊、家禽生产性能测定工作纳入补贴范围。

2. 引导产业化经营模式创新

充分发挥市场导向作用，由政府出台财税优惠政策和专项扶持资金，鼓励探索建立科学合理的全产业链利益联结机制，引导形成"全国育种数据中心集中，种业企业带动，养殖场户参与"的猪、牛、羊、家禽种业数据模式，扶持一批基础育种机构，鼓励建立核心育种群体，加快提升种畜禽自主培育能力，既有效降低依赖进口种源的市场风险，又大幅降低养殖企业的基因产品投入成本，推动畜禽种业逐步形成优势明显的现代产业模式。

3. 加强畜禽种业质量监管

完善种畜禽质量监管法律法规，制定相关质量标准，建立国家和地区种畜禽质量检测中心，加强畜禽质量检测理论和技术研究，加大种畜禽质量安全检测力度，扩大检测数量和范围。

（二）重大工程

1. 种业科技工程

针对猪、牛、羊和家禽，紧密围绕提高生产性能、产品品质和适应能力的选育目标，积极进行技术创新、技术集成与推广示范相结合，加强高

产优质共性关键技术研究，加强组织机制创新和"育—繁—推"一体化商业育种模式建设，强化畜禽种业科技条件平台建设和人才培养，加强畜禽遗传资源保护利用科技创新，努力提升我国畜禽种业的核心竞争力，确保种业安全，不断提高民族畜禽种业的国际市场份额。

2. 良种工程

重点支持畜禽核心场、扩繁场、种公畜站和精液配送站建设，扶持畜禽遗传资源保护场、保护区和基因库的基础设施建设，支持畜禽新品种（系）选育，建设种畜禽生产性能测定中心、遗传评估中心，进一步增强良种供种能力，强化遗传资源保护利用，推进优良品种选育，保障我国畜禽良种数量和质量安全，加快良种繁育推广。

3. 种畜禽测定

为满足国内种畜禽市场的需求，逐步减少引种的数量，引导种畜禽场开展生产性能测定工作，加快培育具有自主育种能力的种畜禽产业体系，维护生猪、奶牛、肉牛、蛋鸡、肉鸡、羊种畜业战略安全，设立中央财政专项资金，用于开展生产性能测定工作，从而完善种畜个体生产性能测定数据，建立健全全国种畜生产信息数据库，指导全国生猪、肉牛、鸡、羊遗传改良工作，提高我国养殖业整体生产水平。

（三）工程平台

1. 育种信息工程平台

针对畜禽主要生产性能和原料乳、肉，建立和完善畜禽生产信息和质量监测信息平台；鼓励成立品种协会，建立职业的品种登记员、体型鉴定员、性能测定员队伍，扩大登记群体，提高外貌鉴定和性能信息收集效率；建立官方认可的第三方牛、猪、羊遗传评估中心，完善政府监管及行业监管体制；定期公布评估、比对、测定结果，建立行业、社会公信力。建立官方认可的分子遗传学检测体系，研发、熟化牛遗传缺陷技术，建立商业化基因型检测和基因组选择服务体系，增强种业质量安全意识。建立畜禽遗传资源动态监测与评估中心，组织开展地方品种登记，建立适合我国国情并有自主知识产权的遗传资源动态监测软件，定期、实时开展畜禽遗传资源的监测，开展与动态监测相关的研究工作。在全国范围内设立畜禽遗传资源动态监测站点，对资源进行跟踪调查，掌握动态信息。

2. 分子细胞育种工程

建立分子、细胞工程育种技术新体系。建立稳定、高效的体内外胚胎工厂化生产技术，以 MOET 育种及标记辅助选择（MAS）等分子和细胞育种技术为主导，利用 BLUP 和 MA‐BLUP 共轭选种等手段进行遗传评定，筛选集成应用分子标记、细胞工程、分子数量遗传学与常规育种手段相结合的牛、羊品种最优化育种方案，建立育种技术新体系。利用基因组选择技术开展牛、猪的分子育种。挖掘畜禽遗传资源的优良特性和优异基因，稳定提高地方畜禽遗传资源的选育进展。

3. 畜禽遗传多样性工程平台

针对猪、牛、羊、家禽业涉及品种和遗传资源，专业化、商业化储存遗传多样性，研究不同类型基因存贮策略安全性和恢复效率；研究遗传资源商业化机制；提升种业安全级别。

草原畜牧业"十三五"规划战略研究报告

一、"十二五"以来草原畜牧业取得的重大成效

(一) 草原生态保护建设成效显著

"十二五"以来，国家编制了以《草原保护建设利用"十二五"规划》为主的一系列生态环境保护建设区域工程规划，并连续密集出台了多个促进草原牧区发展和生态保护的重大政策，草原生态保护建设投入也持续加大。从 2011 年起，国家在内蒙古、新疆、西藏、青海、四川、甘肃、宁夏和云南等 8 个主要草原牧区省（自治区）和新疆生产建设兵团投入中央财政资金 136 亿元，建立草原生态保护补助奖励机制。2012 年国家安排 150 多亿元，将所有牧区半牧区县全部纳入草原生态保护补奖政策实施范围。2013 年国家用于草原生态保护补助奖励政策实施、退牧还草等生态工程方面的中央投资总额就达到 207.75 亿元，是"十一五"时期中央投资总额的 1.2 倍。通过不断加大力度推进草原重大生态工程建设与集中治理，我国天然草原地区尤其是生态脆弱区和严重退化草原区域内草原生态状况发生了一些趋好性变化，全国草原生态环境加剧恶化的势头已初步得到有效遏制。2013 年全国天然草原鲜草产量突破 10.5 亿吨，为近 10 年来最高。全国草原综合植被盖度为 54.2%，较上年增加 0.4%。工程区草原植被恢复加快，与非工程区相比，草原植被盖度、高度和产草量均有大幅提高。一些典型草原地区退化趋势得到明显遏制，沙化草原面积不断减小，草群中多年生牧草所占比例呈上升趋势，草原群落结构趋于稳定。

（二）人工草地建设与饲草产业持续发展

目前，全国人工草地生产与建设整体呈稳定上升趋势，为加强草原生态保护与生态文明建设、推进畜牧业生产方式转型发挥了积极作用。2013年全国保留种草面积 31 301 万亩，同比增长 5.32%，其中人工种草 18 697 万亩、改良种草 11 582 万亩，分别同比增长 2.66% 和 11.82%；当年新增种草面积 11 542 万亩，同比增长 10.79%；其中人工种草 9 180 万亩，改良种草 2 311 万亩，飞播种草 50 万亩，同比增长分别为 6.02%、33.3% 和 100%。干草生产方面，2013 年全国干草生产种植面积为 4 767 万亩，同比增长 173.18%；全国干草总产量 924.57 万吨，同比增长 15.58%。近年来我国牧草干草进口量一直呈现快速增长趋势：2013 年全国干草进口约 79.84 万吨，较上年增长 74%，为 2008 年的 4.8 倍。草种方面，2013 年我国进口草种 3.48 万吨，为 2008 年的 2.2 倍。其中，2013 年紫花苜蓿种子进口量 1 880.9 吨，较上年增加 20%，为 2008 年的 39 倍。

（三）农区草食家畜生产进一步发展

"十二五"以来，随着牛羊肉消费需求和市场价格的增长，农区畜牧业呈现出较快的发展势头。如 2008 年我国典型农区河南省的牛肉、羊肉产量已分别位居全国第 1 位和第 4 位；2008 年河北、江苏、浙江、安徽、福建、江西、山东、河南、湖北、湖南和广东 11 个农区省份的牛肉、羊肉总产量分别占全国的 42% 和 31%，2013 年则分别占到全国的 46% 和 34%。农区畜牧业大发展离不开大量的饲草料供应，这就使得过去以粮食作物占绝对优势的种植业结构向粮食作物、经济作物和饲料作物协调发展的三元结构方向转变，同时也带动了农区草业大发展。2013 年我国栽培牧草面积 1 246.5 万公顷，其中农区栽培草地 731.5 万公顷，占全国面积的 58.7%。相比 2001 年的 962.4 万公顷，10 多年来全国栽培草地面积增加了 30%。

（四）草原牧区逐步实现"禁牧不禁养、减畜不减肉"的良性循环

2001—2012 年，我国草原面积由 4.36 亿公顷下降到 4.18 亿公顷，

减少了 4.23%，但空间差异较大，同期西北区和青藏高原区的草原面积分别增长了 27.5% 和 2.0%，而草原主要分布区内蒙古和宁夏区面积变化不大，东北区、中原区、西南区和东南区的草原面积则分别下降了45.2%、37.4%、30.8% 和 29.9%。另据《全国草原监测报告》，全国草原产草量经过 2009 年最低点，近 5 年微幅持续增长，2013 年干草产量约32 542.9 万吨，为 2005 年以来最高。同期，草原生产力、载畜量都呈现出逐年下降的趋势。与之相反的是，草原产肉能力、牛羊肉产量却逐年递增。如 2002—2012 年，内蒙古自治区典型草原、草甸草原和荒漠草原产肉能力分别以每年每公顷 0.935 千克、0.376 千克和 0.335 千克的速度递增。2013 年我国牛肉和羊肉产量分别为 674 万吨和 408 万吨，合计占全国肉类总产量 8 536 万吨的 12.7%。其中，草原牧区牛羊肉产量分别超过全国总产量的 1/3 和 1/2。在这种发展态势下，除了动物营养与饲料科技贡献之外，草原畜牧业领域不断提高的科技水平对于牛羊肉产量逐年增长的贡献功不可没。特别是"十二五"以来，我国草业已在高产优质牧草新品种选育、草原改良、牧草栽培及饲草生产加工、家畜饲养管理等方面取得了一批成绩卓著的科研成果，相关理论体系不断完善、研究方法不断创新，草原畜牧业科技水平得到全面提升，并取得了良好的经济、社会和生态效益。

（五）草原畜牧业管理法规和制度不断完善

21 世纪以来，随着《草原法》的不断完善和逐步施行，草畜平衡、禁牧休牧、草原保护等科学利用制度不断推行，草原围栏、人工种草、草原改良等配套措施不断加强。截至 2013 年，全国草原围栏面积达到7 878.3 万公顷、禁牧休牧面积 15 674.5 万公顷，累计人工种草保留面积2 086.7 万公顷。与此同时，草原畜牧业逐步从传统、粗放的游牧生产方式向集约化、标准化、产业化方向发展。目前，全国各地继续深入落实草原家庭承包经营制度和各项草原保护建设制度，加大草原保护建设支持力度，努力恢复草原植被，提升草原生态功能，积极转变草原利用方式，草原利用状况逐步得到改善，草原可持续利用生产方式逐步形成。到 2013年，全国草原承包（经营）面积为 2.8 亿公顷（其中六大牧区草原承包经营面积 2.1 亿公顷），已占到可利用草原面积的 72.1%。

（六）草原畜牧业生态与生产迈向双赢发展

草原畜牧业是兼顾生态保护与草原地区生产、人民生活进步的难以替代的基础产业，对统筹生态安全与经济发展发挥了重要作用。作为畜牧业物质基础的草原，近年来通过不断加强保护和建设工作，生态环境加速恶化的势头初步得到遏制，局部地区生态环境明显改善。2013 年全国草原综合植被盖度达 54.2%，较上年增加 0.4 个百分点。同时草原地区农牧民的生产生活水平也发生了翻天覆地的变化。如 2008 年内蒙古农牧民人均纯收入为 4 656.2 元，到 2013 年已增至 7 611 元，增幅为 76 倍，农牧民生产水平和生活质量从真正意义上实现了跨越式增长。草原畜牧业也是农牧民就业的重要途径，据统计，现有 266 个牧业及半牧业县（旗）的 2 306万劳动力中，从事草原畜牧业生产的劳动力就超过 1 773 万人，占劳动力总数的 75.3%，是 2008 年的 2.37 倍。

二、国内外草原畜牧业发展的新特征

（一）国外草原畜牧业发展的新特征

1. 先进的草地放牧管理技术

发达国家尤其是新西兰和澳洲以高效的草地放牧管理技术闻名于世。新西兰发展以白三叶和黑麦草混播为主的人工草地，实行日粮化的轮牧管理。平原地区每公顷可养羊 15～20 只，高的可达 30 只，生产水平较高，并具有一套独特的草地管理技术，该技术主要基于已有的放牧管理和施肥技术。当地普遍实行以草定畜、草畜平衡的放牧管理制度，草原围栏、划区轮牧、饲料预算等措施得到全面实施，草原放牧管理的计算机模型软件、专家系统、地理信息系统等现代技术得到很好的研发和应用。根据牧草生长动态和家畜营养需要制订长、短期的饲料预算和放牧计划，进行日粮化放牧，以牧草产量及季节变动合理确定载畜量，确保家畜饲养规模低于草原的最大理论承载潜力，从而降低草原过度利用及由于气候波动而造成的家畜生产损失。实施不同的放牧管理策略，在满足不同家畜饲料需求的同时，提高草原资源利用率，使草地得到良好的管理并维持禾豆最佳配比和草地生产力的最优状态。多数牧场实行轮换和休牧制度，在牧草返青至生长旺盛时期仅用 20% 左右的面积轮牧，其余草地休牧，以促进牧草返青再生。一般每年进行一次轮换，5～6 年为一个轮换周期。此外，混播草地主要施用磷肥以促进白三叶生长，而白三叶可提供禾草（黑麦草）所需氮素，从而形成互惠性的禾本科-豆科草地群落。常规的土壤化验和养分诊断可用来确定施肥种类和施肥量，根据土壤酸性情况施用石灰以调节 pH，施用微量元素来校正个别元素的缺乏，满足牧草生长所需。由于氮肥成本较高，当地放牧草地基本不施用氮肥，而仅依靠三叶草提供必要的氮素，且全放牧饲养方式使营养元素得到了有效循环并保持了土壤肥力。

2. 集约化的草地畜牧业生产方式

以高度集约化生产方式为主的草原畜牧业正在成为发达国家农业发展的新特征。各国通过大力推广和发展人工草地与饲草饲料生产，已完成了从传统放牧饲养向工业化集约生产的转变。如美国推广人工种草（特别是紫花苜蓿），人工草地面积占草地总面积的 15% 以上，牧草播种面积不断增加并主要用于生产优质苜蓿干草。在美国紫花苜蓿产值仅次于玉米，全国一半以上的土地面积用于生产牧草和饲料作物，牧草产业占到农业产值的近 1/3，当地不仅拥有用于集约畜牧业发展的"黄金玉米带"，而且有大量的饲料作物种植区，饲草饲料资源极其丰富，农牧场实行定额管理和机械化作业，草地畜牧业集约化程度较高。澳大利亚在发展高产优质人工草地的同时，采取补播、施肥、灌溉等措施大面积改良退化草地，以提高草原的综合生产力。该国现有人工草地 2 667 万公顷，已占全国草原总面积的 60% 以上。草原改良和人工草地提供的优质牧草资源，加上家畜良种化和先进的放牧管理，使得澳大利亚的奶牛在放牧条件下年产鲜奶平均达 5 吨以上，肉牛 18 月龄体重可达 350 千克以上，形成了低成本、高收益的草原畜牧业系统。欧洲由于天气因素，情况略有不同，目前多以青贮饲草饲料替代干草，如丹麦、荷兰和英国的青贮料占总干物质储量的 80% 以上。大部分地区青贮玉米比青贮牧草成本低，使其用量进一步加大，加之玉米和整株谷物生产在欧盟国家享受补贴政策，奶牛的营养需要依赖于较大比例的作物饲料等因素，使其以青贮饲草与作物饲料为代表的草地畜牧业集约化程度逐步加强。

3. 普遍的家畜良种化与标准化

发达国家十分注重家畜的良种化与标准化，基本实现了良种化，并不断加强品种选育以提高品种质量。如澳大利亚牧场种畜均由专业种畜场购买，且其选育计划完善，标准也非常严格，畜群须经育种协会注册，不容许发现有任何品种不纯的种畜个体，逐代使用优良种畜，不断淘汰生产性能较差的家畜个体，畜群个体和群体生产性能不断提高。新西兰放牧饲养用家畜已全部实现良种化，通过家畜品种的不断改良和不同生产系统的优化布局，其畜牧业生产效率大幅提高。当地还根据不同的自然环境和草地类型，饲养具有不同生产目的和适应不同管理技术的家畜，形成了具有区域特点的专业性畜牧业生产系统。近年来，新西兰每年畜产品出口额占全国出口总额的 50％以上，其中出口的羔羊胴体就达 3 000 万只以上，已是世界最大的羔羊肉出口国，同时也是世界上最大的乳制品出口国，黄油、奶酪等乳制品行销世界 50 多个国家。新西兰的草畜产品之所以畅销世界，除了无污染的环境、可靠的产品质量、高效的生产系统之外，主要是由于实行了全草型畜牧业，不补饲精饲料，因此生产成本低且市场竞争力强。美国畜禽品种良种化的程度一直较高，当地饲养的奶牛、肉牛和绵羊均为优良品种。种畜场采用人工授精、胚胎移植等生物技术进行遗传选育，使种畜的各项指标达到特定种畜协会的审定标准，场内管理科学规范，档案标识清楚，各项数据指标录入计算机管理系统。奶牛场采用人工授精配种，母牛的年更新率达到 30％左右，而肉牛多数是从欧洲引进的优良品种。

4. 有利于草原畜牧业持续发展的政策法规

作为全球畜牧业最发达国家之一的澳大利亚，对畜产品及饲料的生产和销售都有严格的质量管控制度，并采用严格的质量和安全标准。在草原发展、土地和水资源利用，以及生态环境保护等方面都有严格的政策法规。同时政府推行一系列优惠政策，鼓励农牧场主发展生产，如对实行牧场轮换、有利于保护草场的生产管理活动，其家畜运输等费用由政府补贴50％，草料涨价部分也由政府补贴，鼓励农牧场主及时出售牲畜并实行缓税政策及推迟 5 年后再征税等。为了促进畜牧业持续发展，新西兰政府也制订了一系列有益于草原管理利用的政策。如鼓励牧场主对草原进行开发和建设，国家会对大面积草原围栏等项目给予一定的投资补助，并发给低息和无息贷款,这些优惠政策措施对草原的开发利用起到了很大的促进作用,使草原畜牧业生产水平得到提高。美国畜牧业生产的社会化程度较高,畜牧业生产经营以市场需求为导向,生产经营中问题的解决依靠市场和中介组织尤其是各种行业协会和专业组织,主动为生产者提供产前、产中、产后的全面系统服务。全美已有近500万个农牧业行业协会和专业组织,除参与农牧业政策的制定外,还发挥生产者行业代言人的作用,并为草原畜牧业生产者提供各种信息、培训、技术服务等。

(二)国内草原畜牧业发展的新特征

1. 草原资源的多功能性

草原作为陆地生态系统的重要主体,是全球生态环境稳定的保障,我国北方天然草原约2.87亿公顷,绵延约4 500千米,覆盖了辽阔的中国北疆,是中国大陆及许多亚洲国家重要的生态屏障。草原可为家畜提供种类多样、品质优良的植物性饲料,是畜牧业生产的重要物质基础,也是生产肉奶皮毛的畜牧业基地。在调节气候、改善生态环境质量、改良土壤、培肥地力并保持水土、防风固沙、进行养分循环、保护生物多样性、保持生物基因资源、进行休闲娱乐等方面,草原的生态功能更为显著。草原生态系统还具有重要的社会功能,这是由于我国天然草原多分布于边疆少数民族聚居地区,各少数民族在辽阔的草原居住、生存、繁衍,世世代代创造了少数民族文化,牧民游牧生活即为一种极具生态意识的民族文化,是人与自然和谐共处的集中体现和智慧结晶。目前,草原的多功能性体现在经济功能、生态功能和社会功能三个方面。随着人们生活水平的提高,草原旅游的发展带来了投资、改善了基础设施,促进了草原牧区第三产业的发展,促使农牧民自觉调整产业结构、畜群结构和种植结构,有些已基本脱离土地,从事与草原旅游业相关的一些服务性经营活动。

2. 草原牧区生态优先的发展思路日益清晰

目前草原发展面临的挑战依然严峻,草原生态"局部改善,总体恶化"的趋势尚未根本遏制;草原畜牧业增长方式难以为继,草畜矛盾仍十分突出;草原灾害频繁发生,防灾抗灾能力仍很薄弱;草原生物多样性遭到破坏,毁坏草原资源的现象时有发生。牧区作为草原的集中连片分布区,面积为400多万平方千米,约占国土面积的42%,在中国经济社会发展大局中具有重要的战略地位。2011年国家已经明确了草原牧区要实行生态优先的发展战略,"十二五"以来,草原牧区以"生态优先,减畜、转人、转方式"为主旨的可持续发展思路与路径愈发清晰。在贯彻实施一系列关于加强草原生态保护、转变草原畜牧业发展方式、促进牧区经济全面发展、增强基本公共服务能力等政策措施的同时,牧区发展基本遵循生产与生态有机结合、生态优先的原则,各项事业取得了长足进步,牧区经济发展和牧民生活得到明显改善。

3. 传统畜牧业向现代畜牧业的转变

当前我国草原畜牧业正在发生着重大变革。即由掠夺式利用向科学合理利用方式转变,自由放牧向放牧与舍饲相结合方式转变,围栏、暖棚、干草调制、青贮等基础设施建设逐步加强,且不断采用优良家畜品种,畜群结构得以优化,疫病防治水平及家畜出栏率等都逐渐提高。具体来看,不同草原区域根据各自的资源特点,以市场为导向,调整畜种结构,以牛羊养殖为主,突出发展草食畜牧业产业,优化畜群结构,重点提高母畜比例、加快出栏和周转以提高效益;调整优化品种结构,淘汰品质差、效益低的个体;积极引进、改良和选育适应性强、个体生产性能好的国内外优良畜种,发展高产优质高效低耗的生态畜牧业。在草原保护建设和合理利用的基础上,以人工和半人工草地建设、半舍饲养殖和畜种改良为三大关键环节,加强了优势畜产品基地的规模化建设,以规模养殖户为依托,建设高标准无疫病的畜产品生产基地。

4. 生态绿色草食畜产品生产与需求旺盛

随着国民经济较快增长和人民健康观念不断增强,我国人民的消费观念和饮食需求已经发生了重大变化。由于草食家畜肉类产品具有高蛋白、低脂肪、营养全面、易于消化吸收、绿色低污染等特点,因而倍受消费者青睐,销售价格稳中有升且消费群体不断增长。截至2013年年底,全国肉类总产量达到8 535.02万吨,其中牛肉产量673.21万吨,是2000年的1.3倍;羊肉产量408.14万吨,是2000年的1.6倍;2013年牛、羊肉占全国肉类总产量的比例已上升到7.9%和4.8%。近年来,与猪肉相比,牛、羊肉上升趋势持续走高,2000—2012年,牛肉和羊肉年均增长速度分别是猪肉的1.2倍和2.2倍。肉类(猪、牛、羊)产品产量情况为:2000年,猪、牛、羊肉产量分别为4 005.6万吨、505.43万吨和251.26

万吨；2013 年，猪肉、牛肉、羊肉产量分别为 5 493.03 万吨、673.21 万吨和 408.14 万吨。此外，2012 年农村家庭人均牛羊肉和奶类消费量分别为 2.04 千克和 5.79 千克，仅为城镇家庭人均消费量 3.7 千克和 36.43 千克的 55.1% 和 15.9%。随着我国农村经济的快速发展，现代农业与新农村建设的实施及城市化进程的加快，占我国人口总量 70% 的农村居民将成为未来畜产品消费增长的主体。目前，全球兴起的生态畜牧业浪潮以生产绿色有机畜产品为主，并已开始引领现阶段我国草原畜牧业向生态畜牧业过渡，以草食家畜为主的草原畜牧业市场的发展前景十分广阔。

5. 草食家畜生产的发展潜力在农区而基础在牧区

过去几年间，以企业和合作社为代表的农区现代化畜牧产业呈现规模化发展，为我国畜产品生产和供应做出了很大贡献，同时也缓解了牧区的生产压力，有利于保护牧区生态环境。农区畜牧业是发展农村商品经济和增加肉、蛋、奶等畜产品供给的重要组成部分。在资源开发利用上以农牧结合为主，形成了高产、优质、高效的农业生态体系和良性循环，对加速农业的综合开发具有十分重要的意义。与牧区保障畜产品的基本供应相比，农区畜牧业发展潜力巨大，如利用农作物秸秆发展草食家畜的生产潜力巨大。我国年产 5.7 亿吨作物秸秆，相当于北方草原每年打草量的 50 倍，充分合理而有效地利用这些农作物秸秆能大大促进草食家畜的发展；此外，我国农区年产各种饼粕约 2 000 万吨，但目前用作饲料的饼粕仅 30%，如果把饼粕的利用率提高到 60%，则可增产饲用饼粕 600 万吨，可成为发展畜禽养殖的主要精饲料来源。

三、当前我国草原畜牧业面临的挑战和机遇

（一）挑战

1. 草原生态保护与发展生产的统一

草原是一个自然生态系统，大多分布在干旱半干旱地区，自然条件十分严酷，土壤贫瘠且植被稀疏，单位草地生物量较低而生态条件又比较脆弱。因此，草原畜牧业对自然的依附性较高，而对人口的承载力较低，且需要同时对草、畜进行双重经营与管理，既要考虑并注重草原的生态功能，又要从中获取最大化的畜牧业经济效益。长期以来，由于盲

目开垦、滥挖乱采、超载过牧等，导致草原退化、沙化、碱化严重，植被覆盖率下降，风沙危害日趋严重，甚至直接影响到京津地区的生态环境。2003年，针对草原过度放牧而正式启动实施国家"退牧还草"工程项目，先后实施了天然草原植被恢复、牧草种子基地、草原围栏、退牧还草、京津风沙源治理、游牧民定居、石漠化草地治理、飞播种草、草原防火、草原治虫灭鼠等建设项目，工程实施以来，草原植被得到了明显恢复，草原生产和生态功能正出现明显好转的趋势。然而，由于目前我国对草原畜牧业建设方面投入力度较小，尤其是饲草料基地和家畜棚圈设施等建设资金严重匮乏，特别是随着草场逐渐转好，畜牧业收入不增反减，直接影响了农牧民收入，这些将威胁到"退牧还草"工程取得的已有成果。

2. 草原生产力波动对畜牧业稳步发展的影响

草原植被作为草原畜牧业第一性生产力的物质基础，决定着草原生态环境的健康和草原畜牧业的持续发展。近年来，虽然草原生态保护理念普遍增强，但牧区人口生态负荷依然较重，草原生态"局部改善、总体恶化"的局面仍未能根本改变。草原退化已导致生态环境恶化，进而引起草原第一生产力下降。据遥感监测数据模拟草原产草量结果表明，目前主要草原分布区草原产草量整体呈下降趋势，下降幅度为12%～38%。尽管国家大力推广实施"退牧还草"工程措施，并加大草畜平衡力度，但由于牧区人口成倍增长及社会对草原畜产品的需求增大，致使家畜数量仍然维持高位。我国北方草原超载过牧问题仍然突出，北方草原平均超载30%以上，草原长期得不到休养生息，生产力不断下降。由于草场压力大，家畜越冬费用高，大量的当年羔羊、犊牛等还未充分长膘育肥增重就出栏屠宰，致使牛、羊生产能力得不到有效发挥。冷季期间牛、羊掉膘损失更为严重。据估算，我国单位面积草地产肉量只有世界平均水平的30%，澳大利亚的10%，美国的5%和荷兰的2%。由于天然草地自然生态系统失衡，导致不同年际间、不同季节单位面积内的生物产量波动较大，如草甸草原产草量年际间波动一般为30%～40%，丰、欠年产草量相差1.2倍以上；典型草原年际间生产力波动平均为50%左右，丰、欠年产草量相差2倍以上；荒漠草原及草原化荒漠产草量年际间生产力波动可达60%～70%，丰、欠年相差可达3倍以上。这种产草量的波动严重阻碍了我国草原畜牧业的发展。

3. 基础设施和科技应用的不足

目前，我国牧区生产与生活的基础设施仍十分落后，多数牧区县（旗）不通铁路，有些地方甚至不通电、电话和基本公路。交通不便和信息不灵严重制约着牧区商品经济的发展。还有，草原畜牧业设施简陋，水利设施建设不到位，甚至缺乏必要的棚圈和饮水设施。如内蒙古陈巴尔虎旗虽有丰富的水资源，但由于水利设施建设薄弱，缺乏调控性的水利工程，导致现有的水利设施不能有效蓄水，相当大面积的草场存在不同程度的季节性、地域性、工程性缺水。同时，洪水发生时不能有效排水，防洪抗灾能力较弱。此外，草原畜牧业生产中的科技含量较低影响其科技贡献率的发挥，而科技兴牧的必要前提条件就是要提高劳动者尤其是广大农牧民群众的科技文化素质，使科技兴牧惠牧真正落到实处。目前牧区文化教育不能适应农牧业发展新阶段的要求，农牧民的文化教育水平较低，农牧业生产仍停留在传统生产经验的基础上，现代科学技术水平低下。如内蒙古自治区多数旗县每1万人口中，大专以上学历的只有不到50人。典型草原牧区技术人员严重缺乏，科技推广服务体系不健全，在很大程度上制约了农牧区科技发展的进程。

4. 市场和技术服务体系的不完善

我国草原畜牧业目前仍存在市场化程度较低且加工增值能力较弱的生产状态。很多牧民还处于自给自足的自然经济状态，严重制约着畜牧业市场化进程和畜产品商品化程度。在草原畜产品生产与经营方面缺乏上规模和上档次的龙头企业的带动；产品加工转化能力和精深加工水平低，产品科技含量少，结构单一，生产附加值低，并没有形成名优品牌和拳头产品；管理水平低下，开拓市场的能力和竞争力弱，市场占有率低。此外，草原畜牧业服务体系不完善，我国牧区服务体系局限于兽医站、改良站、草原站3大站，并按照有关部门的计划要求完成家畜改良、防疫和草原建设等方面的具体任务，同时为牧民提供畜牧业生产和技术服务。然而，在市场经济快速发展的今天，牧民需要的不仅是产中技术服务，更需要产前和产后服务，如完善的市场体系和顺畅的流通渠道、健全的畜产品生产和流通调控机制、合理的畜产品保护价收购制度等。

（二）机遇

1. 绿色产品优势为草原畜牧业发展提供了机遇

2008年三聚氰胺事件之后，我国居民对食品质量安全的关注度日益提升，尤其对于畜产品消费品质有着更高的要求。牧区由于地处海拔较高地区、人迹稀少，受到的外界工业污染较少，厂矿流出的废渣污水很难流经这些地区，区内天然草原牧草中污染源极少，饲草中天然有毒有害物质以及生物和非生物污染均处于最低水平，天然草原生产的畜产品食品安全系数较高；牧区草原面积较大，难以大规模施肥，可完全避免化肥施用的不良影响和生物残留，土壤水、肥仅源于天然降水和家畜粪便，牧草以绿色无公害无污染模式自然生长，放牧饲养家畜由于活动范围较广，生长性能良好，家畜肌肉纤维及肉中蛋白等含量较高，完全符合当前居民对绿色膳食纤维和高蛋白食物的需求。因此利用这些优势，建立健全家畜标准化生产管理体系，在这类地区通过发展草原畜牧业生产具有独特地域特色的绿色畜产品，以牛羊等家畜放牧为主并辅以局部舍饲等饲养方式获得大批肉类及奶品等畜产品，生产以"绿色、天然、无污染、无公害、有机"理念为主的具有草原牧区特色的畜产品，在提高广大农牧民收入的同时，也给未来草原畜牧业提供了更大的发展空间和升值潜力。

2. 草食畜产品消费需求增长为草原畜牧业发展营造了空间

2013年我国牛、羊肉占肉类总产量的比重为12.7%，而畜牧业发达国家则已达到50%甚至90%，因此我国畜产品生产还有很大的发展空间。随着人民物质生活水平的提高和消费观念的不断转变，居民对于牛、羊肉的需要量将不断增加，特别是农村居民对于畜产品的消费潜力未来预计会较大。2011年农村家庭人均畜产品（肉、禽蛋）消费量为23.46千克，仅为城镇家庭人均消费量42.13千克的55.7%。随着我国农村经济的快速发展，新农村（新牧区）建设的实施及城市化进程的加快，占我国人口总量70%的农村居民将成为未来畜产品消费增长的主体。另外，现代社会出于健康观念的考虑，属于绿色无污染无公害的草原畜牧业产品越来越受到居民的青睐。因此，未来我国草食畜产品需求增长将为草原畜牧业发展带来巨大的市场空间和发展潜力。

3. 畜牧业在国民经济中的重要地位促进了草原畜牧业发展

我国草原畜牧业生产的肉蛋奶产量均排在世界前列，2013 年全国肉类产量达到 8 535.2 万吨、禽蛋产量 2 876.1 万吨，位居世界第一位；奶类产量 3 531.4 万吨，居世界第三位。畜牧业产值也在不断提高，2013 年全国畜牧业产值已增至 28 435.5 亿元，占农业总产值的比重上升到 29%。作为畜牧业的一个重要组成部分，草原畜牧业是北方牧区、半农半牧区以及南方草山草坡区农牧民增收的支柱产业，对于农牧民增收、畜牧业结构调整和边疆稳定均具有极为重要的作用。如 2013 年全国 268 个牧区半牧区县牧民人均纯收入达到 5 924 元，较 2010 年增加 1 430 元，增幅为 31.8%，高于全国城镇居民收入增幅 3.6 个百分点；其中，牧民人均草原补奖等政策性收入达到 700 元，占牧民人均纯收入的 11.8%。累计定居游牧民户数达到 35 万户，占游牧民总户数的 80%，牧民群众的生产生活水平大幅提高。另据专家测算，人均 GDP 达 1 000 美元以上则对牛奶和牛羊肉等草食畜产品的需求会明显增加，2008 年我国人均 GDP 为 3 266.8 美元，2013 年已增至 6 767 美元。此外，优质牛奶和牛羊肉价格虽较高，但仍受到中高收入人群的追捧，也是未来我国畜产品消费的重点，生产高档牛奶和牛羊肉必将以大力发展人工草地或其优质草产品为基础，同时也为我国草原畜牧业稳步发展创造空间。

4. 草原科技投入为草原畜牧业发展提供了良好机遇

近年来，国家对草业领域科研与技术产业研发投入力度不断增加。"十五"期间以科技支撑项目为例，仅有 3 个课题，总经费 500 万元，其中涉及草原畜牧业的研究内容很少。其他科研项目如国家自然科学基金项目、"948"项目、"973"项目涉及草业的课题少，经费严重不足。"十一五"期间草业科技支撑项目"草业高效发展关键技术研究与示范"增加为 10 个课题，总经费为 1 500 万元，且草原畜牧业成为主要研究内容，同期启动了"948"项目、行业科技、国家牧草产业技术体系、奶业重大专项、"973"项目、"863"项目等，经费投入接近 2 亿元。"十二五"以来，国家对草业科技的投入力度进一步增加，尤其对于草原畜牧业的支持经费比以往增加了 20% 以上。此外，《国家中长期科学和技术发展规划纲要（2006—2020）》中也将草原畜牧业列为今后草原科技示范和支撑的重点发展和支持的研究领域之一。因此，国家加大对草原畜牧业投入也为其未来快速发展提供了良好机遇并奠定了坚实的物质基础。

四、加快草原畜牧业发展亟须建立的新理念

(一)质量效益型理念

我国草原畜牧业长期以来采用天然草地自由放牧的方式生产畜产品,由于降水量少、草原建设投入少、草食家畜长期超载等原因,造成草地退化十分严重,草地生产力尤为低下,单位面积草地畜产品产量仅为澳大利亚的 1/10、美国的 1/20、新西兰的 1/80,而人工草地面积仅占天然草地总面积的 3%,并不能对草原畜牧业生产形成有力支撑。近年来,草原畜牧业生产方式逐渐由自由放牧向舍饲半舍饲和划区轮牧转变、由粗放经营向集约化经营转变、由单一数量增长型向质量效益型转变。以人工草地和草产品为基础发展现代高效草食家畜生产,以草业"四个生产层"理论为指导,以提质增效为目标,不断转变草原畜牧业发展方式,牢固树立"质量效益型"理念,逐步提高草食畜产品数量和质量并替代食物结构中的粮食,减少对谷物的过度依赖,提高人均蛋白质摄入量。发展粮草轮作、冬闲田种草等形式的人工草地还可有效培肥地力,增加后作粮食产量,实现"藏粮于地"和"藏粮于草",有效维护粮食安全。

(二)生态文明新理念

草原生态问题是一个世界范围共同关注的焦点。据 FAO 公告资料显示,21 世纪初,全球约有 3 亿公顷的农业用地流失或退化,其中草原沙化、碱化和由于超载过牧破坏的草地面积约占 30%,目前草原退化仍在加剧,我国的草原生态状况更是不容乐观。党的十八大提出了生态文明理念,目的是"关系人民福祉、关乎民族未来的长远大计,实现中华民族永续发展"以及"建设生态文明以人为核心,也是科学发展观的本质"。依据尊重自然、顺应自然和保护自然的原则,针对当前我国北方大部地区尤其是牧区草原多数均已不同程度退化的状况,应在今后草原资源开发利用过程中首先坚持做到经济社会的持续发展与人的全面发展高度统一,处理好经济效益、社会效益和环境效益间的关系,在开发的过程中努力处理好人与社会、人与自然的关系。草原资源开发中要充分协调处理好与草原生

产、开发相关技术部门和环境要素如周边生态环境的承载能力、从事草原开发经营人员的素质和水平及与之相关的行业部门等，协调诸多方面的因素，实现互惠互利、合作共赢。

（三）可持续发展新理念

进入 21 世纪以来，世界各国和一些国际性组织都开始进行有关保护生物资源环境与发展持续农牧业的探索，围绕"可持续性"发展理念，开展了一系列农牧业发展模式与技术体系的探索并积累了丰富的生产实践经验。发达国家由于具备科技水平高、工业发达、农业劳动力素质高、政府投入大等优势，主推模式在指导思想、组织方式、支撑技术体系等方面具有很多相似之处，但又各有其侧重点，选择的主要模式应从本国具体国情出发并与其生态和资源组合特点紧密相连。即不仅从生态保护入手，还须顾及民生，要考虑到生产者的生存和发展状况，并从转变草原畜牧业发展方式上找到解决之道。因此，应全面加强和注重草原畜牧业可持续发展理念，实现草原生态保护与发展高效草地畜牧业相统一，统筹草原资源及其环境条件，科学合理地进行布局生产；坚持生态优先和农牧结合的原则与思路，推进高效经济适用模式，努力实现生态持续好转和草原畜牧业综合生产能力不断提升的双赢，真正实现"禁牧不禁养、减畜不减肉、减畜不减收"的目标，促进草原生态和牧区生产同步协调发展。

五、"十三五"草原畜牧业发展的总体框架

（一）总体目标

"十二五"以来，国家在草原生态保护建设、草原畜牧业发展、农牧民增收等方面投入了大量的人力、财力和物力，但因过去长期超载过牧及掠夺式生产，同时受到生产条件等多种矛盾的制约，使得实现草原畜牧业可持续发展的基础仍然十分薄弱。因此，"十三五"期间，要继续坚持草原生态畜牧业的发展方向，走草原生态恢复、畜牧产业稳定升级与牧民增收的道路。即以草原畜牧业现代科技为技术支撑，草原畜牧业发展应遵循保护、改良、建设和利用的基本思想，畜牧业生产方式亟待全面转型，草原生态环境需要整体恢复，逐步夯实草原畜牧业可持续发展的基础。

（二）基本原则

1. 坚持质量效益并重

在维护草原地区生态系统稳定性、实现草原生态环境质量明显改善和可持续发展的同时，强化草原资源适度开发，积极引导草原生态环境可承载的绿色畜牧产品产业发展，全面狠抓落实质量安全监管流程，突出草原畜产品的原生态与无公害特点，充分发挥畜产品的质量效应，向规模化、产业化、良种化和科学化要效益，推动草原畜牧业发展尽快步入提质增效的健康发展轨道。

2. 坚持布局结构优化

根据我国草原类型不同区域分布特点、地理环境特征及其存在的主要问题，着眼于草原生态环境的整体改善、草原牧区经济的可持续发展及各个地区产业的协同发展，因地制宜优化产业区域布局，科学规划畜牧业的产品结构，通过进一步转变草原畜牧业生产方式，完善畜产品供需平衡机制，实现草原畜牧业均衡发展。

3. 坚持宏观调控引导

草原畜牧业需要政府和市场的宏观调控作为主体引导方向才能逐渐步入可持续发展的轨道。充分发挥政府的组织、引导和指导作用，加大对草原保护建设的投入并强化资源与生态监管力度，全面改善草原政策环境和公共生态服务，广泛开展和贯彻草原可持续发展理念和生态文化教育意识；同时积极发挥市场在草原资源配置中的决定性作用，有效利用市场经济杠杆，强化监测预警和信息引导，逐步加强产业宏观调控能力，促进草原畜牧业稳定发展。

4. 坚持生产生态协调

立足于草原生态功能，促进草原生态环境改善和草原牧区生产发展同步，草原牧区要以其社会经济可持续发展总体规划，引领社会主义新农村、新牧区实现全面小康，必须加快牧区产业链的建设步伐，大幅提高牧民生活水平，但这种生产发展绝不能以破坏草原生态环境为代价，应坚持在生态保护中发展生产，生产发展中注重生态保护，切实加强和推动草原畜牧业生产和生态的协调发展。

（三）重点任务

"十三五"草原畜牧业发展将在深入贯彻落实草原生态保护与建设各项技术措施、推进基本草原保护、继续加大基础设施建设投入力度的基础上，大力发展资源可持续利用型的草原畜牧业，加快转变生产经营模式与发展方式，逐步实现草原畜牧业生产与生态的和谐发展。

1. 继续加强和巩固草原生态保护建设，形成现代草原畜牧业可持续利用的长效机制

为了巩固现有可利用草原资源，扩大草原生态恢复治理的力度，加快人工草地建设步伐，提高草原产草量，应高度重视草原资源的合理利用，缓解草畜矛盾，促进草原畜牧业协调稳定可持续发展。即在牧区按照统筹规划、建立和完善草原基本保护制度，对人工改良草地、放牧场、割草场和自然保护区等具有重要生态功能作用的草原类型实行严格保护。在利用草原的同时，要制定草原禁牧、轮牧封育、季节性休牧、舍饲圈养等行之有效的管理方法，应用草地生态恢复与管理关键技术并实行草畜平衡制度，巩固禁牧退牧生态恢复成果，使草原生态环境得以快速有效恢复。

2. 提高草原畜牧业应用技术改进与创新能力，促进生态畜牧业产业结构调整

技术改进与创新不仅关系到行业的发展，也是产业快速形成的必要条件。草原畜牧业由于受自然、地理、地质、社会、体制等诸多因素的制约，相关技术难以完全复制或引进。因此加快草原畜牧业应用技术的集成与创新，是现阶段草原畜牧业未来可持续发展的关键因素。随着我国经济实力的增强，科技队伍也在不断充实，对于各领域的基础和应用研究、重大科技工程的支持力度也得以加强，但在草原畜牧业领域仍有很多实用技术创新亟待加强，如在草原资源利用技术体系、改良草地管理技术体系、畜种改良及其饲料生产与利用技术体系等方面，仍存在较多不确定因素和难题。因此，应尽快形成以基础、应用技术创新、重大科技工程三者为主的科研团队与投资模式，全面促进畜牧业产业结构战略升级与调整。

3. 加快选择和落实转变生产方式与经营模式，全面实现草原畜牧业可持续发展

目前我国草原畜牧业发展已有较多成熟先进的生产与管理模式，如按地域特征划分的高度退化和生态脆弱草原区、保护型恢复重建草原区、人工草地和人工建设草原区、配套饲草料生产及转移饲养草原区等可持续发展区域模式，以及包括家庭牧场模式、规模化联营牧场模式、草原畜牧业专业合作社模式等在内的草原畜牧业经营管理模式。草原畜牧业发展模式的选择必须配合国家的各项工程建设，落实各项补贴和补助政策并改进和完善草原地区政府业绩考核体系，将草原生态保护和草原生产力可持续性的绿色 GDP 纳入考核指标，强化考核体系建设与管理。配套综合富民措施，使草原牧区广大农牧民均能共享发展生产所取得的成果。部分地区如有必要也需妥善应对和解决生态移民、草场流转后迁移人口的安置及生活质量等问题，全面实现我国草原畜牧业可持续发展战略。

4. 健全安全监测体系及保障草畜产品质量安全，发挥草原畜牧业绿色优势

食品质量和安全对于畜牧业持续健康稳定发展至关重要。未来国家和社会将进一步加强对草原畜牧业产品质量安全监管工作力度，继续深入开展饲草类营养价值快速评价测定、饲草类毒害物质快速检测、家畜健康饲养、放牧家畜疫病防控、畜产品毒害物、微生物快速检测等技术的研发。草原畜牧业作为无公害无污染的绿色产业，在产品质量和安全方面具有明显优势，为有利于草原畜牧业健康发展，应培植和形成草原畜产品自己的知名品牌，以进一步开启和拓宽市场，并将社会化服务理念、市场观念和诚信观念贯穿于生产的各个环节。此外，为了提高草原牧区畜产品综合效益，应促进草原地区畜产品就地加工并实现增值。

六、"十三五"草原畜牧业规划的重大建议

2015 年中央 1 号文件中明确提出"草牧业"，并提到通过现代农业转型方式将现有的"粮—经"二元结构转变为"粮—经—饲"三元种植结构，文件中还明确提到"重点支持青贮玉米和苜蓿的大面积种植"，并倡导未来"十三五"和至 2030 年我国现代农业要以"产出高效、产品安全、资源节约、环境友好"为发展主旨。因此，通过"十三五"期间认真部署和加强草原科技与产业各项研究与推广工作，大面积改良牧区天然草原和发展农区人工栽培草地，生产优质高产牧草、高效饲养家畜，完全符合中

央 1 号文件精神。鉴于此，我们提出以下政策与工程建议。

（一）重大政策

1. 重视草灌植被的生态作用，建议将"三北防护林体系建设"改为"三北植被恢复体系建设"

我国"三北"地区（西北、华北和东北）大多地处北方干旱半干旱地区，地表土层含水量分布不一，且西北多地土壤水分分布较浅，大多位于地表中上层，某些地区土层较薄仅有 5～8 厘米，如果在该区域内全部种植林木植物，由于土壤对于水分和营养的供应有限，往往导致已栽植的幼林难以成活，在这类地区实施原本不符合当地生态条件的植树造林工程的话，不但不能起到防止水土流失和阻止沙化蔓延的作用，且投入较大人力和物力进行植树造成了极大的浪费。因此为了有效遏制这类地区土地沙化并逐步恢复当地原生植被，应将"三北防护林体系建设"改为"三北植被恢复体系建设"，充分重视草、灌植被的生态作用。即在地表含水较浅地区种植草本植物，在土壤含水层居中地区种植灌木植被，而在水位相对较深地区则可种植林木，做到宜林则林、宜灌则灌和宜草则草，因地制宜地配置适合的植被类型，进而从源头上分级、分步骤地有效治理三北地区土地沙化退化。

2. 加强草原保护建设相关政策的连续性

草原生态恢复重建及其生产力的提高是一个长期而缓慢的过程。只有立足长远、循序渐进、持久努力，才能不断积累并取得良好效果。进入 21 世纪以来，国家高度重视草原畜牧业的可持续发展，投资力度不断加强，社会认知度逐渐提高，经过十多年的努力已取得了明显成效。然而，草原畜牧业发展所依赖的基础资源即草原初级生产力和生态恢复必须经过长期甚至需要几代人的不懈努力才能逐步实现，目前已有的大多草原建设投资、补贴和工程项目，阶段性开展落实的较多，而要保证草原畜牧业的可持续发展，持续的政策和投资是关键因素之一。为此，应制定长期持久的草原轮牧、休牧和禁牧等政策，并保持政策的连续有效性。

3. 建立草原红线制度，加强和完善草原资源保护及其生态建设

当前盲目和无序的利用草原资源的状态已经冲破了多项底线，需要从国家和区域草原资源与生态环境安全格局视角，对草原资源开发利用实行总量控制和责权界定，建立草原红线有效约束和保护现有草原资源并进一步完善草地生态环境管控体制，同时设立草原资源利用和环境风险的警戒线、底线和红线。建立草原红线制度，加强草原法制建设和执法力度，防止草原水土流失；在继续实施退牧还草、退耕还草政策的基础上，加强草原生态工程建设并完善相关补奖机制，鼓励社会各界、单位和个人承包治理草原，完善草原流转实施和管理机制。

4. 促进种粮和种草协调发展

国家对种植结构调整的政策性补贴引导农牧民生产行为，过去常出现饲草地和耕地盲目轮种的现象。众所周知，大多数牧草是一年种植、多年利用，不合理的更替不但致使草地破坏，还造成收益损失。在广大的农牧区尤其是半农半牧区，应协调种粮与种草的补贴政策，达到合理良性发展。此外，要合理区分粮食用地和饲料用地，目前我国饲用玉米的种植用地均被统计在粮食用地中，在保证粮食安全战略的需求下，无法充分发挥饲料用地的作用，而广大农牧交错带因受气候、土壤等的限制，其产量十分有限，同时也影响了相关政策与科研工作的倾斜方向。因此，应在保证小麦、水稻等粮食用地的基础上，将其他生产粗饲料原料的用地划分为饲料用地，并从粮食用地中分离出来加以保护，饲料用地专门用来种植高效饲草饲料作物，以缓解我国未来饲料资源紧缺的矛盾。

5. 建议将草业生产纳入国民经济评价指标体系

目前草业在我国国民经济与社会发展中的地位越来越重要。与种植业、林业相比，草业拥有60亿亩的草地面积，为大批牛羊等食草家畜提供了重要的物质基础来源，并在国土绿化、环境美化和生态环境保护等方面起到了不可替代的作用。草业生产通过家畜将牧草转化为高蛋白食物及其相关附加值产品，满足了人们日益增长的物质需要。作为一项独立的产业，草业在20世纪末迅速崛起，并为国家经济建设与社会发展做出了重要的贡献，但目前在我国农业、畜牧业、饲料加工等国民经济统计指标中均未涵盖草地生产。因此，建议将优质饲草与大宗农作物列于同等地位，并应将草业生产尽快纳入国民经济统计指标体系，以真实有效地反映我国当前经济发展的实际状况。

6. 建议给予草原畜牧业规模化经营政策倾斜与优惠

在国家土地政策尤其是土地使用权实行流转的形势带动下，很多大中型"联营牧场和公司＋牧户"的草原畜牧业经营模式逐渐兴起，规模化经营将是未来草原畜牧业发展实现产业化和集约化的必要前提。为了提高草原保护建设的积极性，拓宽草原建设融资渠道，对于合理建设、利用及保护草原的组织或团体，国家应给予一定的政策倾斜，如将草原纳入财产保险范畴，可将其作为融资的抵押资产，并给予低息或贴息贷款及退税补贴等，从而在更大范围内通过政策倾斜与优惠全面支持草原的保护建设。

7. 推广"农—牧—草"并重的现代草牧业产业结构升级体系

当前世界农业中畜牧业比重日益增加，发达国家多已完成了由农业向牧业为主或农牧并重的转变，牧业产值（牧草转化）占农业总产值的50％以上。我国草原占国土总面积的40％左右，是现有农田的3倍，且南方地区6 000多万公顷的草山草坡，优越的水热条件使畜牧业发展潜力更大，也是我国草业的重要生产基地，应充分利用这些自然资源条件，发展草原畜牧业并形成新型农业生产结构体系。为此，国家已于2014年正式启动了"南方十省区现代草地畜牧业推进计划"项目。"十三五"期间，我国草原牧区也应开展包括种植、畜牧、养殖业在内的现代化草业生产，产业涉及优良草种选育引种、家畜放牧、育肥饲养、畜草平衡、畜产品现代化综合加工利用等领域。发展现代草牧业生产，在保护和促进草原生态系统恢复的前提下，逐步形成符合生态规律的新型农业生产体系。

（二）重大工程

1. 草原生态安全保障工程

依据草原生态现状特征，将其划分为自然保护区、植被自然恢复区与生态工程建设重点区，对三类区域实施差异性措施来保障草原生态安全。在自然保护区，严格恪守草原保护法与草原保护红线；在植被自然恢复区，加大退耕还草与生态补偿投入力度，开展破坏地特别是草原矿区内生态植被修复和恢复；在生态工程建设重点区，以国家"两屏三带"生态屏障工程建设项目为依托，以草原保护区和草原生态建设重点区为"点"，以北方草原区和南方草地区为"面"，构建以点带面，点、面结合的草原生态安全保障工程建设体系，全面巩固并提高草原水源涵养、防风固沙、稳增碳汇的生态服务功能，充分发挥草地生态保护与生物多样性功能。

2. 耕地农业向粮—草兼顾草地农业转型示范工程

当前我国农业面临三大转型：食物结构转型、农业生产结构转型和草原畜牧业转型，任务艰巨且涉及面广而深，不仅与多个业务部门有关，也触及传统农耕文化，必须在不同草地经济生态区设立试验示范区，认真开展试验研究与技术推广，统一协调和部署国家各个部门（如环保部、民委、农业部等）的生态补偿、栽培草地、草田轮作、品种改良（家畜与牧草）、生态移民等各项相关政策措施，实现我国农业结构转型的历史性任务。在以耕地农业向粮—草兼顾草地农业转型的试验示范工程区内，应规划调整粮食作物和牧草的种植时间、结构和布局，实现粮草并重；研发草田轮作、农闲田种草等生产技术创新及应用；探索边际土地种植牧草、肥田养地的技术体系；将牧草及饲用植物纳入国家农业生产规划和统计范围，给予等同粮食的财政补贴和政策优惠等。

3. 国家饲草储备工程

1990 年国家建立了粮食专项储备制度并成立了专门的管理机构即国家粮食储备局。粮食关系着人民口粮的安全，而牧草则事关食物的供给，故应效仿粮食储备制度，在主要草原牧区及农牧交错区，建立饲草储备制度，由国家主要投资，依靠公司集中建立数个饲草战略储备库（草库），进行饲草储备与调度、销售等，并定期更新，保障牧区在灾害（雪灾、蝗灾等）来临时能最大限度地降低损失，以进一步保障畜产品供应。

4. 草田轮作培肥改土示范工程

全国耕地的 30% 如实施粮草轮作、间作或套种，按每亩增产食物单位 10% 计算，可增加粮食产量 1 720 万吨。因此要在农区大力推广良田种草，实施草田轮作。同时要建设和利用好北方草原、南方草山草坡、青藏高原的高山草地、东部沿海滩涂等天然草地，在保证生态不恶化、环境向趋好转变的基础上，通过划区轮牧、农牧耦合全面提升生态生产力。北方农田应将其中一部分耕地用于种植高产优质牧草，并逐步舍弃高肥、高水、高农药条件下的谷物连作或单作，推行具有现代科技含量的草田轮作；南方地区则要充分利用冬闲田或林/果地种草。

马业"十三五"规划战略研究报告

一、"十二五"以来马业取得的重大成效

"十二五"以来，马业已成为我国畜禽养殖业中重新焕发生机的新型产业，对我国城郊与农牧区经济增长、满足大众日益增长的精神文化和体育休闲健身需要的作用已日益显现。经历了三十多年的改革发展与艰难探索后，马业在畜禽养殖业中的地位逐步改善并加强，以体育休闲骑乘为主体的马文化娱乐产业呈现出快速发展的势头和活力，取得了明显的成就。

（一）综合生产能力稳步提升

"十二五"以来，我国马业综合生产能力不断增强，我国马肉总产量从 2008 年的 16.9 万吨，增长到 2013 年的 19.2 万吨，年均增长率 3.23％。2013 年马匹存栏量 633.5 万头，位居世界第二位。在我国的四川、贵州、云南和广西等西南地区，可耕地面积少、山区多，山区面积超过总面积的 60％。2013 年该区农业机械总动力低于全国 0.69 千瓦/人的水平，仅有 0.39～0.60 千瓦/人。农业机械化后，马仍作为田间作业机械的辅助动力，用于小块地的耕作和短途、轻载的运输，比机动车更能发挥工作效率、经济方便。

（二）马产业文化产品持续增强

"十二五"以来，我国马产业链逐步完善，马产业文化产品持续增强。

马文化既是中国传统文化的核心组成部分之一，也是中国传统文化的基础和支撑。马文化同样也是北方游牧民族文化系统中的核心内容。它既具有精神文化内容，也具有物质文化内容；既有中华文化的本质属性，又具有民族文化的个性。一直以来，赛马都是那达慕大会中必有的一个娱乐活动项目。在中华民族的历史长河中，在民族迁徙、劳动、战争与文化商贸交流中，马一直是人类的忠实伴侣。现代马业是一项新型的文化产业。改革开放后，随着我国经济文化的发展，中国现代马业同体育娱乐、文化业挂钩，马术、赛马、休闲骑乘成为产业主流。马业的文化贡献逐渐体现在丰富的文化娱乐功能和锻炼、激励功能方面。

（三）地方马种改良成效显著

长期以来，政府组织进行了地方马种的调查。在调查的基础上确定了地方良种，并组织专家、技术人员制定了本品种选育方案。目前我国引进国外种马约 5 000 匹，其中 4 000 匹为纯血马，2 000 匹左右为温血马等其他马种。这些马主要任务之一就是改良我国地方马种，近 20 年来，我国约有 50 万匹马得到改良，为我国马种遗传资源库和农牧业生产、生活做出了很大贡献。这些改良后的马主要用于旅游、马术和休闲骑乘。经过改良的马种在体型结构和运动性能上明显提高。

（四）拉动农牧民增收不断提高

"十二五"以来，中国马业已由单一役用向多用途方向转变，由传统的农业、交通运输业向体育休闲业、食品加工业、生物制品业等多行业领域扩展，带动了旅游业、建筑业、制造业、通讯信息业等多个相关产业的联动发展，促进了农牧民增收和国民经济增长。作为传统牧区如新疆维吾尔自治区，大力发展马产业，将马产业发展优先纳入自治区"十二五"科技发展规划，设立马产业发展专项补贴，运用人工授精技术加快马匹改良步伐，繁育优质骑乘马，并积极进行肉、奶、生物激素等马产品的综合开发，提高马产品的附加值。改良后的伊犁骑乘型马体形结构基本符合育种目标，每年向内地供应骑乘马数千匹，输出骑手、驯马师、马场管理者等技术人员千人，经济、社会效益显著。位于坝上地区的北京军区红山军马场有旅游骑乘用马近 1 000 匹，由此带动的观光、餐饮、住宿等第三产业年均经济增长 8% 以上，年均提供 800 个就业岗位。喜食马肉的哈萨克族、喜饮马奶的蒙古族等少数民族对马肉、马奶产品进行了综合开发。新疆还是世界最大的孕马尿原料生产基地，占世界孕马尿原料生产总量的四分之一，每年投入 5 000 匹怀孕母马进行原料生产，从中提取结合雌激素作为人类疾病的治疗药物。此外，从怀孕母马血液中提取的孕马血清促性腺激素已成为猪、牛等畜禽养殖业以及小鼠等实验动物研究中常用的诱导发情和超数排卵类药物，市场应用良好。

（五）国家公益性行业马（驴）产业技术研究与试验示范取得重大成果

该项目自 2010 年实施以来，已研究形成 8 大类关键主推技术体系，分别为：专门化品系（品种）培育与登记技术体系、良种扩繁与提高繁殖率技术体系、产品深加工技术体系、生物产品质量快速检测与保障技术体系、健康养殖营养保障技术体系、运动马训练调教技术体系、马属动物重大疫病诊断与防控技术体系和马文化技术体系。

该项目还形成 6 大类关键主导产品，分别为：专门化品系（品种）选育或杂交一代及不同代次核心群 18 个，繁殖与育种器械 4 种、精液稀释液 4 种、冻精 5 万支（粒），品种登记信息平台，特色深加工产品 4 项，产品加工和质量检测装备 5 种，高效、健康养殖保障产品 6 种。

该项目取得农业生产实用轻简化技术共 38 项，涵盖了种质资源保护、繁殖育种、营养饲料、疫病防控、产品加工与质量检测等主要技术领域；取得集约化生产技术 9 项。

（六）新疆、内蒙古、北京等地现代马业崛起

"十二五"以来，我国马业已经形成了北京、新疆、内蒙古和沿海四大特色现代马业区域。北京是现代马业发展的核心区域，有约 32 000 匹马，从业人员 18 000 人，马术俱乐部及马场约 260 家，担当奥运马术、亚运马术、赛马及马术娱乐活动。新疆是传统马业发展的主要区域，目前马匹改良、区域性马文化活动以及科研支撑成效显著。内蒙古是传统马文化快速发展的区域，以那达慕、传统耐力赛和蒙古马术表演为核心内容，引领旅游产业快速发展。沿海区域面向高收入群体和白领阶层以及少年参

加的休闲骑乘产业发展快速。

二、国内外马业发展的新特征

（一）国外马业发展模式

（1）休闲骑乘产业（美国等）　　美国是世界上马业经营规模最大的国家，与其他畜禽养殖业不同，马业在美国是个独特的行业，西部牛仔文化与西方骑士文化相结合对马文化传承影响深远。近半个多世纪以来，美国的马匹存栏量增长较快，2013 年存栏量为 1 035 万匹，位居世界首位，其中 43% 的马用于休闲骑乘，成为马最主要的使用形式；仅有 9% 的马从事耕作、交通运输以及军、警用等。马最大的意义是能够提高人们的生活质量。大多数畜禽能够满足人们的身体需要，而马却能够满足人们的精神需要，这使得马与其他家畜分离开来。

美国马业超过 86% 的工作岗位在乡村，育种、饲养和调教通常在乡村进行。休闲骑乘活动一般在郊区或乡村开展，多以森林、山区、平坦开阔地等地形为主，有一定的路线以及供野餐、露营的临时设施和供人、马休整的固定设施。参与休闲骑乘活动者 70% 以上以 1~2 天出游为主，通常每天骑行 10~25 千米，作为节假日与亲朋休闲放松的一种健康方式。全美共有经规划的休闲骑乘路线约 198.1 万千米，其中 67% 位于西部 8 个州。2010 年美国休闲骑乘活动的直接经济产值约 118 亿美元，产业发展模式主要是"育马者＋马主＋设施提供者＋骑马爱好者"，其中马主与骑马爱好者的参与度决定了产业的发达程度。

针对休闲骑乘活动的特点，美国采取杂交育成的方式重点培育出了体型适中、步伐轻快、持久力强、与人亲和的新马种，如夸特马、摩尔根马、阿帕卢萨马和美国花马等。用于休闲骑乘的马无需达到如纯血马、高档马术用温血马那样的顶级竞技性能，体型外貌、运动性能、气质性情等方面适中即可，因此选择面大，培育成本不高，市场价格中等，易于被普通爱好者接受，是美国的主流马种。

（2）赛马产业模式（日本等）　　日本是一个禁止赌博的国家，因而法律上不允许赛马举办团体以外的组织或个人发售赛马彩票，而这些赛马举办团体是由中央或地方政府全额出资的公立或国有企业。日本赛马分为由日本中央赛马会（JRA）组织的"中央赛马"和由地方自治团体组织的"地方赛马"，均受日本农林水产省管辖。1948 年制定的《赛马法》和 1954 年制定的《日本中央赛马会法》保证了日本赛马的顺利开展。日本是世界上赛马投注额最多的国家，超过世界总额的三分之一，产业发展模式以"家庭牧场＋协会＋马主＋彩民"为主。

日本赛马设立的意义主要是直接或间接为畜牧业作贡献、为公益福利事业作贡献，是为国民提供健康的一种娱乐形式，因此中央赛马实行国库缴纳金制度。中央赛马的彩票销售收入除 75％作为奖金返还给彩民外，剩余部分中 10％作为"第一国库缴纳金"，另 15％用于赛马运营费，运营结余的费用中一半作为"第二国库缴纳金"。两部分国库缴纳金中的 3/4 用于马匹的改良增殖和畜牧业建设，另 1/4 用于社会公益福利事业。此外，通过骑马、马术活动等普及马文化，举办"亲马日""爱马日"等活动。

日本的育马业围绕用于赛马的主要品种——纯血马展开，绝对规模不大，重点以良种培育为主，但相对规模在世界仅次于美国、澳大利亚和爱尔兰位列第四位。日本纯血马的主要产区位于北海道以及九州，且已逐步形成在北部气候干燥凉爽、幅员辽阔的北海道地区繁殖幼驹，而转入南部温暖、潮湿的九州地区及离赛马场较近的地区育成调教的纯血马养殖布局。北海道地区饲养纯血马繁殖母马的牧场 1994 年有 1 971 家，1999 年减少到 1 590 家，2009 年又降至 1 153 家；户均 5 匹以下和 40 匹以上的牧场所占比重均不断上升，纯血马饲养呈家庭牧场微型化和财团牧场规模化两种极端分化发展趋势。

从日本的纯血马年登记新生幼驹数、进口马年新生幼驹比例和通过拍卖出售的周岁马数的变化趋势来看，纯血马生产量逐年下降，与经济低迷、娱乐形式多样化造成赛马业市场下滑关系密切；日本国内自繁的纯血马比例 10 年来逐年上升，对进口优质种马的依赖程度不断下降，本国优质种马生产能力提升；通过拍卖方式售出的周岁马总体有所增加，拍卖是促进纯血马销售的一种有效方式。

（3）马术产业模式（德国、荷兰等）　德国、荷兰等国家经济发展水平较高，骑士文化与马文化传统深厚，多数是国际马术运动（如障碍赛、盛装舞步、三项赛、马车赛等）的倡导国，居民对参与马术运动以达到健身、休闲目的并不断提高竞技水平的热情高。以德国为例，2013 年德国人口 8 263 万人，马匹存栏 46.1 万匹，每百人拥有 0.55 匹马；马术是德国第三大运动，14 岁以上的人群中有 130 万人经常从事马术运动，其中 70％以上是女性，有将近 1 110 万人对马术运动感兴趣。

马术业发展主要靠赛事赞助带动，德国马协（FN）是世界上规模最大的马术协会，同时管理赛事组织与马种繁育工作，下辖 17 个州马协、403 个县马协、7 700 个马术俱乐部、近 3 000 个马场、25 个马种协会和 72 万名个人会员，每年举办约 3 500 场马术赛事，通过赛事赞助商的经济推动，形成了"育马场＋协会＋骑手＋马主＋赞助商"的产业发展模式。

这些国家的育马、调教与马术竞技水平居于世界领先地位，各项标准健全而严格。德国有汉诺威马、荷斯坦马、奥登堡马等 14 个温血马品种，荷兰、瑞典、丹麦等国也均有自己的温血马品种。德国出生的一匹幼驹先后要经过 6 月龄体型外貌评定、2 周岁种用证书过关测试、运动性能检测和顶级马术马能力测试等四个阶段的鉴定，确保种马质量。奥运会、世界杯等国际最高水准的盛装舞步、障碍赛、三项赛等项目的参赛马，绝大部分来自这些国家。

（4）产品养马（俄罗斯、哈萨克斯坦等）　产品养马业模式是重点围绕马肉、马奶、马副产品以及役用的需求提供服务的马业发展类型，以俄罗斯、哈萨克斯坦等为代表。这些国家有喜食马肉、马奶的传统，但受民族、文化、动物福利以及产量等因素影响较大，并非世界主流马业发展方向。

产品生产规模中等，集约化程度不高，产业化发展模式以"农户＋企业"为主。马肉多来自淘汰用马，从 2000 年前后开始俄罗斯和哈萨克斯坦的马肉产量有增长趋势；马奶个体产量不高，但制成酸马奶后有治疗保健作用，因此在俄罗斯及中亚许多地区都很受欢迎。2010 年，俄罗斯有100 多家酸马奶治疗所。在中亚的哈萨克斯坦等国马奶产品已经形成一定的工厂化商品生产规模，超市有专门的马奶制品柜台，有可以在低温（0～10℃）保存 1 个月的酸马奶等制品销售。

为满足市场需要，这些国家还利用本品种选育或杂交育成方式培育专门化的乳用马、肉用马品种（品系），从而专门进行马奶、马肉的生产，如经选育形成新吉尔吉斯乳用马、哈萨克马扎贝型、巴什基尔马等乳用马品种（品系）；利用俄罗斯重挽马、苏维埃重挽马等重挽马品种，与地方品种或快步马品种杂交育成新阿尔泰马、快步-布里亚特马等肉用马品种（品系）。哈萨克斯坦的马肉价格高于多种畜禽肉类，马奶价格高于牛奶。

（二）国外马业发展主要方式

1. 专门化品种培育（选育）

过去一些挽用马品种已转型为仪仗马、马术马，有些如设特兰矮马、美国花马等已成为观赏马。为了满足世界马术运动的用马需要，用纯血马等热血马与挽用马杂交，经多年选育，培育出了如汉诺威马等很多优秀的温血马品种。马匹品种用途的改变，大大满足了经济和文化高速发展下市民健身和精神文化生活的需要。

2. 品种登记制度完备

品种登记制度完备是世界马业发达国家的显著特点，登记是育种、研究、组织赛事的必需条件。阿拉伯马、纯血马等著名马种都有长期的系谱记录。马匹登记由品种协会或有资质的登记委员会来完成，参加赛事、马匹拍卖、遗传资源保护都是以登记证书（或护照）为依据。大部分马匹品种的登记及其系谱记录资料都可以在网络上共享。

3. 重视马匹驯教技术和智力潜能开发

由于马匹使用功能的转变，马匹由原来的农牧民或军队自用自养，转变为一种文化商品。育马者更多是通过驯教马匹使其性能得以良好体现，从而获得更大的经济利益并满足精神文化的需要。国外马匹驯教技术大都从农业院校传统养马和骑乘基础上拓展而来，并与骑手的培育相辅相成，从而产生了众多的马术学校。

4. 种马鉴定及测试技术普遍运用

国外的马匹鉴定及测试技术严格而科学。马匹参加赛事或拍卖，依据权威部门所出具的等级鉴定证明进行。种马的留用更是严格，必须要在有资质的马匹测试中心，按照既定的程序进行运动性能、气质等方面的培养及测试，合格后才发给配种资格证明。没有资质的马匹配种后代不会被本品种认定。

5. 注重营养研究，改善运动性能

马匹的营养研究与其他家畜有很大的不同。赛马必须保持轻巧的体形，能量饲料不能过多，粗饲料比例不能过高；而马术运动用马营养要注意平衡，要注重改进马匹的气质和运动性能。强运动性的马匹特别要注意保持筋腱发育完好和体内电解质平衡。因此，马匹营养要根据不同用途和运动阶段的差异进行相应调整。

6. 重视马业养殖动物福利

现代马业是一项文化产业，其文化特点比较突出。马学研究中很大一部分是马厩建筑设计、马舍环境、马匹驯教设施等内容。在增加马匹运动性能的基础上，更大限度地研究如何接近自然、更大程度地发挥马的潜能。另外，保障马匹的福利比其他家畜更为严格和科学。国际马术联合会（FEI）就规定了马术运动中需要遵循的马匹福利等诸多原则。

（三）国内马业发展的新特征

1. 现代马业产品类型多样性

现代马业是一个特殊的畜牧产业，主要产品包括三种类型：马文化产品、马传统产品和马生物产品，除役用外，其他产品消费数量均持续增长。

马文化产品：马本身就是一个完整的文化产品，担负着满足人民体育娱乐的功能。幼驹进行马术驯教、可进行专门化品种（品系）培育、专门化产品生产、出售参加拍卖和赛事，母马可优选留种。

马传统产品：母马受孕产驹后除用于哺乳外，主要进行马奶生产。选择专门化肉用品种或退役淘汰马育肥作为肉用。挽用、驮用等役用马也属此类。

马生物产品：母马配种受孕后，主要用于进行孕马血清促性腺激素、结合雌激素（采集血、尿而不影响妊娠）原料生产。此外，还可兼供产驹、退役后育肥产肉。

马文化产品消费方面，据不完全统计，从 1985 年出现真正意义上的马术俱乐部提供休闲骑乘消费开始，我国运动竞技与休闲骑乘用马的数量逐年迅速增长，2010 年已达到 60 万匹，每匹马的年产值都在 1 万元以上。

传统产品中马肉消费分成两种类型,一种是集中在新疆等喜食马肉的少数民族聚集区,一种是集中在以河北为中心的喜食驴肉的华北汉族地区,后者因驴肉消费刺激导致马、骡等马属动物肉类消费量也迅速增加。据FAO统计,2013年我国马肉产量达到19.2万吨,马肉价格大体与牛肉相当。

马奶因个体产量低,一直未能形成产业化生产,多是牧区家庭手工采集并酿制酸马奶或马奶酒。马奶的消费量和价格不但在传统民族地区有所增加,在旅游区域、民族疗养院等的需要量也明显增加,价格已达到30元/千克以上。未来马奶的生产应以提高产品档次与功效为主。

随着农业机械化进程的加快深入,马的挽用、驮用等役用功能需求量从全国总体来看逐年大幅萎缩,预计未来10~20年仍会按此趋势发展。

生物产品中孕马血清促性腺激素国内用于牛、羊、猪等动物诱导发情和超数排卵的年需求量达60亿国际单位,而2010年国内生产却不足10亿国际单位。目前,孕马血清促性腺激素的进口价格约1元/国际单位。就国内市场来看,如果完全替代进口,则可产生约60亿元的产值;如果打入国际市场,则经济效益更大。如果按照国内一般价格水平,一匹母马一生可达17.5万元的产值,这还不包括产驹的价值。我国大部分马体形小、耐粗饲,是生产孕马血清促性腺激素最理想的马种。

结合雌激素在我国新疆已有规模化生产,2010年原料生产用马约5 000匹,数量稳中有升。在不影响马妊娠的情况下,每匹母马年可获纯收益2 000元以上。

2. 马业资源的多功能性

(1)品种资源丰富 中国自古就是养马大国,2005年以前存栏马匹数量一直位居世界第一。马的数量为我国现代马业发展提供了根本基础。这表明,我国一些地区适合养马,而且当地有着优良的养马传统和丰富的养马技术。2010年我国有马地方品种和培育品种共42个,其中地方品种29个,培育品种13个,而且地方品种历史长,混血少,特点突出,抗病、抗逆性强,多是世界不多的矮马或小型马种,从长远的角度出发,有着巨大的国际市场。

(2)现代马文化发展日益兴盛 现代马文化同城市文化、体育文化、民族文化合流,已成为现代文明的一部分。如北京的马文化机构及设施在全国占有优势，有马术与赛马俱乐部 150 余所，占全国 1/3 以上，马科学、马教育、马影视、马信息都占有优势。武汉、成都等大中型城市纷纷兴建马术主题公园，吸引众多城市居民参与体验马文化活动。新疆、内蒙古等地借助马文化主题组织民族赛事、节庆、旅游等活动，促进了地方经济与社会发展。我国还有众多历史文化资源可供马业发展使用。

（3）劳动力由体力型向技术性转变　据刘少伯、韩国才研究，我国可打造现代马业的"1—4—3"工程，即可实现直接产值 1 000 亿元人民币、税收 400 亿元人民币、带动就业岗位 300 万个。这既有利于解决城市人口就业的社会问题，同时也是吸收和接纳农村剩余劳动力的主要渠道。

我国是一个人口大国，有充裕的劳动力。特别是传统产马地区，牧马人不但有爱马的热忱和传统，而且还有育马、乘马、驯马的技术。我国大部分产马地区劳动力资源充足，可保障马业可持续发展所需。

现代马业的劳动力由体力型向技术型转变，既需要不同的技术标准和要求，也需要递进的技术支撑。现代马业也由粗放型向集约型转变，劳动力由自给型向密集型、技术型转变。这也是现代马业能拉动就业、促进经济增长的主要原因。

（4）马特色生物产品原料资源丰富　马能生产其他家畜不能生产也不能替代的产品，如孕马血清促性腺激素、结合雌激素、精制马脂等。人们对马生物产品的需求越来越多，这是马产业发展的主要动力之一。马的生物产品一般是"三高产品"，即高技术、高价值、高文化，是典型的农业产业链的扩展和提升。我国马种资源多样、数量众多，能为我国乃至世界不同市场提供大量的马匹。

我国马业资源，特别是马资源总体上是传统的、绿色的、多样的。但要保障马产品的质量，仍然需要进行质量保障体系的建立和完善，主要是产品原料的质量控制和产品的质量控制，要利用科技促进质量的提高。

3. 生态环境保护的发展思路日益清晰

从现代马业的发展角度来看，马业的发展需要良好的生态环境和人文环境。与传统马业发展相比，现代马业发展不是以牺牲草原环境和浪费资源为代价，而是以促进环境保护为前提。传统产马区的生产方式从传统马业的群牧方式（放牧）为主转变为以舍饲为主的生产方式，这就大大降低了对草原的压力和破坏。体育娱乐专门化品种（品系）的培育，以舍饲为主的对马匹进行调教、训练、测试的方式，既节约草场，又提升了牧民养马的技术水平。旅游经济带为牧民养马提供了终端市场。在这样的环境下，马匹舍饲，马与生态环境达到了和谐与发展，旅游经济带、城市郊区用马主要是满足人们体育娱乐消费的需要，也大大刺激了牧民养马的积极性。这样的马价格较高，牧民的收益随之提高。因此，在传统牧区、养马区出现了一定数量的专业育马场，主要培育面向高消费人群的体育休闲用马。从环境的角度出发，现代马业终端市场的培育是改变传统养马对环境破坏的最佳模式，今后必须加快推进马文化旅游业的建设。

4. 产业结构多样性

我国民族众多，地理气候多样，决定了我国马业发展的多层次、多方位、多体系。按照功能和用途来分，可分为地方品种保种体系、专门化品种（品系）体系、矮马体系、竞技运动用马体系和休闲骑乘马体系五大体系。

以保护开发地方品种特色为中心，开展以生物产品和传统马产品为主兼顾休闲娱乐的马产业地方品种保种体系。其地理分布主要以传统产马区为主，以培育提高地方品种质量为手段，以马产品产业化生产为落脚点，以高质量的马产品服务于社会。培育国内外需要的专门化品种（品系），如速力型、马术型、马球型等专门化品种（品系），为我国马术运动产业提供马种资源。从传统马产品来看，可培育乳用型、肉用型的专门化品种（品系）。我国西南地区盛产矮马，是世界最著名的矮马产区之一。这些矮马不但是当地人民的主要生产资料，也是未来儿童娱乐、观赏和生物产品的主要原料来源。我国马业的发展必须与世界接轨，必须与世界马产业同台竞技，而中国目前还没有这样的马种。培育以温血马为主的国产体育竞技用马，在未来一个时期应是马匹育种的主要发展方向之一。骑马是健康、文明的消费方式。从产马区选育的和竞技用马退役的马匹最适合休闲骑乘。休闲骑乘用马销售是农牧民最经济、最直接的收入之一。

5. 科技创新是现代马业发展的关键和核心

现代马业是一个高科技产业，因此，科技是现代马业发展的关键和核心。这些科技主要包括：在品种方面有品种繁殖技术、培育技术、登记测试技术、马病诊治技术等；在生物产品方面有快速检测诊断技术、高新生产技术、质量检测控制技术等；在马文化产业方面有驯教技术等。因此，需要有科技项目支撑，主要包括以下几个方面。

（1）种马鉴定、测试、登记技术及体系的应用　首先，要制定种马等级标准；其次，结合品种资源保护、产品溯源、专门化品种（品系）的培育，对马进行鉴定、测试和登记；最后，建立科学的马品种鉴定标准及登记测试体系。没有登记就没有标准，也没有血统，没有商业与育种评价的依据，登记和标准是产业化的必要手段。

（2）引进纯血马、温血马的纯繁技术的应用　我国运动竞技用马生产必须借用世界优质种马和高科技产品，主要是引进纯血马、温血马对我国马种进行改良。不但要引进优良马种，还要引进国外育马、管理与调教的技术，用于培育和改良我国专门化品种（品系）。

（3）中国传统育马技术的挖掘　中国传统育马技术历史悠久，并有独特特点，有些领域技术领先。但是近40年来已很大程度丢失或削弱，现在已进入抢救传统马文化、马技术的关键时期。这些技术包括相马技术、传统马产品生产技术、地方马种培育技术、改良技术、饲养管理技术等。

（4）中国马种专门化品种（品系）培育　我国地方马种群体大、分布广，有向多用途发展的条件和基础；而现代马业也需要各种用途的专门化品种（品系）。根据市场需要分别进行速力型、马术型、矮马型、观赏型、乳用型、肉用型等专门化品种（品系）的研究，是我国现代马业最根本的发展途径。

（5）马传统产品与生物产品的检验检测技术及体系的开发　这类研究包括马奶、马肉、孕马血清促性腺激素、结合雌激素等从原料到产品的质量标准及快速检测技术。中国农业大学、内蒙古农业大学、新疆农业大学、新疆畜牧科学院等科研院所已分别对马传统产品与生物产品进行相关的技术开发，并有一定的基础和经验。

三、当前我国马业面临的挑战和机遇

近年来，马业在结构优化调整的同时，面临着产业地位薄弱、发展方式落后、种质资源退化、马文化缺乏等问题，使初显雏形的现代马业需要迎接诸多挑战。因此，充分考虑资源、环境、经济和文化等因素，保证马业的"优质、高效、环保、文明"，实现马业的可持续发展，是马业未来发展的必然选择。

（一）马业面临的挑战

1. 产业地位太弱，定位不明确

马业曾是畜禽养殖业中重要的一支，然而农业机械化后马业地位逐渐丧失，马的重要性下降，马被列为"杂畜"。在新的市场条件下，现代马产业已初具规模，率先向第三产业进军，取得了一定的经济与社会效益。但是，这种性质的马产业既不属于农业部门管理，也不完全属于体育或旅游部门管理。农业体系没有按照体育娱乐用马进行培育，体育部门和旅游部门又没有按畜牧业发展的要求，如培育目标、繁育技术、防疫措施等进行育马，造成了马产业发展的扭曲。并且，我国国家层面的政策导向尚未对马业发展有太多倾斜，行业发展尚处于摸索阶段。此外，由于马业在社会发展中的作用转变过快，相关研究、应对不足，导致整个行业在发展过程中不能准确定位，无法及时建立、健全完整行业体系，造成大量的资源浪费。

2. 发展方式较为落后，产品缺乏质量标准

截至 2013 年，我国马匹总存栏量约 633.7 万匹，如此庞大的养殖规模，效益却不尽理想。目前，国内 90％以上的马仍处于低水平、无计划饲养状态，大多数马匹仅仅满足役用及非育肥式的肉用，经济效益低。品种专门化程度低，能适合当前马术休闲骑乘需求的运动马不到总存栏数量的 10％。我国马匹价格还不到德国马匹价格的 1％，其肉用、乳用品种生产率也只在国外同类品种的 10％以下。马产品以原料形式销售，深加工程度低，产品档次不高、价格低，科技含量、高附加值的产品少，市场竞争力差。原料供应、产品加工长期缺乏质量标准，质量和安全难以得到保障。马种登记、性能测试等还处于空白或新中国成立初期的水平。

3. 种质资源退化与流失严重

中国马种资源有着独特、巨大的研究价值和经济价值。特别是地方品种，如蒙古马的耐力、持久力，藏马的耐低氧性，中国矮马的矮小性状遗传稳定性（未经人工选育），伊犁马、三河马的竞技性等，都是世界马品种中最珍贵的特征。但是，我国马业尚缺少具有自主知识产权的高性能良种，仍主要依赖国外引进。地方马种遗传资源保护利用的力度还不够，农

业部列入全国 138 个国家级畜禽遗传资源保护品种的仅有蒙古马、百色马、鄂伦春马、宁强矮马、晋江马和岔口驿马。原有品种退化、流失严重，良种体系尚未形成。42 个马种（地方品种与培育品种）中 70% 以上已经处于严重退化、数量大幅下降或濒危状态，作为培育品种的黑河马和黑龙江马已经灭绝，马种资源保护到了非常严峻的地步。

4. 疫病的威胁依然很大

由于近 20 年来我国马科学的研究近于停滞，用于马的疫苗、保健治疗药物研发几乎空白，使得在现代马业迅速发展的 21 世纪，马的健康、防疫等问题严重，大多数药物依赖进口。目前，马流感、马传染传贫血等马属动物疫病在我国部分地区仍未完全断绝，使得我国马属动物"无疫区"建设受到严重影响，这也是北京将 2008 年奥运会马术比赛迁至香港举办的原因之一。开发具有我国自主知识产权的马用疫苗与保健治疗类药物，积极推进"无疫区"建设是亟待解决的问题。

5. 生态环境约束严重

近年来，国家非常重视草原生态保护。一度以来，许多地区限制马的饲养量，除了认为机械化后"马匹无用"；另外，还认为马破坏草原，践踏草场。从生态角度考虑，马的过度放牧确实对草原生态造成了破坏，但随着牧区马匹存栏数量的急剧减少，许多地区的马已不形成过载状况，对生态威胁程度变小。但随着牧区人民生活水平的不断提高及马文化的复兴，草原地区赛马、驯马等赛事和文化活动日渐增多，马的养殖数量开始回升。大城市郊区的马术俱乐部、育马场每年都会产生一定量的马粪，其中多数未能及时进行无害化处理，对周边环境造成了一定影响。因此，在马业出现好转的时期，抓好生态和环境建设是马业健康、可持续发展的保证。

6. 民族马文化建设亟待加强

蒙古族、维吾尔族、哈萨克族等少数民族是"骑在马背上的民族"，传统的那达慕、祭敖包、姑娘追等民族活动均与赛马密不可分，但是如何让其正规化、效益化是需要重新考虑的问题。开展正规的蒙古马、焉耆马长途耐力赛及走马赛，让我国马种突出的耐力及善走"对侧步"的能力得到世界公认是一重大任务。这些民族在历史上有许多关于马的动人传说、历史文物，如何继承先人优良传统、保护珍贵文物也是马文化建设中需要面对的一大任务。

(二) 马业面临的机遇

1. 产品消费需求增长为马业发展营造了空间

以提高人民生活水平、满足大众日益增长的精神文化和体育休闲健身需要为目标，努力弘扬中国传统马文化和民族马文化，学习马业发达国家的先进经验和理念，积极开拓马产品市场，培育马专门化品种（品系），规范各类管理，完善产业链条，加快科技进步，使我国现代马业稳步可持续发展。马文化产品、马传统产品和马生物产品是马业的主要产品类型。预计到 2020 年，对运动竞技与休闲骑乘用马的需求量会增加到 120 万匹，但我国产量仅能满足 100 万匹，还会存在较大缺口。预计到 2030 年，产量增加到 150 万匹才能基本满足需要，但高级运动竞技用马还无法实现国内自给。预计到 2020 年，马肉产量将维持在 25 万吨左右，需求量会突破 30 万吨。预计到 2030 年，需求缺口会在 8 万吨以上。未来马奶的生产应以提高产品档次与功效为主，预计到 2020 年、2030 年产量分别约达 10 万吨和 15 万吨，能够满足需求。我国大部分马体形小、耐粗饲，是生产孕马血清促性腺激素最理想的马种。预计到 2020 年、2030 年产量约达到 20 亿国际单位和 30 亿国际单位，有较大市场缺口。预计到 2020 年、2030 年结合雌激素产量约达到 5 万支和 10 万支，主要以出口外销为主。未来开发体育娱乐和生物产品利用是马价值增长的主要途径。

2. 科技创新与技术应用为保障马业健康发展提供了机遇

科技创新与技术应用对我国马业生产起着基础性的支撑作用。目前，我国繁殖育种、防疫、饲料和环境控制技术加速创新，技术推广体系逐步完善，繁殖技术应用较为普遍。

我国马业正由传统役用向现代马业转型，繁殖技术如人工授精及胚胎移植技术的逐步普及，会让越来越多的马场主、技术员及牧民认识到科学技术的重要性。从防疫来看，疫病防控技术的更新和升级将随着马业快速发展和对动物疫病防控全方位攻坚的需求应运而生。动物疫病防控技术的创新将朝着信息化、标准化、规范化和产业化方向发展，防控技术系统的结构将更加完善、层次更加清晰、目标更加明确。从饲料来看，我国目前饲料行业的科研基础条件明显改善，科技创新能力显著增强，科技人才队伍进一步壮大。饲料企业不断发展,新配方不断出现。从环境控制来看,环境控制新设备或新技术不断出现,与之相关的科技创新力量也在不断加强,为环境控制提供了良好的发展基础。

四、加快马业可持续发展新理念

1. 马业可持续发展的内涵

马业可持续发展的核心,是以当代科学技术、专门化品种(品系)、组织政策体系为支撑,以马匹存栏数量保持在 600 万匹以上、地方品种保护质量提高、育成新品种 6 个以上、产业贡献率明显提高为目标,以经济效益、保证产品质量、保护生态环境、弘扬民族与地区马文化为中心,将传统产品和文化产品相结合,实现由传统马业向现代马业的转变,为拓宽畜牧业功能、增加农牧民收入做出贡献。

2. 马业可持续发展的主要特征

(1)产业化、商业化运作 产业化是现代马业发展的必由之路,以马文化为中心、育马为基础,包括马术、休闲骑乘、马产品、马科学等多个马业分支,带动建筑业、通信信息业、制造业、餐饮业、交通运输业等多个附属产业共同发展,形成配套、连锁的产业形式。在产业化的基础上建立商业化的运作模式,通过举办赛事、评比吸引广告、赞助,带动整个产业链的商业联动发展。

(2)专业化、专门化、标准化发展 马业发展需走专业化道路,从业人员、设备齐全,马种、品系专门化,为某种用途专门培育、调教训练,保证优质的马业产品质量、合理的产品交易成本、较高的国际竞争力、标准化的马业生产体系。

(3)社会化、国际化 现代马业比传统马业需要更多的劳动力,能安置大量的就业人员。这既有利于解决就业的社会问题,同时也是吸收和接纳农村富余劳动力的主要渠道。除了举办比赛、活动可以更多地吸引广大公众参与外,现代马业还有着浓厚的公益特点,特别是社会福利和慈善事业与现代马业发展并行。国际化的推动者是众多的马业国际性组织和国际性赛事。

(4)文化性突出 马文化建设是马业长期持续发展的重要保障。努力推广和弘扬马文化，突出马业的文化性，让更多人认识到马的精神、马的历史，学习蕴含在马身上的气质和魄力，推动人类社会更为健康、和谐地发展。

（5）经济性显著　现代马业突出的特点是具有良好的经济效应，同时具备了适合市场经济条件下的发展基础。从市场角度出发，提供适合需要的产品，可获得最大的经济效益。

3. 马业可持续发展的重要战略意义

（1）有利于提升国家地位、振奋民族精神　马业的可持续发展水平，标志着一个国家的发达程度，反映了综合国力发展的强度和国家地位提升的高度。当本国马种在国际大赛上频频取得优异成绩、国内马文化活动兴盛发达、马业效益显著时，一方面向世界显示了本国政治安定、民族团结、文化教育和经济及科学事业发达等；另一方面也极大地提高了民族自豪感，振奋了民族同胞的精神，提高了国际威望。

（2）有利于稳边兴边，促进民族团结　我国产马区主要分布在社会经济较为落后的西北、西南等边境省份，涉及人口达3亿人。养马人多为少数民族农牧民，家庭收入长期处于相对较低的水平，特别是边境县乡养马人口占农村人口的40％以上。马业可持续发展有助于发挥这些边远区域的资源优势、文化优势，通过马产业链的延伸与发展，以马产品和文化为纽带将使边境省区与其他省区更紧密地联结在一起，有助于边疆各族的繁荣与稳定。

（3）有利于充分利用我国丰富的马业资源　我国自古就是养马大国，2013年马匹存栏数量居世界第二位。其中，地方品种居多，历史悠久，抗病、抗逆性能突出，且一些适合养马的地区有着深厚的养马传统和精湛的养马技术。发掘、保护和利用好丰富的马业资源，对马业的长远发展具有举足轻重的作用。

（4）有利于促进民族文化繁荣　马业中的一个最重要内容就是马文化建设，这也是马背民族最大的特色。开发好马文化元素就是为民族文化建设做出重要贡献。另外，旅游业也是马业中的一个重要环节，旅游业对马文化的发扬无疑起着重要作用。旅游还可以起到挖掘、保护和振兴民族与地方文化的作用，促进优秀的传统文化发掘、振兴和光大，使民族文化的个性更加突出。

（5）有利于带动相关产业发展　马业拥有多个直接和间接的相关产业，马业的开发可以吸引大量的外部资金，如兴建育马场，举办蒙古马、伊犁马的重要赛事；整理与马文化相关的历史文物，建成马文化博物馆；开发马工艺品，弘扬民族特色旅游业等，都将形成当地经济中一个个独特的闪光点。可见，发展马业对当地区域经济发展及民族经济的繁荣都有带动作用。

五、"十三五"马业发展的总体框架

（一）总体目标

1. 产量发展目标

到 2020 年，运动竞技用马、休闲骑乘用马、肉奶产品用马、生物产品用马的生产量分别达到 10 万匹、100 万匹、180 万匹和 10 万匹；马肉、马奶产量分别达到 25 万吨和 10 万吨；孕马血清促性腺激素、结合雌激素产量分别达到 20 亿国际单位和 5 万支。到 2030 年，运动竞技用马、休闲骑乘用马、肉奶产品用马、生物产品用马的生产量分别达到 15 万匹、150万匹、200 万匹和 15 万匹；马肉、马奶产量分别达到 28 万吨和 15 万吨；孕马血清促性腺激素、结合雌激素产量分别达到 30 亿国际单位和 10万支。

2. 质量发展目标

到 2020 年，标准化水平显著提高，制定相关产品国家或行业标准5 项，初步育成 3 个休闲骑乘用马品种、1 个马术温血马品种、1 个快步马品种、2 个肉用品种和 1 个乳用品种；到 2030 年，制定相关产品标准10 项，上述品种完成育成验收，此外新初步育成 2 个休闲骑乘用马品种、1 个马术温血马品种。

3. 结构发展目标

到 2020 年，运动竞技用马、休闲骑乘用马占全国马匹存栏量的比重分别为 1.5% 和 15.4%，肉奶产品用马、生物产品用马的比重分别为27.7% 和 1.5%。到 2030 年，上述比重分别达到 2.5%、23.0% 和30.7%、2.5%。

4. 科技发展目标

到 2020 年，在产品质量标准与疾病防控等方面取得明显进展，产业科技进步贡献率达到 40% 以上。到 2030 年，在品种培育、产品加工等领域取得突破性成果，产业科技进步贡献率达到 50% 以上。

（二）基本原则

1. 国家政策扶持是马业发展的保证

纵观中国近现代马业史，每一次发展高潮都是在国家高度重视和投入的情况下产生的。新中国成立后，中央人民政府制定了一系列保护耕畜的政策，尤其重视养马。在大力发展我国原有品种的同时，先后从国外引入千余匹优良种马，用以改良全国马匹，到 1977 年全国马匹存栏数达到历史最高峰的 1 144.7 万匹。农业机械化之前的养马业在全国畜牧业生产中的贡献最大，国家投资最多，生产和改良体系最为完整。然而农业机械化以后，社会上出现"养马无用论"，"砍马风"盛行，各级政府放松甚至放弃了对马业发展的政策和资金投入，因此马业发展出现较大波动，下滑严重。近年来，随着体育休闲用马、产品养马的需要，农业部及部分地区政府又加强了对马业发展的政策扶持力度。2010 年国家启动公益性行业（农业）科研专项"马、驴产业技术研究与试验示范"项目，这是新中国成立以来支持力度最大的马业科研项目，马业发展又出现了恢复增长的态势。

因此，只有政府的大力度投入，我国现代马业才能早日形成并发展成主要经济支柱产业，才能在遗传资源保护、品种改良、品种登记、种马鉴定测试、马匹繁殖技术、兽医诊疗技术等方面早日赶上或恢复到世界先进水平。

2. 满足社会需要是马业发展的动力

一部马业发展史就是一部人类在社会生产发展的不同阶段，综合利用马匹及其产品的历史。在机械化不发达的时期，马业是以役用为主的传统马业；随着社会生产力的发展，逐步走向了以运动娱乐、产品生产为主的现代马业。目前，我国提倡社会和谐发展，强调了人与自然、人与动物的和谐。现代化的工作使市民远离了自然，远离了体育锻炼的环境和条件，马术运动、休闲骑乘可以满足这方面的要求。人们通过骑乘活动贴近自然、陶冶性情、塑造体态、促进健康。他们把骑马看作提高生命质量的一种休闲娱乐活动。现代马业已远远超出第一产业的概念，它有更丰富的内涵，是集现代农牧、食品制药、运动休闲、文化娱乐为一体的综合产业。只有根据社会发展的不同阶段、社会需要的不同相应调整发展方式，马业才能持续、健康发展。

3. 科技进步是马业发展的基本支撑

我国历史上每一次马业的兴盛，总伴随着马业科技的大发展和人才的大储备。据不完全统计，截至 2010 年全国改良马存栏数量达 300 余万匹，约占马匹存栏总数的 45%。1974 年中国农业科学院哈尔滨兽医研究所马传染性贫血病诊断试剂和疫苗研制成功，1985 年即已基本控制了疫情。对马鼻疽进行了大面积防治、隔离和扑杀，2005 年全国所有省份已达到消灭马鼻疽标准。然而，现在全国仅有四所农业院校开设养马课。教育的滞后，必然带来科学研究的落后、产业发展的落后。近 30 年来对马的研究基本上处于低迷状态，研究项目少得可怜。要想迅速赶上国外马业强国，没有科技作支撑是不可能实现的。

4. 法制建设是推动马业发展的有力保障

马业向产业化发展的前提需要进行法制建设。在畜牧业范畴内，马业受《中华人民共和国畜牧法》等法律法规的约束，在法律的框架下进行养马生产、种马进出口及科学研究。此外，要逐步完善相应的管理制度，如赛事制度、登记制度、防疫制度、监察制度等。

5. 马种改良和本品种选育是马业发展的主要手段

结合我国马业发展的实际情况，引进适合本国马种改良的种马与本品种选育并举，是促进我国马业健康发展的重要手段。早在汉武帝时期就有通过战争引入大宛马（汗血马）的先例，后又有"既杂胡种，马乃益壮"的说法。由此可见，在我国很早之前人们就已认识到马匹引种和改良的重要性。新中国成立后，我国根据当时的社会需求，主要从苏联引进优良种马对我国的地方马种进行改良并获得了巨大的成功，培育出了多个新马种，同时，对三河马、大通马等品种重点进行本品种选育，极大地推动了我国马业的发展。

6. 文化弘扬是马业发展的纽带

我国牧区少数民族对马有特殊的感情。马既是生产资料（放牧生产和交通工具），又是生活资料（马奶、马肉产品）。在民族文化、绘画、音乐、舞蹈、艺术中马都占有重要地位。赛马、叼羊、姑娘追、马上拾银等传统民族民间马术活动已成为少数民族精神文化娱乐中必不可少的项目，促进了马业发展和马匹质量的提高。

马术、赛马、休闲骑乘的产生与推广是人民对文化、健康需求的一种体现，马术与赛马俱乐部的出现不但符合这一社会需求，而且还蕴藏着巨大的经济效益。现代马业的发展，离不开以马精神、马贡献、马艺术等为主的马文化的弘扬和衬托。这种马文化和马经济的结合正是现代马业发展的重要体现。

7. 对外开放是马业走向现代化与国际化的必由之路

现代马业已不是一个地区和国家所能封闭和决定的，它已成为同一世界产业的领域范畴，如技术规范、赛事规则、科技交流和成果互利。优秀种公马的利用、国际性的赛事、科技交流和行业协会的年会更是跨越了地区和国界。马业比其他动物或农业更具有现代色彩和时代性。北京奥运会和广州亚运会马术赛事的举办促进了中外马业交流与认知，从 2007 年开始每年一届的中国国际马业马术展览会和各种形式的马业各领域合作证明了马业对外开放的重要性。今后，有关马业的各种国际性交流合作还将继续扩大。

8. 马是生态环境保护的双刃剑

注重生态效益、优化农业产业结构是农业发展中需要解决的重要问题，以草定畜是要求。马业发展在此问题上颇受非议，过去一味追求马匹存栏数量，不注重品质的现象突出。过高的载畜量对生态的破坏性有目共睹，无论是马，还是牛、羊，饲养密度过高，都会对生态环境造成破坏。因此，改变以往只注重马匹存栏数量的传统方式，提高培育马匹的品质，一方面可减小对生态环境的压力，另一方面也可增加马业养殖的实力。

（三）重点任务

1. 建立马产品生产标准化体系

我国马业的产业化、标准化是实现可持续发展的最根本途径。马文化产品、传统产品与生物产品必须要走产业化发展模式，并要完善产业发展的各项标准和措施，才能真正走向市场、满足日益增加的社会需求。

2. 培育马专门化品种（品系）

我国现有马种是在役用为主的前提下培育出来的，已远远不能适应时代发展的需要。我国马种在体育竞技方面有独特优势，如耐力、速力；在传统与生物产品方面，如乳用、肉用及激素生产也有一定特点。面向市场、面向未来，对不同潜质的马种进行专门化培育，是实现我国马业可持续发展的基础和前提。同时，加强新品种培育工作，如培育休闲骑乘用马、马术温血马也是不可忽视的途径。农业部门应重视育马工作以满足社会对马的需要，特别是对体育竞技用马的需要，以改变依赖进口竞技用马的局面。

3. 研究开发特色马产品

产业的作用最终以经济来体现，而经济的体现正是以其独特产品的特殊效用为根本。传统马产品要通过产业化、标准化来提升和发展。可通过马品种（品系）专门化培育来实现产品的升级换代。生物产品是未来马业可持续发展的亮点，因为这是马产业的特色，而且附加值高、社会需求广、发展空间大。

4. 建立马产业科技体系

中国马业实现可持续发展，科技要先行，而且科技体系要建立。这样才能与时俱进，才能发挥现代马业"三高"的特点。产业科技体系的建立，一是要进入国家产业技术体系，这是最关键的科技支持；二是要鼓励和支持国内外科技企业的技术创新；三是加快实现科技转化，特别是侧重马匹功能转化如竞技、娱乐、展示等方面的科技需要；四是支持和鼓励农业院校和科研院所以推进马产业链延长和功能拓展而积极加快进入马科技科研领域，及时提供马业发展的科技支撑；五是把马学教育纳入国家教育发展规划中来。

六、"十三五"马业规划的重大建议

（一）重大政策

1. 加强领导

国家要重视马产业的发展，充分认识马产业的特殊性、重要性和迫切性。其特殊性在于马业是一个拓展的综合产业，是农业延伸的文化产业、科技产业，其产品和作用不可替代。其重要性在于，马业不能丢失，马业在满足人民物质和精神文明需要、在构建和谐牧区等诸多方面，有着非常重要的作用。其迫切性在于中国马业发展已到了非常严峻的时刻。认识马业可持续发展的重要性，重铸马业辉煌。

2. 制定落实产业发展政策

对马业的生产、科研、管理要分别制定相应的产业发展政策。必须借鉴发达国家的经验与模式，结合中国国情，制定相应的发展规划和纲要，用以指导中国马业各个层面的发展。如农业部门制定马产业发展政策，科技与教育部门开展技术支撑与学科研究，应用部门选择方向和技术线路等。

3. 加大政府对马科研的投入力度

中国马业的发展水平落后发达国家 20～50 年，如果没有政府的大力度投入，中国现代马业的发展可能还会延误很长的时间。如果政府加大投入，相信我国马业在品种改良、品种登记、种马鉴定测试、生物技术应用、马匹繁殖技术等方面，会很快赶上世界先进水平。加强学科发展的主要方向有：马登记鉴定及测试技术研究、引进与应用，马遗传资源保护与评估，马品种标准制定，马高效快繁关键技术创新，马运动生理学研究，马产品及生物制药产业化研究，马饲料及保健品研究及基础生理生化研究等。

4. 加强产学研联合

农业院校要面向马匹新功能、新用途、新产业开展教学研究，在原来的马学学科基础上扩展研究领域和深度，利用我国特殊的马业资源，围绕两条主线开展研究：一是马术运动及赛马文化产品的开发研究；二是马产品综合开发研究，并使之成为产业链，最大限度地与国际接轨，把马业发展成为农牧民增收及农牧业经济发展的新型增长点。

5. 培育和发挥龙头企业的带动作用

马业龙头企业要发挥积极的带动作用，围绕产业发展的一些关键技术问题，组织相关单位进行技术攻关，解决制约产业发展的技术"瓶颈"，使马产业真正为社会发展、人类健康生活做出贡献。

（二）重大工程

1. 品种培育（选育）工程

大力开展专门化品系（品种）培育工作，2010 年以来国家公益性行业马驴产业技术研究与试验示范项目实施期已初步形成 18 个专门化品系（品种）的不同代次培育基础群，具备了一定的优质种群规模，深受养殖企业和养殖户的欢迎，缓解了我国马驴种业长期落后，近年来大量依靠从国外引种，对国内地方马驴种质资源的开发利用力度不足的问题。今后重点应放在马、驴专门化品系培育与产品开发技术，尤其是马的运动娱乐性能、肉奶产品，驴的肉用、奶用、药用等综合深度开发仍是今后工作的重点。

2. 现代繁殖技术工程

研制马驴精液稀释液、马驴采精器、旋调式假台马、低温远程运输盒等新产品和人工授精、胚胎移植等繁殖技术具有广阔的应用前景。我国马业正由传统役用向现代马业转型，需要大量的优秀种马来进行马匹改良，已开发研究的系列产品和繁殖技术通过在各个试验基地和示范点（区）的示范应用，不仅可为配种站节约大量的引种资金，而且在改良马匹的同时为农牧民增加收入，对我国马匹扩繁和改良具有重要的实践意义，推广应用前景良好。

3. 马文化产业发展工程

通过对马文化、马科学的普及和推广，对马文化产业示范园区的建设指导，举办大型具有国际影响力的重大活动，使更多群众了解马、热爱马，增强对发展马产业、马经济的理解和信心，也为产业发展提供不竭动力的源泉。

4. 特色马驴产品加工工程

对相关生产设备和工艺的研发改进可显著提高生产单位的工作效率。我国市场对马驴的肉、奶、皮、生物激素、运动娱乐等产品需求日益旺盛，马驴产品加工与检测企业规模不断扩大。今后向更多地区推广应用、不断革新技术、满足生产需要，仍是马驴产业的关注重点之一。特色马驴产品加工，是边疆民族地区农牧民脱贫致富和经济发展的主要亮点之一。

5. 疫病防控工程

通过对主要几种马属动物烈性传染病诊断和防治技术的研发，在重大突发事件中发挥核心作用。我国在马驴疫病防控方面具有长期经验，近年来马的体育运动赛事兴起、跨地区大范围运输活体增加了疫病防控的难度。继续完善动物防疫检疫制度，特别是强化基层防疫技术队伍建设，建立疫病监测预警、预防控制、检疫监督、环境监测、兽药质量监控检测和技术支撑体系，提高我国马业安全生产的能力。